汽车维修专业技能人才培养工学一体化课程教材

汽车发动机检修

解国林　李长灏/主　编

孙　寒　盛优杰/副主编

朱建勇/主　审

人民交通出版社

北　京

内 容 提 要

本书是汽车维修专业技能人才培养工学一体化课程教材之一。其主要内容包括汽车发动机水温高故障检修、汽车发动机不能起动故障检修、汽车发动机动力不足故障检修、汽车发动机异响故障检修、汽车发动机机油警告灯亮故障检修、汽车发动机故障灯亮故障检修六个学习任务。

本书可作为技工院校预备技师、中高级工汽车维修专业教材,可用作中、高职汽车维修专业教材,也可作为汽车维修人员及相关技术人员的参考书使用。

本教材配套数字资源,读者可免费扫码观看和在线学习;同时配有教学课件,教师可通过加入汽车技工教学研讨群(QQ:428147406)获取。

图书在版编目(CIP)数据

汽车发动机检修/解国林,李长灏主编. —北京:
人民交通出版社股份有限公司,2025.4. —ISBN 978-7-
114-18695-0

Ⅰ.U472.43

中国国家版本馆 CIP 数据核字第 2025UF9930 号

书　　名:	**汽车发动机检修**
著 作 者:	解国林　李长灏
责任编辑:	李佳蔚
责任校对:	卢　弦　魏佳宁
责任印制:	张　凯
出版发行:	人民交通出版社
地　　址:	(100011)北京市朝阳区安定门外外馆斜街 3 号
网　　址:	http://www.ccpcl.com.cn
销售电话:	(010)85285911
总 经 销:	人民交通出版社发行部
经　　销:	各地新华书店
印　　刷:	北京市密东印刷有限公司
开　　本:	787×1092　1/16
印　　张:	21.75
字　　数:	451 千
版　　次:	2025 年 4 月　第 1 版
印　　次:	2025 年 4 月　第 1 次印刷
书　　号:	ISBN 978-7-114-18695-0
定　　价:	59.00 元

(有印刷、装订质量问题的图书,由本社负责调换)

编审委员会名单

主 任 委 员　文爱民

副主任委员　戴良鸿　沐俊杰　魏垂浩

委　　　员　(按照姓氏笔画排序)

广禹春　王玉彪　王　杰　王　瑜　王　雷

毛红孙　朱建勇　刘　卯　刘　宇　刘轩帆

刘　健　刘爱志　刘海峰　汤　彬　许云珍

杨雪茹　李长灏　李永富　李学友　李　轶

肖应刚　吴　飞　张　薇　陈志强　陈李军

陈金伟　陈新权　孟　磊　郝庆民　姚秀驰

夏宝山　晏和坤　高窦平　郭志勇　郭　锐

郭碧宝　唐启贵　黄　华　黄辉镀　彭红梅

彭钰超　解国林　樊永强　樊海林

前言
Preface

为进一步贯彻落实《关于深化技工院校改革大力发展技工教育的意见》《技工教育"十四五"规划》《推进技工院校工学一体化技能人才培养模式实施方案》等文件精神,对接汽车产业发展新趋势,满足汽车行业高质量发展对高素质技术技能人才的需求,人民交通出版社组织江苏汽车技师学院、广西交通技师学院、贵州交通技师学院、杭州技师学院、浙江交通技师学院、江苏省交通技师学院、广西工业技师学院、北京汽车技师学院、日照市技师学院等20余所院校,共同编写了技工院校汽车维修专业工学一体化课程教材。

工学一体化技能人才培养模式是依据国家职业技能标准及技能人才培养标准,以综合职业能力培养为目标,将工作过程和学习过程融为一体,培育德技并修、技艺精湛的技能劳动者和能工巧匠的人才培养方式。本套教材秉承上述理念,落实《技工院校教材管理工作实施细则》,遵循知识和技能并重的改革方向,根据技工教育的特点以及技工院校学生的学习情况进行编写,具有以下特点:

(1)教材编写依据最新发布的《汽车维修专业国家技能人才培养工学一体化课程标准》,贯彻以学生为中心、以能力为本位的教学理念,构建难度适当的理论知识体系,以学生的实操内容及职业素养培养为核心,围绕典型工作任务设计学习任务、活动,突出知识的实用性、综合性和先进性。教材按照四步法"明确任务、工作准备与计划制订、计划实施、评价反馈"编写而成,充分实现思想政治教育、知识传授、技能培养融合统一,持续推动技工院校内涵发展和特色发展。

(2)教材编写深入了解目前行业、企业对本专业人才的实际需求,邀请行业、企业专家参与,由相关企业提供部分配套的教学资源和技术支持,实现行业企业人员深度参与教材编写与开发,帮助学生实现从学校学习到就业工作的紧密衔接。

(3)部分教材配备了丰富的教学资源,教材的知识点以二维码链接动画、视频资源,所有教材配有课件、习题及答案等,满足学生个性化学习的需求,提升教材使用体验感。

（4）在教材中融入了丰富的课程思政元素及党的二十大精神内容，增强民族自信，体现"培根铸魂，启智润心"教育目标，实现思想政治教育与技术技能培养的有机结合。

本书是汽车维修专业技能人才培养工学一体化课程教材之一，对汽车发动机各系统结构及检修方法进行了详细讲解，并按知识体系将每个任务分解成若干个学习活动，内容由浅入深，理论与实践紧密结合，易于学生学习掌握。本书分为六个学习任务、38个学习活动。每个学习活动中按照"明确任务→工作准备与计划制订→计划实施→评价反馈"的思路进行编写。

本书由江苏汽车技师学院解国林、李长灏担任主编，江苏汽车技师学院孙寒、宁夏交通职业技术学院盛优杰担任副主编。参与编写的人员有：江苏汽车技师学院武聪，上汽大众汽车有限公司仪征分公司工厂物流部吴立兵，宁夏交通职业技术学院姬小梅。书中共有六个学习任务。学习任务一由武聪、吴立兵共同编写，学习任务二由姬小梅编写，学习任务三由盛优杰编写，学习任务四由解国林编写，学习任务五由孙寒编写，学习任务六由解国林、李长灏共同编写。解国林、李长灏对全书进行了统稿。

限于编者水平，书中难免有疏漏之和错误之处，恳请广大读者提出宝贵建议，以便进一步修改完善。

编　者
2024 年 10 月

目录
Contents

汽车发动机水温高故障检修

学习目标 »»»

1. 知识目标

(1) 能通过情景模拟, 对照发动机实物, 向组员介绍发动机冷却系统的基本构造、部件功能及基本工作原理, 并能列举汽车发动机水温高常见的故障部位及其原因。

(2) 能准确描述冷却系统拆装的安全操作流程。

2. 技能目标

(1) 能按照维修手册要求规范地进行散热器的检查与更换。

(2) 能按照维修手册要求规范地进行节温器的检查与更换。

(3) 能按照维修手册要求规范地进行水泵的检查与更换。

(4) 能检查发动机冷却系统的主要零部件。

(5) 能正确选择并使用工量具与仪器, 对冷却系统及零部件进行基本检查, 判断系统及零部件的工作状态。

(6) 能根据维修手册要求, 在规定时间内, 拆卸、解体、清洗、装配冷却系统相关零部件, 并进行维修质量检查、加注与调试作业, 恢复系统正常功能。

(7) 能对相关资料、互联网资源进行检索, 完成工单、工作页的填写。

3. 素养目标

(1) 通过学生小组分工、角色扮演, 以合作学习的形式, 培养学生爱岗敬业、团结互助的价值观。

(2) 通过学习发动机冷却系统零部件规范检修流程, 培养学生精益求精的工匠精神。

参考学时 »»»

40 学时。

任务描述 »»»

一辆汽车进厂维修, 客户反映汽车行驶过程中, 出现水温警告灯亮现象。经班组长初步检查, 判断可能为发动机冷却系统故障, 需要对发动机冷却系统进行检修。

学习活动 1 发动机冷却系统的基本检查

⚙ 一、明确任务

根据任务描述,在汽车行驶过程中,客户发现仪表盘出现车辆需维护的字样提示,电话咨询4S店,告知其车辆需进店进行检查。经班组长初步检查,判断可能为发动机冷却液长时间未更换,需要对发动机冷却系统部件进行检查与更换,使其恢复正常使用性能。

⚙ 二、工作准备与计划制订

(一)知识准备

1. 发动机冷却系统的作用

发动机冷却系统的作用是根据发动机的_____、_____、_____变化,改变冷却强度,保证发动机迅速升温并维持在适当的温度范围内,将燃料燃烧时产生的热量散发出去,带走发动机上受热零部件的热量,利用汽车散热装置将发动机工作时所产生的热量散发到空气中。

2. 发动机冷却系统的类型

利用冷却介质不同可以分为_____和_____,通常把发动机热量先传给冷却液,然后再散入大气而进行冷却的装置称为水冷系统。目前大多数汽车发动机采用强制循环式水冷系统。

水冷系统如图 1-1 所示,以_____为介质,热量由机体传给冷却液,靠冷却液的流动把热量带走,再散发到大气中去,使发动机的温度降低,散热后的冷却液再重新流回到受热机体处。适当地调节水路和冷却强度,就能保证发动机的正常工作温度。水冷系统又分为_____水冷系统和_____水冷系统。强制循环式水冷系统是利用水泵强制地使冷却液在冷却系统中进行循环流动。自然循环式水冷系统适用于一些发热量不是特别大、对散热效率要求不是极高的设备,如部分小型发动机等。强制循环式水冷系统冷却可靠,因此在汽车发动机上应用最为广泛。

风冷系统如图 1-2 所示,其特点:结构简单、质量轻、故障少,无需特殊保养,材质要求高、冷却均匀、可靠、性能差,功耗、噪声大,汽车少用。

3. 强制循环式水冷系统的组成

汽车发动机的强制循环式水冷却系统的组成包括_____、_____、_____、

_____、水套、_____、发动机机体、汽缸体水套及其他附件等。汽车发动机冷却系统布置图如图 1-3 所示。

图 1-1　水冷系统　　　　　　　　　　图 1-2　风冷系统

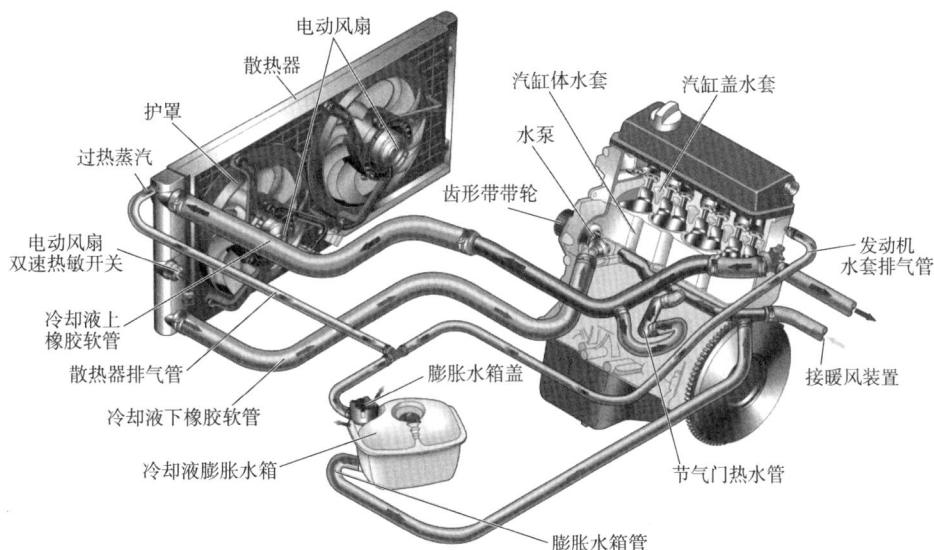

图 1-3　汽车发动机冷却系统布置图

_____一般置于车辆前端横梁,风扇在散热器后面,这样可以利用车辆行驶时迎面来风气流对散热器进行冷却。水泵将散热器内的冷却液增压后,经分水管进入发动机的汽缸体水套,冷却液从水套壁周围流过并从水套壁吸热而升温,然后向上流入汽缸盖水套,从汽缸盖水套壁吸热之后经节温器及散热器进水软管流入散热器,在散热器中冷却液因向流过散热器周围的空气散热而降温,最后冷却液经散热器出水软管返回水泵,如此不断的吸热、散热,使发动机得以冷却。在汽车行驶或冷却风扇工作时,空气从散热器周围高速流过以增强对冷却液的冷却。

汽车发动机的冷却系统多为强制循环水冷系统,利用_____提高冷却液的压力。

通常冷却液在该冷却系统内的循环流动路线有两条:一条为小循环,另一条为大循环,如图 1-4 所示。所谓大循环是冷却液超过 85℃时,冷却液经过_____而进行

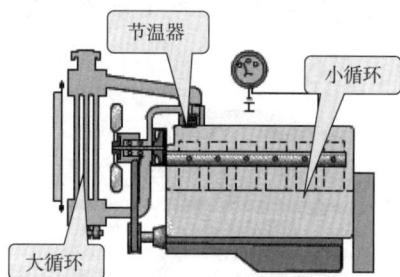

图1-4 汽车发动机冷却系统大小循环示意图

的循环流动;而小循环就是冷却液低于70℃时,冷却液并不流经散热器,只在_____与_____之间进行循环,冷却液不经过_____而进行的_____,从而使水温很快升高。冷却液是进行大循环还是小循环,由_____来控制。

4.发动机冷却液

冷却液还可以称为_____,它可以防止在寒冷季节停车时因冷却液结冰而冻裂_____和_____,但是要纠正一个误解,冷却液不仅仅是冬天用的,而应该全年使用。在汽车正常的维修项目中,要根据维修手册的要求,定期更换发动机冷却液。

冷却液由_____、_____、_____三部分组成,按防冻剂成分不同可分为酒精型、甘油型、乙二醇型等类型。酒精型冷却液是用乙醇作防冻剂,价格便宜,流动性好,配制工艺简单,但沸点较低,且易蒸发、冰点易升高、易燃,现已逐渐被淘汰;甘油型冷却液是用甘油作防冻剂,其沸点高、挥发性小、不易着火、无毒、腐蚀性小,但降低冰点效果不佳,且成本高、价格昂贵,用户难以接受,只有少数北欧国家仍在使用。乙二醇型冷却液是用乙二醇作防冻剂,并添加少量抗泡沫、防腐蚀等综合添加剂配制而成。

由于乙二醇易溶于水,可以任意配成各种冰点的冷却液,其最低冰点可达 – 68℃。这种冷却液具有沸点高、泡沫倾向低、黏温性能好、防腐等特点,是一种较为理想的冷却液,目前国内外发动机所使用的和市场上所出售的冷却液几乎都是乙二醇型冷却液。

发动机冷却液是发动机冷却系统中最重要的工作介质,随着使用年限的增加,冷却液的冰点会发生改变,需要定期对冷却液进行检查。

冷却液中的水与乙二醇的比例不同,其冰点也不一样,冷却液的冰点与乙二醇质量分数的关系见表1-1。

冷却液的冰点与乙二醇质量分数的关系　　　　　　　　　　表1-1

冷却液冰点(℃)	乙二醇的质量分数(%)	水的质量分数(%)
–10	26.4	73.6
–20	36.2	63.8
–30	45.6	54.4
–40	52.3	47.7
–50	58.0	42.0
–60	63.1	36.9

有些车型使用的冷却液中还添加有添加剂。添加剂可防止冷却液腐蚀、沉积(水垢)、形成泡沫和过热的作用。

乙二醇型冷却液有不同的牌号,应根据汽车保养手册的规定,选用和定期更换冷却液。注意:不同牌号的冷却液不可混用。

5. 膨胀水箱

膨胀水箱多用半透明材料制成,透过箱体可直接观察到冷却液的液面高度,无需打开散热器盖,冷却液的液面高度应在 MAX 与 MIN 之间,如图1-5所示。

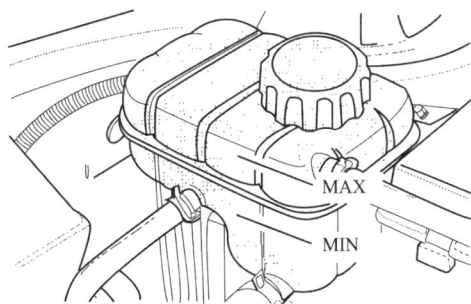

图1-5 膨胀水箱

膨胀水箱如图1-6所示,由塑料制造并用软管与散热器加冷却液口上的溢流管连接,其作用是当冷却液受热膨胀时,部分冷却液流入膨胀水箱,而当冷却液降温时,部分冷却液又被吸回散热器,所以冷却液不会溢失。膨胀水箱内的液面有时升高,有时降低,而散热器却总是被冷却液所充满。在膨胀水箱的外表面上刻有两条标记线(图1-5)"MAX"线和"MIN"线,膨胀水箱内的液面应位于两条标记线之间。当液面低于"MIN"线时,应向膨胀水箱内补充冷却液。在向膨胀水箱内添加冷却液时,液面不应超过"MAX"线。膨胀水箱还可消除水冷系统中的所有气泡。

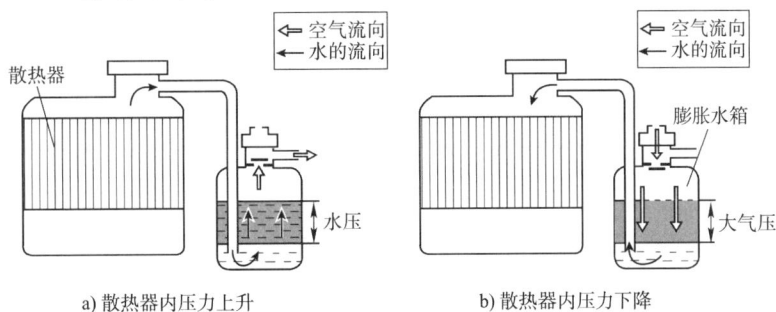

图1-6 膨胀水箱冷却液流向示意图

发动机冷却系统的基本检查准备工作如下。

(1)汽车进入工位前,将工位清理干净,准备好相关的器材。

(2)将汽车停驻在举升机中央位置。

(3)拉紧驻车制动器操纵杆,并将变速杆置于空挡位置。

(4)套上转向盘护套、变速杆手柄套和座位套,铺设脚垫。

(5)在车内拉动发动机舱盖手柄。

(6)在车外打开并支撑发动机舱盖。

(7)粘贴翼子板和前格栅磁力护裙。

（二）制订工作方案

1. 任务分工（表 1-2）

学生任务分配表

表 1-2

班级		组号		指导老师	
组长		任务分工			
组员 1		任务分工			
组员 2		任务分工			
组员 3		任务分工			
组员 4		任务分工			
组员 5		任务分工			
组员 6		任务分工			

2. 工量具、仪器设备与耗材准备

（1）使用的工量具有：＿＿＿＿＿＿＿＿＿＿＿＿＿＿＿＿＿＿＿。

（2）使用的仪器设备有：＿＿＿＿＿＿＿＿＿＿＿＿＿＿＿＿＿。

（3）使用的耗材有：＿＿＿＿＿＿＿＿＿＿＿＿＿＿＿＿＿＿＿＿。

3. 具体方案描述

＿＿＿＿＿＿＿＿＿＿＿＿＿＿＿＿＿＿＿＿＿＿＿＿＿＿＿＿＿＿＿＿

＿＿＿＿＿＿＿＿＿＿＿＿＿＿＿＿＿＿＿＿＿＿＿＿＿＿＿＿＿＿＿＿

＿＿＿＿＿＿＿＿＿＿＿＿＿＿＿＿＿＿＿＿＿＿＿＿＿＿＿＿＿＿＿＿

＿＿＿＿＿＿＿＿＿＿＿＿＿＿＿＿＿＿＿＿＿＿＿＿＿＿＿＿＿＿＿＿

＿＿＿＿＿＿＿＿＿＿＿＿＿＿＿＿＿＿＿＿＿＿＿＿＿＿＿＿＿＿＿＿

三、计划实施

（一）安全注意事项及技能要点

1. 安全注意事项

（1）在有压力的冷却系统中，散热器内的冷却液温度比大气压力下冷却液的沸点高很多。当冷却系统未冷却且处在高压时，拆卸储液罐盖将导致溶液瞬间沸腾，并产生爆炸性力量，这将导致溶液喷溅和喷射到发动机、翼子板和拆卸盖子的人员身上，可能导致严重的人身伤害。

（2）冷却液对人的皮肤有损害，作业时应戴上个人防护装备；沾上冷却液的衣服或鞋子，必须立即脱下并更换；皮肤接触到冷却液，需立即用水和肥皂清洗并彻底冲洗；

眼睛接触到冷却液,应翻开眼皮并用流水冲洗眼睛几分钟;吸入冷却液,立即漱口并喝下大量的清水,然后尽快去医院治疗。

2.技能要点

(1)拆卸时,发动机必须熄火。

(2)打开冷却液补偿水桶盖时,需防止冷却液喷溅,需用抹布包裹补偿水桶盖旋开一定角度,待卸除压力后再操作。

(3)冷却液缺失需要添加时,必须按照厂家要求添加冷却液或配比冷却液。

(二)冷却液液面高度的检查

每周至少检查一次发动机冷却液液面高度,以便车辆保持在最佳行驶状态。

冷却液储液罐是透明的,冷却液储液罐通过软管与散热器相连收集温度升高时溢出的冷却液,否则这些冷却液就会从冷却系统中溢出。

冷却液冰点检测操作方法及说明(表1-3)。

冷却液冰点检测操作方法及说明 表1-3

步骤	操作方法及说明	质量标准及记录
1.发动机舱盖,并观察冷却液储液罐	(1)应在发动机冷却时,检查冷却液储液罐中冷却液液面高度。 (2)正常的冷却液液面高度应在"MAX"和"MIN"之间。 (3)如果发现冷却液液面高度低于"MIN"标志时,应检查冷却系统是否泄漏,无泄漏打开冷却液储液罐盖,加注冷却液达"MAX"标志,然后重新盖好冷却液储液罐盖	□冷却液液面检查符合检查条件 □正确判断冷却液液面高度是否正常 □正确添加符合车型要求的冷却液
2.清洗量具	(1)吸管及冰点检测仪需用蒸馏水清洗。 	□正确清洁冰点测试仪,并校准冰点测试仪

步骤	操作方法及说明	质量标准及记录
2.清洗量具	（2）仪器在测量前需要校正零点，取蒸馏水数滴，放在检测镜上，观察刻度是否在零刻度线上，如果不在零刻度线，则需拧动零位调节螺钉，使分界线调至刻度0%位置，然后擦净检测棱镜，进行检测。 （3）冰点计为精密仪器，使用时应轻拿轻放 	
3.检测冷却液冰点	（1）用吸管从储液罐中吸出少量冷却液。 （2）将冷却液滴在冰点计的测试板上，盖上盖板。 （3）双手将冰点计端平，对看光线良好的地方，眼睛通过目镜观察视场，转动目镜调节手轮，使视场的蓝白分界线清晰，读取冰点，分界线的刻度值即为溶液的冰点。 （4）用吸管吸蒸馏水对冰点计进行清洁	□正确使用冰点计对着光线明亮的地方读数 □正确的对冰点计进行清洁 □按"8S"管理要求整理

步骤	操作方法及说明	质量标准及记录
4.测量冷却液冰点		□查看冷却液冰点 □正确判断冷却液冰点是否正常

⚙ 四、评价反馈(表1-4)

评价表   表1-4

评分项目	评分标准	分值(分)	得分(分)
学习目标	能明确本任务的知识、技能、素养目标,理解任务在工作中的重要程度	5	
工作任务分析	能清晰描述完成本次工作任务内容	2	
	能清晰描述完成本次工作任务需必备的技能与知识点	2	
有效信息获取	能按照表格中冷却液的冰点分析水和乙二醇占的百分比	5	
	能根据维修手册准确选用冷却液	5	
实施方案制订	能清晰地制订并填写本次发动机冷却系统基本检查的准备作业计划	5	
	能组织或协同工作小组成员,明确本次任务所需仪器设备、工具、材料,并准备记录	5	
	能组织或协同工作小组成员交流,优化检查方案并记录	5	
任务实施	能准确打开发动机舱盖,并观察冷却液储液罐;能正确判断冷却液液面高度是否正常	10	
	能准确打开散热器盖,采用正确的方法卸压;能清洁并校准冰点测试仪	10	
	能对着光线较好的地方,端平冰点测试仪进行正确读数	10	
	能够正确读数,完成后能够进行清洁	10	
	能够安全放置工具,设备使用方法安全可靠;能够正确并完整佩戴防护用品	10	
任务评价	通过本次任务实施,结合自己在实训过程中的表现,进行自我评价及自我反思并记录	3	

续上表

评分项目	评分标准	分值(分)	得分(分)
职业素养	按规定时间完成项目作业	2	
	遵守实训室管理规定、劳动纪律	2	
	积极参与课堂活动、回答问题	2	
	能够按时出勤	2	
思政要求	本任务要求分组训练,各小组必须按照规范地操作方式准确快速地进行冷却系统的简单检查,优化操作流程,对零部件的检测精度做到精益求精,弘扬大国工匠精神;各小组在实训过程中必须团结一致、相互合作,操作过程中注意安全,要求全程实现"8S"管理	5	
总分		100	

改进建议:

教师签字:

日期:

学习活动2　散热器零部件的检修

一、明确任务

根据任务描述,一辆汽车进厂维修,客户反映汽车在行驶过程中出现水温警告灯亮现象。经班组长初步检查,判断可能为发动机冷却系统散热器故障,需要对散热器零部件进行检查与更换,使其恢复正常使用性能。

二、工作准备与计划制订

(一)知识准备

1. 散热器的组成

散热器又称为水箱,是水冷式发动机冷却系统的关键部件。散热器由_____、

_____、散热器芯等组成。其结构如图 1-7 所示。

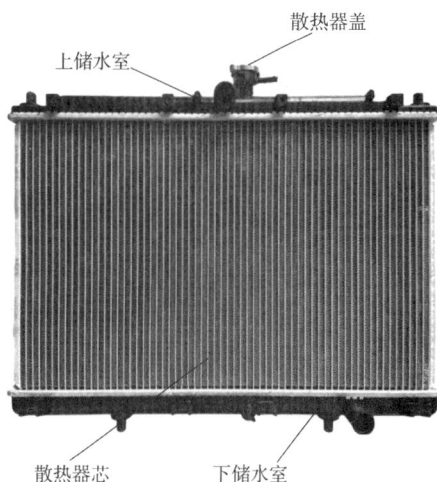

图 1-7　散热器的组成

散热器上水室顶部有加水口,冷却液由此注入整个冷却系并用散热器盖盖住。在上水室和下水室分别装有进水管和出水管。进水管和出水管分别用橡胶软管和汽缸盖的出水管和水泵的进水管相连,这样不但便于安装,而且当发动机和散热器之间产生少量位移时不会漏水。在散热器下面一般装有减振垫,防止散热器受振动损坏。在散热器下水室的出水管上还有放水开关,必要时可将散热器内的冷却液放掉。

(1)散热器盖。

目前的汽车发动机多采用_____水冷却系统,这种冷却系统的散热器盖装有一个空气阀和一个蒸气阀,对冷却系统有密封加压作用。发动机处于正常热态时,阀门关闭,可将冷却系统与大气隔开,防止水蒸气逸出,使系统内压力稍高于大气压力,从而可增高冷却液的沸点,保证发动机在较长时间及较高负荷下工作。如图 1-8 所示,当散热器中压力升高到一定压力时,蒸气阀便开启,使水蒸气从通气孔排出,以防止热膨胀压坏散热器芯管;当水温降低,冷却系统中水蒸气凝结成水,散热器内形成一定真空时,空气阀开启,空气从通气孔进入冷却系统,避免了散热器由于出现较大的真空度而被大气压力压坏。

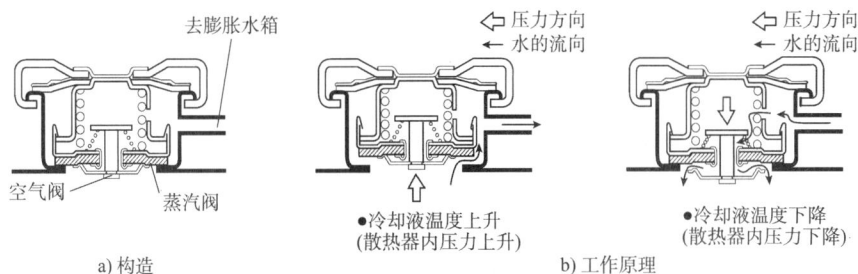

图 1-8　散热器盖的构造和工作原理

(2)散热器芯。

散热器芯由许多扁圆形的冷却管和散热片组成。冷却管焊接在上、下储水室之间,作为冷却液的通道。空气吹过管的外表面,从而使管内流动的水得到冷却。冷却管周围布置了很多散热片,用来增加散热面积,同时增加整个散热器的刚度和强度。常用的结构形式有管片式和管带式(又可细分为层叠式和蜂窝式),如图 1-9 所示。

管片式散热器芯的冷却管断面呈扁圆形。与圆形断面相比,扁圆形断面不但散热面积大,而且万一管内的冷却液结冰膨胀,扁圆形断面冷却管可以变形而避免破裂。

a) 管片式　　　b) 管带式

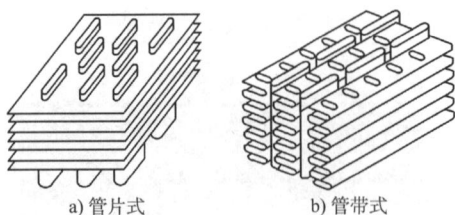

图1-9　散热器芯的结构形式

采用管片式散热器芯的散热器不但散热面积较大,散热器的刚度和强度也较高,这种散热器芯强度和刚度都较好、耐高压,但制造工艺较复杂、成本高。

叠层式散热器芯采用冷却管和散热带沿纵向间隔排列的形式,散热带上的缝孔可破坏空气流在散热带上形成的附面层,使散热能力提高。这种散热器芯散热能力强、制造工艺简单、成本低,但其刚度不如管片式散热器芯,一般多为轿车使用较多。

2. 散热器的功用

散热器的功用是储存冷却液,增大散热面积,加快冷却液的冷却。为了将散热器传出的热量尽快带走,在散热器后面装有风扇与散热器配合工作,是冷却系统中的主要部件。汽车冷却液在水套吸收了热量,循环流到散热器后,将热量散到空气当中,而失去热量的冷却液再回到水套内,如此循环不断,从而达到散热调温的效果,使小轿车能够按自行配制功能顺利行驶。由此可见,定期检查散热器是否正常是非常重要的。

3. 散热器的检查

将检测仪(图1-10)安装到散热器上,用检测仪手泵对冷却系统加压到0.1MPa,观察检查仪上压力表的指示压力。当压力出现_____时,说明冷却系统存在渗漏部位,应予以排除。可将散热器浸泡在水中,如有_____冒出,则表明该部位有_____。对于空气蒸气阀的_____,可用专用手动气泵检查;蒸气阀开启压力应为0.12~0.15MPa,空气阀开启压力应为0.10~0.12MPa。

图1-10　检测仪

冷却系统维修竣工后,应进行泄漏试验。系统内压力为0.13MPa时,2min内压力应不降低;发动机在3000r/min时,随转速的变化,冷却系统的压力不应改变。若压力随发动机转速的变化而变化,则说明压缩气体或燃烧室内的气体已进入冷却系统;若数次急速改变发动机转速看到有冷却液从排气管排出,则说明汽缸体、汽缸盖有裂纹或汽缸垫有损坏,应及时进行检修或更换。

(二)制订工作方案

1.任务分工(表1-5)

学生任务分配表

表1-5

班级		组号		指导老师	
组长		任务分工			
组员1		任务分工			
组员2		任务分工			
组员3		任务分工			
组员4		任务分工			
组员5		任务分工			
组员6		任务分工			

2.工量具、仪器设备与耗材准备

(1)使用的工量具有:_____。

(2)使用的仪器设备有:_____。

(3)使用的耗材有:_____。

3.具体方案描述

_____

_____

_____

_____

_____

⚙ 三、计划实施

(一)安全注意事项及技能要点

1.安全注意事项

(1)在有压力的冷却系统中,散热器内的冷却液温度比大气压力下冷却液的沸点高很多。当冷却系统未冷却且处在高压时,拆卸储液罐盖将导致溶液瞬间沸腾,并产生爆炸性力量。这将导致溶液喷溅和喷射到发动机、翼子板和拆卸盖子的人员身上,可能导致严重的人身伤害。

(2)冷却液对人的皮肤有损害,作业时应戴上个人防护装备;沾上冷却液的衣服或鞋子,必须立即脱下并更换;皮肤接触到冷却液,需立即用水和肥皂清洗并彻底冲洗;眼睛接触到冷却液,应翻开眼皮并用流水冲洗眼睛几分钟;吸入冷却液,立即漱口并喝下大量的清水,然后尽快去医院治疗。

2.技能要点

(1)拆卸时,发动机必须熄火。

(2)打开冷却液补偿水桶盖时需防止冷却液喷溅,需用抹布包裹补偿水桶盖旋开一定角度,待卸除压力后再操作。

(3)冷却液缺失需要添加时,必须按照厂家要求添加冷却液或配比冷却液。

(4)完成对散热器的修补后,应再次进行密封实验。

(二)发动机冷却系统散热器检修(表1-6)

发动机冷却系统散热器检修   表1-6

步骤	操作方法及说明	质量标准及记录
1.散热器的清洗	(1)检查散热器:在清洗散热器之前,先检查散热器是否有明显的损坏或堵塞。如果发现散热器有破损或者堵塞的情况,建议先进行修理或更换。 (2)清洗散热器表面:使用水管将散热器表面的尘土和杂质冲洗干净,可以从上到下、从内到外进行冲洗,确保清洗彻底。 (3)使用清洗剂:将清洗剂倒入水管连接处,打开水管,让清洗剂从散热器的一侧进入,然后从另一侧排出,这样可以更彻底地清洗散热器内部的污垢和杂质。 	□正确完成对冷却液的收集 □正确完成散热器的清洗

步骤	操作方法及说明	质量标准及记录
1. 散热器的清洗	(4)刷洗散热器内部:用刷子轻轻刷洗散热器内部的翅片,去除顽固的污垢和杂质。注意不要用力过大,以免损坏翅片。 (5)冲洗散热器:使用水管将散热器内部和外部彻底冲洗干净,确保清洗剂和污垢都被冲洗干净。 (6)检查散热器:清洗完成后,仔细检查散热器是否干净,没有任何污垢和杂质。如果发现有残留的污垢,可以再次使用清洗剂进行清洗	
2. 散热器的密封实验	(1)将散热器进水管用木塞或橡皮塞堵住。 (2)加满水后用专用盖密封加水口。 (3)用打气筒从排水管口向散热器打气加压。 (4)观察有无水从散热器外表渗出。若有,要在破漏处做上记号,并更换新的散热器 	□正确判断检查散热器是否需要更换
3. 安装散热器和加注冷却	(1)清洗完成后,将散热器安装回原位。确保连接口密封良好,防止漏水。 (2)在安装好散热器后,打开冷却液箱盖,加注适量的冷却液 	□正确紧固螺栓 □正确添加冷却液到规定高度 □按"8S"管理要求整理

四、评价反馈（表1-7）

评价表 表1-7

评分项目	评分标准	分值（分）	得分（分）
学习目标	能明确本任务的知识、技能、素养目标,理解任务在工作中的重要程度	5	
工作任务分析	能清晰描述完成本次工作任务内容	2	
	能清晰描述完成本次工作任务需必备的技能与知识点	2	
有效信息获取	能掌握发动机冷却系统散热器的检修	10	
实施方案制订	能清晰地制订并填写本次散热器零部件的检修准备作业计划	5	
	能组织或协同工作小组成员,明确本次任务所需仪器设备、工具、材料,并准备记录	5	
	能组织或协同工作小组成员交流,优化检查方案并记录	5	
任务实施	能完成相关工作页的填写	10	
	能够规范地进行发动机冷却系统散热器的检修	10	
	能够在操作举升机和起动发动机时,警示其他同学	10	
	能够安全使用并放置工具,设备使用方法安全可靠	10	
	能够正确并完整佩戴防护用品	10	
任务评价	能通过本次任务实施,结合自己在实训过程中的表现,进行自我评价及自我反思并记录	3	
职业素养	按规定时间完成项目作业	2	
	遵守实训室管理规定、劳动纪律	2	
	积极参与课堂活动、回答问题	2	
	能够按时出勤	2	
思政要求	本任务要求分组训练,各小组必须按照规范的操作方式准确快速地进行冷却系统散热器的检修,优化操作流程,对工具的使用做到精益求精,弘扬大国工匠精神;各小组在实训过程中必须团结一致、相互合作,操作过程中注意安全,要求全程实现"8S"管理	5	
总分		100	

改进建议:

教师签字:

日期:

学习活动 3　冷却风扇零部件的检修

一、明确任务

根据任务描述,一辆汽车进厂维修,客户反映汽车在行驶过程中出现发动机水温警告灯亮现象。经班组长初步检查,判断可能为发动机冷却系统冷却风扇故障,需要对冷却风扇零部件进行检查与更换,使其恢复正常使用性能。

二、工作准备与计划制订

(一)知识准备

冷却风扇的功用是提高流经＿＿＿＿＿的空气＿＿＿＿＿和＿＿＿＿＿,以增强散热器的散热能力并冷却发动机附件。冷却风扇多安装在发动机与散热器之间。当冷却风扇转动时,对空气产生轴向吸力,空气流从＿＿＿＿＿通过散热器芯,从而使散热器芯中的冷却液加速冷却。目前,汽车上大多采用电动风扇,如图1-11所示。

图1-11　电动风扇

电动风扇系统一般由电动＿＿＿＿＿(水温开关)、＿＿＿＿＿、电动机组成。根据冷却液温度变化,使冷却风扇断续工作,能提高整车的经济性。另外,电动风扇省去了风扇 V 带轮和发电机轴的驱动 V 带连接,风扇叶片尺寸和散热器等布置自由度大,具有能耗低、噪声小等优点。

冷却风扇多装在发动机与散热器之间,与水泵同轴驱动,这样,当风扇转动时,对空气产生轴向吸力,空气流从前到后通过散热器芯,从而使散热器芯中的冷却液加速冷却。风扇的扇风量与风扇的直径、转速、叶片形状、叶片安装角度以及叶片数目有关,风扇的形式如图1-12所示。

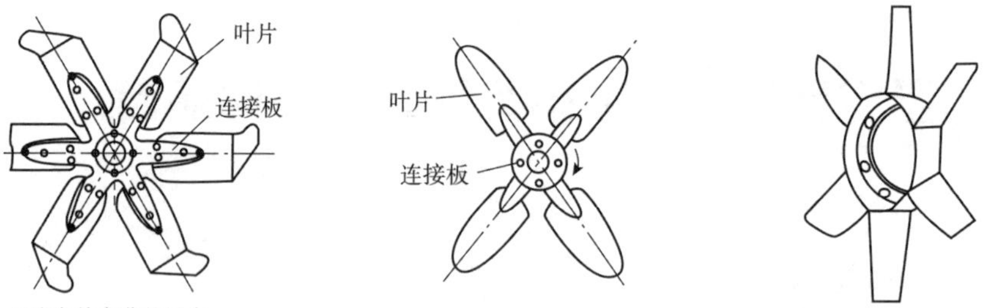

a) 叶尖前弯曲的风扇   b) 尖窄根宽的风扇   c) 尼龙压铸翼形叶片整体风扇

图1-12　风扇的形式

(二)制订工作方案

1. 任务分工(表1-8)

学生任务分配表　　　　　　　　　　　　表1-8

班级		组号		指导老师	
组长		任务分工			
组员1		任务分工			
组员2		任务分工			
组员3		任务分工			
组员4		任务分工			
组员5		任务分工			
组员6		任务分工			

2. 工量具、仪器设备与耗材准备

(1)使用的工量具有：_____。

(2)使用的仪器设备有：_____。

(3)使用的耗材有：_____。

3. 具体方案描述

_____

_____

_____

_____

_____

_____

三、计划实施

(一)安全注意事项及技能要点

1. 安全注意事项

(1)在有压力的冷却系统中,散热器内的冷却液温度比大气压力下冷却液的沸点高很多。当冷却系统未冷却且处在高压时,拆卸储液罐盖将导致溶液瞬间沸腾,并产生爆炸性力量,这将导致溶液喷溅和喷射到发动机、翼子板和拆卸盖子的人员身上,可能导致严重的人身伤害。

(2)在进行任何部件设备的检修或更换工作之前,汽车发动机应熄火,并切断电源。

(3)起动发动机;使发动机预热,怠速转速最高为 2500r/min 时预热发动机,直到达到 93℃ 时,散热器风扇设置开关才会接通。

2.技能要点

(1)拆卸作业前,汽车发动机应熄火,并切断电源。

(2)打开冷却液补偿水桶盖时需防止冷却液喷溅,需用抹布包裹补偿水桶盖旋开一定角度,待卸除压力后再操作。

(二)发动机冷却系统冷却风扇的检修(表1-9)

发动机冷却系统冷却风扇的检修 表1-9

步骤	操作方法及说明	质量标准及记录
1.风扇叶片的检查	(1)检查风扇:风扇叶片出现变形、弯曲、破损后,应及时更换,由于风扇叶片变形、弯曲、破损后,破坏了风扇叶片原设计的角度,使其丧失平衡性能,不但影响散热器的空气流速和流量,还降低了散热器的冷却能力,甚至打坏散热器,加速水泵轴承、水封的损坏,还会大幅地增加风扇的噪声。 (2)风扇拆卸,应检查叶片表面有无裂缝,若有则应该更换。 (3)清洁风扇扇叶:使用吹枪将风扇表面的彻底清洁干净,确保污垢清洁干净	□正确完成预热发动机,直到散热器风扇运转 □正确做好安全防护 □正确完成风扇表面清洁
2.检测冷却风扇工作状况	(1)主动测试:连接故障诊断仪,打开点火开关,进入主动测试菜单对冷却风扇进行主动测试。如果冷却风扇不工作,则需检查冷却风扇电路与冷却风扇。	□正确使用故障诊断仪进行动作测试,风扇进行转动

步骤	操作方法及说明	质量标准及记录
2.检测冷却风扇工作状况	 (2)断开冷却风扇电机连接器,将辅助电池接到冷却风扇连接器上,检查确认冷却风扇运转平稳;如运转,则判断为冷却风扇线路故障及其控制线路故障。 (3)测量冷却风扇运转时的电流(标准值为8.7～12.8A)。	□正确完成辅助电池接到冷却风扇连接器上 □正确判断风扇状态 □正确测量风扇运转时的电流 □按"8S"管理要求整理

续上表

步骤	操作方法及说明	质量标准及记录
2.检测冷却风扇工作状况	 (4)可靠连接冷却风扇电机连接器,完成操作	

四、评价反馈(表1-10)

评价表　　　　　　　　　　　　　　　　　表1-10

评分项目	评分标准	分值(分)	得分(分)
学习目标	能明确本任务的知识、技能、素养目标,理解任务在工作中的重要程度	5	
工作任务分析	能清晰描述完成本次工作任务内容	2	
	能清晰描述完成本次工作任务需必备的技能与知识点	2	
有效信息获取	能掌握冷却风扇的检修	5	
	能掌握发动机冷却系统冷却风扇电动机的检修	5	
实施方案制订	能清晰地制订并填写本次发动机冷却系统冷却风扇的检测的准备作业计划	5	
	能组织或协同工作小组成员,明确本次任务所需仪器设备、工具、材料,并准备记录	5	
	能组织或协同工作小组成员交流,优化检查方案并记录	5	
任务实施	能完成相关工作页的填写	10	
	能够规范地完成发动机冷却系统冷却风扇和冷却风扇热敏开关的检修	10	
	能够在操作举升机和启动发动机时,警示其他同学	10	
	能够安全使用并放置工具,设备使用方法安全可靠	10	
	能够正确并完整佩戴防护用品	10	
任务评价	能通过本次任务实施,结合自己在实训过程中的表现,进行自我评价及自我反思并记录	3	

续上表

评分项目	评分标准	分值(分)	得分(分)
职业素养	按规定时间完成项目作业	2	
	遵守实训室管理规定、劳动纪律	2	
	积极参与课堂活动、回答问题	2	
	能够按时出勤	2	
思政要求	本任务要求分组训练,各小组必须按照规范地操作方式准确快速地进行冷却系统散热器风扇的检修,优化操作流程,对工具的使用做到精益求精,弘扬大国工匠精神;各小组在实训过程中必须团结一致、相互合作,操作过程中注意安全,要求全程实现"8S"管理	5	
总分		100	

改进建议:

教师签字:

日期:

学习活动4 节温器零部件的检修

一、明确任务

根据任务描述,客户反映汽车在行驶过程中出现水温警告灯亮现象。经班组长初步检查,判断可能为发动机冷却系统故障,需要对发动机冷却系统的节温器进行检修,使其恢复正常使用性能。

二、工作准备与计划制订

(一)知识准备

1.节温器简介

通过节温器可改变流经_____的冷却液流量,从而改变冷却强度,是冷却系统中用来调节冷却温度的重要机件,是控制冷却液流动路径的阀门。它的工作是否正常,对发动机的_____影响很大,从而间接影响发动机的动力性能和_____,因此,节温器的好坏直接影响到发动机的工作。

汽车发动机广泛采用蜡式节温器如图1-13所示。节温器推杆的一端固定于支架的中心处,另一端插入胶管的中心孔中,胶管与节温器外壳之间形成的腔体内装有精制石蜡,为了提高导热性,石蜡中常掺有铜粉或者铝粉。常温时,石蜡呈固态,阀门压在阀座上。这时阀门关闭了通往散热器的水路,来自发动机缸盖出水口的冷却液经水泵又流回汽缸体水套中进行_____。

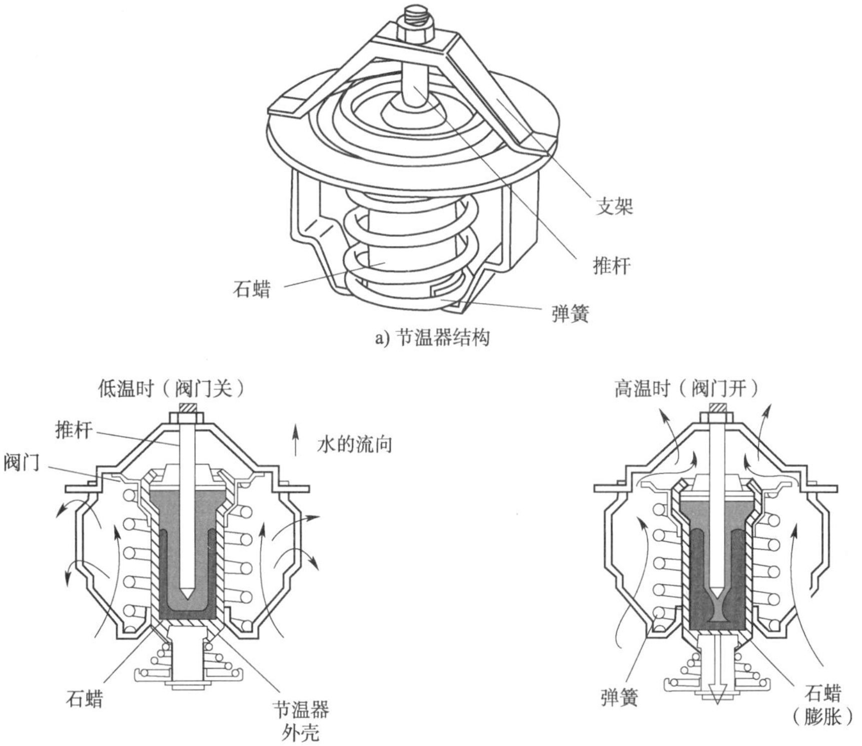

a) 节温器结构

b) 小循环

c) 大循环

图 1-13 节温器

当发动机水温升高时,石蜡逐渐变成_____,体积随之增大,迫使橡胶管收缩,从而对推杆上端头产生向上的推力。由于推杆上端固定,故推杆对橡胶管、感应体产生向下的反推力,阀门开启。当发动机水温达到规定温度以上时,阀门全开,来自汽缸盖出水口的冷却液流向散热器,进行_____。

2. 节温器作用

节温器是快速预热发动机并调节发动机工作温度的部件。它位于_____与_____之间的通路中,能够控制冷却液的流动方向。节温器一般安装在发动机冷却_____端。

（二）制订工作方案

1. 任务分工（表 1-11）

学生任务分配表 表 1-11

班级		组号		指导老师	
组长		任务分工			
组员 1		任务分工			
组员 2		任务分工			
组员 3		任务分工			
组员 4		任务分工			
组员 5		任务分工			
组员 6		任务分工			

2. 工量具、仪器设备与耗材准备

（1）使用的工量具有：_____。

（2）使用的仪器设备有：_____。

（3）使用的耗材有：_____。

3. 具体方案描述

_____
_____
_____
_____
_____

三、计划实施

（一）安全注意事项及技能要点

1. 安全注意事项

（1）在有压力的冷却系统中，散热器内的冷却液温度比大气压力下冷却液的沸点高很多。当冷却系统未冷却且处在高压时，拆卸储液罐盖将导致溶液瞬间沸腾，并产生爆炸性力量，这将导致溶液喷溅和喷射到发动机、翼子板和拆卸盖子的人员身上，可能导致严重的人身伤害。

（2）冷却液对人的皮肤有损害，作业时应戴上个人防护装备；沾上冷却液的衣服或鞋子，必须立即脱下并更换；皮肤接触到冷却液，立即用水和肥皂清洗并彻底冲洗；眼

睛接触到冷却液,应翻开眼皮并用流水冲洗眼睛几分钟;吸入冷却液,立即漱口并喝下大量的清水,然后尽快去医院治疗。

2.技能要点

(1)拆卸作业前,汽车发动机应熄火,并切断电源。

(2)打开冷却液补偿水桶盖时需防止冷却液喷溅,需用抹布包裹补偿水桶盖旋开一定角度,待卸除压力后再操作。

(3)冷却液缺失需要添加时,必须按照厂家要求添加冷却液或配比冷却液。

(二)发动机冷却系统节温器检修操作技术规范(表1-12)

发动机冷却系统节温器检修操作步骤 　　　　　　　　　表1-12

步骤	操作方法及说明	质量标准及记录
1.节温器的拆卸	(1)拆除空气滤芯,暴露出来的管道用保护膜保护。 (2)从节温器上拆下水管。 (3)松开节温器盖螺栓,拆下节温器盖。 	□正确完成对暴露管道的保护 □正确拆卸节温器上连接的水管

步骤	操作方法及说明	质量标准及记录
1. 节温器的拆卸	(4)取下节温器盖和节温器盖密封垫。 (5)取下节温器总成	
2. 节温器的检查	(1)检查节温器的排气口是否有脏物堵塞,如有,应清除干净。 (2)检查节温器各部位是否有裂纹和变形,如有,应更换新零件。 (3)检查节温器的性能,将节温器浸入水中并逐渐加热,仔细查看节温器开始打开时和全开时的水温,如果超出规定范围,应更换新零件。节温器开始打开温度为(82±3)℃;节温器全部打开温度为(95±3)℃ 	□正确清洁零部件 □正确检查节温器各部位 □正确判断节温器是否正常
3. 节温器的清洁	安装节温器盖前,应先用刮刀清除节温器气盖和进气歧管结合面上的污物	□正确清洁节温器
4. 节温器的安装	(1)将节温器总成放到进气歧管的对应位置上。 (2)取一片新的节温器盖密封垫,安放在节温器盖与进气管之间。 (3)将节温器盖密封垫和节温器盖一起装到进气歧管上,紧固节温器盖的紧固螺栓至8～12N·m。	□正确放置节温器总成 □正确安放节温器盖密封垫 □正确找到维修手册对应数值

步骤	操作方法及说明	质量标准及记录
4.节温器的安装	 （4）将出水管接到节温器盖上，并用夹箍夹紧。 （5）放低车辆	□正确按规定紧固

四、评价反馈（表1-13）

评价表　　　　　　　　　　　　　　　　　　　　　表1-13

评分项目	评分标准	分值（分）	得分（分）
学习目标	能明确本任务的知识、技能、素养目标，理解任务在工作中的重要程度	5	
工作任务分析	能清晰描述完成本次工作任务内容	2	
	能清晰描述完成本次工作任务需必备的技能与知识点	2	
有效信息获取	能掌握节温器的作用	5	
	能找到发动机节温器安装位置	5	
实施方案制订	能清晰地制订并填写本次节温器零部件的检修准备作业计划	5	
	能组织或协同工作小组成员，明确本次任务所需仪器设备、工具、材料，并准备记录	5	
	能组织或协同工作小组成员交流，优化检查方案并记录	5	
任务实施	能完成相关工作页的填写	10	
	能够规范地完成发动机冷却系统节温器的检修	10	
	能够在操作举升机和起动发动机时，警示其他同学	10	
	能够安全使用并放置工具，设备使用方法安全可靠	10	
	能够正确并完整佩戴防护用品	10	

评分项目	评分标准	分值(分)	得分(分)
任务评价	能通过本次任务实施,结合自己在实训过程中的表现,进行自我评价及自我反思并记录	3	
职业素养	按规定时间完成项目作业	2	
	遵守实训室管理规定、劳动纪律	2	
	积极参与课堂活动、回答问题	2	
	能够按时出勤	2	
思政要求	本任务要求分组训练,各小组必须按照规范地操作方式,准确快速地进行冷却系统节温器的检修,优化操作流程,对工具的使用做到精益求精,弘扬大国工匠精神;各小组在实训过程中必须团结一致、相互合作,操作过程中注意安全,要求全程实现"8S"管理	5	
总分		100	

改进建议:

教师签字:

日期:

学习活动5　水泵零部件的检修

一、明确任务

根据任务描述,一辆汽车进厂维修,客户反映汽车在行驶过程中出现水温警告灯亮现象。经班组长初步检查,判断可能为发动机冷却系统水泵故障,需要对水泵部件进行检查与更换,使其恢复正常使用性能。

二、工作准备与计划制订

离心式水泉作用

(一)知识准备

1. 水泵的作用

水泵的作用是对冷却液加压,加速冷却液的循环流动,保证冷却可靠。车用发动机上多采用离心式水泵,离心式水泵具有结构简单、尺寸小、排水量大、维修方便等优点。

2. 水泵的结构及工作原理

离心式水泵主要由_____、_____、_____和_____等组成,如图 1-14a)所示,叶轮一般是由铸铁或塑料制造而成,叶轮上通常有 6~8 个径向直叶片或后弯叶片。水泵壳体由铸铁或铝铸制,进、出水管与水泵壳体铸成一体。

离心式水泵工作原理如图 1-14b)所示,当水泵叶轮旋转时,水泵中的冷却液被叶轮带动一起旋转,并在离心力的作用下被甩向水泵壳体的边缘,水被甩向叶轮边缘,然后经外壳上与叶轮成切线方向的出水管压送到发动机水套内,同时产生一定的压力,然后从出水管流出。在叶轮的中心处由于冷却液被甩出而压力下降,散热器中的冷却液在水泵进口与叶轮中心的压差作用下经进水管流入叶轮中心。叶轮由铸铁或塑料制造,叶轮上通常有 6~8 个径向直叶片或后弯叶片。水泵壳体由铸铁或铝铸制,进、出水管与水泵壳体铸成一体。

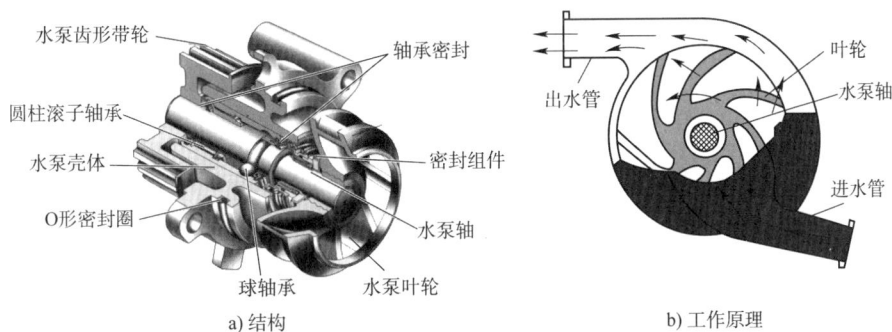

a)结构   b)工作原理

图 1-14 离心式水泵的结构及工作原理

(二)制订工作方案

1. 任务分工(表 1-14)

学生任务分配表   表 1-14

班级		组号		指导老师	
组长		任务分工			
组员 1		任务分工			

班级		组号		指导老师	
组员 2		任务分工			
组员 3		任务分工			
组员 4		任务分工			
组员 5		任务分工			
组员 6		任务分工			

2. 工量具、仪器设备与耗材准备

(1)使用的工量具有：_____。

(2)使用的仪器设备有：_____。

(3)使用的耗材有：_____。

3. 具体方案描述

_____

_____

_____

_____

_____

三、计划实施

(一)安全注意事项及技能要点

1. 安全注意事项

(1)在有压力的冷却系统中,冷却液温度比大气压力下冷却液的沸点高很多。当冷却系统未冷却且处在高压时,拆卸储液罐盖将导致溶液瞬间沸腾,并产生爆炸性力量。这将导致溶液喷放和喷射到发动机、翼子板和拆卸盖子的人员身上。可能导致严重的人身伤害。

(2)冷却液对人的皮肤有损害,作业时应戴上个人防护装备;沾上冷却液的衣服或鞋子,必须立即脱下并更换;皮肤接触到冷却液,立即用水和肥皂清洗并彻底冲洗;眼睛接触到冷却液,应翻开眼皮并用流水冲洗眼睛几分钟;吸入冷却液,立即漱口并喝下大量的清水,然后尽快去医院治疗。

2. 技能要点

(1)按照规范的工艺要求拆装,注意安全,全程实现"8S"管理。

(2)根据汽车维修手册的技术要求,更换水泵。

（二）更换水泵

更换水泵操作技术方法及说明见表1-15。

更换水泵操作技术方法及说明   表1-15

步骤	操作方法及说明	质量标准及记录
1. 水泵的拆卸	（1）举升车辆，并拆下发动机油底壳的保护板。 （2）拆卸水泵皮带。 （3）拆卸水泵皮带轮： ①拆下水泵皮带轮的3个螺栓； ②将水泵皮带轮从水泵上拆下。	□正确完成发动机护板的拆装 □正确使用拆装水泵螺栓工具

步骤	操作方法及说明	质量标准及记录
1.水泵的拆卸	(4)拆卸水泵:拆卸水泵总成和水泵垫; 拆下6个水泵螺栓; 拆下水泵; 拆下水泵密封件 	□正确拆卸水泵
2.水泵的检查与检修	常见损伤形式:水泵壳体、卡环槽及叶轮破裂;带轮凸缘配合孔松动;水封变形、老化及损坏;泵轴和轴承磨损等。 (1)水泵的检查。 用手转动水泵,检查运转是否灵活,如有噪声、卡滞、密封面损伤、水泵叶片损坏等缺陷以致不能使用时,应更换水泵。 (2)水泵的检修。 ①泵体和带轮应无损伤,壳与盖接合面变形若大于0.05mm,应予以修平; ②水泵轴无弯曲和轴颈无明显磨损,轴端螺纹无损坏; ③若轴承轴向间隙大于0.50mm、径向间隙大于0.15mm应更换; ④水泵叶轮的叶片应无破损,轴孔磨损过甚应镶套修复; ⑤水封、胶木垫、弹簧等零件的磨损过大,应更换; ⑥带轮毂与水泵轴应配合良好,泵轴孔磨损过甚应更换	□正确判断水泵是否正常 □正确判断泵体和带轮的损伤情况 □正确判断水泵轴的损伤情况 □正确判断水泵叶轮、水封、带轮毂的损伤情况

续上表

步骤	操作方法及说明	质量标准及记录
3.水泵的清洁	安装水泵总成前,应先用刮刀清除水泵与曲轴箱总成结合面上的污物	□正确清洁水泵
4.水泵的安装	查阅维修手册,将冷却系统水泵的螺栓标准扭矩,水泵螺栓:8N·m,水泵皮带轮:20N·m。 (1)取一片新的水泵垫,安装到水泵总成和曲轴箱之间。 (2)清洁密封面和3个水泵螺纹;安装新的衬垫。 (3)安装水泵1和6个新的螺栓。 (4)将螺栓紧固至规定扭矩。 (5)安装水泵皮带轮	□正确找到维修手册对应数值 □正确更换新的垫片 □正确更换新的螺栓 □正确按照规定扭矩紧固螺栓 □按"8S"管理要求整理

四、评价反馈（表1-16）

评价表 表1-16

评分项目	评分标准	分值(分)	得分(分)
学习目标	能明确本任务的知识、技能、素养目标,理解任务在工作中的重要程度	5	
工作任务分析	能清晰描述完成本次工作任务内容	2	
	能清晰描述完成本次工作任务需必备的技能与知识点	2	
有效信息获取	能掌握水泵的结构与原理	5	
	能找到发动机冷却系统水泵的安装位置	5	
实施方案制订	能清晰地制订并填写本次发动机冷却系统水泵的检测的准备作业计划	5	
	能组织或协同工作小组成员,明确本次任务所需仪器设备、工具、材料,并准备记录	5	
	能组织或协同工作小组成员交流,优化检查方案并记录	5	

续上表

评分项目	评分标准	分值(分)	得分(分)
任务实施	能完成相关工作页的填写	10	
	能够规范地完成发动机冷却系统水泵的检修	10	
	能够在操作举升机和起动发动机时,警示其他同学	10	
	能够安全使用并放置工具,设备使用方法安全可靠	10	
	能够正确并完整佩戴防护用品	10	
任务评价	能通过本次任务实施,结合自己在实训过程中的表现,进行自我评价及自我反思并记录	3	
职业素养	按规定时间完成项目作业	2	
	遵守实训室管理规定、劳动纪律	2	
	积极参与课堂活动、回答问题	2	
	能够按时出勤	2	
思政要求	本任务要求分组训练,各小组必须按照规范地操作方式准确快速地进行冷却系统水泵的检修,优化操作流程,对工具的使用做到精益求精,弘扬大国工匠精神;各小组在实训过程中必须团结一致、相互合作,操作过程中注意安全,要求全程实现"8S"管理	5	
总分		100	

改进建议:

教师签字:

日期:

学习活动 6　冷却液温度传感器零部件的检修

⚙ 一、明确任务

根据任务描述,一辆汽车进厂维修,客户反映汽车在行驶过程中出现水温警告灯亮现象。经班组长初步检查,判断可能为发动机冷却系统冷却液温度传感器故障,需要对冷却液温度传感器进行检查与更换,使其恢复正常使用性能。

⚙ 二、工作准备与计划制订

(一) 知识准备

发动机的运行需要精确地控制燃油喷射、点火正时、怠速转速和尾气排放。而发动机工作温度,也决定了发动机的运行性能。发动机控制模块需要能连续精确地监测冷却液温度、通常车上会安装 2 ~ 3 个冷却液温度传感器来时刻检测发动机的水温。

1. 温度传感器类型

根据温度传感器结构的不同,常用温度传感器有＿＿＿＿、＿＿＿＿、＿＿＿＿、＿＿＿＿和热电耦式等类型。

目前应用较多的是＿＿＿＿和＿＿＿＿温度传感器。前一种温度传感器是利用半导体材料的电阻随温度变化的特性制成的,按照电阻-温度特性的不同又可分为负温度系数(电阻的电阻值随着温度的升高而减小)和正温度系数(电阻的电阻值随着温度的升高而增大)两种,热敏电阻式冷却液温度传感器如图 1-15 所示。

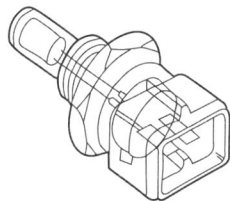

图 1-15 热敏电阻式冷却液温度传感器

2. 发动机冷却液温度传感器(ECT)

发动机冷却液温度传感器又称水温传感器,它用来检测＿＿＿＿温度并将温度信号转变成＿＿＿＿(光、电、磁)信号输送给发动机控制模块,作为控制汽油喷射、点火正时、怠速和尾气排放的重要信号。

冷却液温度传感器安装在发动机的冷却液通路上,常见安装位置有出水口、水套等处。某些老款电控发动机,往往安装有 2 ~ 3 个冷却液温度传感器,其作用不同:分别用于控制散热器风扇、给发动机 ECU 传递冷却液温度信号,向仪表板的冷却液温度表传递冷却液温度信号。在现代新型车辆上,为了减少传感器、信号线和 ECU 针脚数量,采用了车载局域网系统,形成资源共享。如通用别克的 CLASS2 网络系统,一个冷却液温度传感器便可满足上述三个功能。

(二) 制订工作方案

1. 任务分工(表 1-17)

学生任务分配表

表 1-17

班级		组号		指导老师	
组长		任务分工			
组员 1		任务分工			
组员 2		任务分工			

班级		组号		指导老师	
组员 3		任务分工			
组员 4		任务分工			
组员 5		任务分工			
组员 6		任务分工			

2. 工量具、仪器设备与耗材准备

(1)使用的工量具有：_____。

(2)使用的仪器设备有：_____。

(3)使用的耗材有：_____。

3. 具体方案描述

_____

_____

_____

_____

_____

三、计划实施

(一)安全注意事项及技能要点

1. 安全注意事项

(1)在有压力的冷却系统中,冷却液温度比大气压力下冷却液的沸点高很多。当冷却系统未冷却且处在高压时,拆卸储液罐盖将导致溶液瞬间沸腾,并产生爆炸性力量。这将导致溶液喷溅和喷射到发动机、翼子板和拆卸盖子的人员身上,可能导致严重的人身伤害。

(2)操作时注意安全防护。冷却液对人皮肤有损害,作业时应戴上个人防护装备;沾上冷却液的衣服或鞋子,必须立即脱下并更换;皮肤接触到冷却液,立即用水和肥皂清洗并彻底冲洗;眼睛接触到冷却液,应翻开眼皮并用流水冲洗眼睛几分钟;吸入冷却液,立即漱口并喝下大量的清水,然后尽快去医院治疗。

2. 技能要点

(1)检查 ECU 及其相关电路时,注意使用数字式万用表,方便对阻值变化情况观察并读数。

(2)拆卸温度传感器时,注意选用正确合适的工具。

(二)冷却液温度传感器检测操作技术规范(表1-18)

冷却液温度传感器检测操作方法及说明   表1-18

步骤	操作方法及说明	质量标准及记录
1. 填写车辆信息与客户投诉	(1)登记信息,填写车辆识别(VIN)_____,并与客户沟通确认。 (2)外观目检(整车)。 (3)记录客户投诉:发动机冷车起动困难,发动机故障指示灯点亮。 (4)维修接待员的维修意见:检查冷却液温度传感器及其电路,检查发动机ECU	□正确填写车辆识别代码 □完成车辆外观的检查 □正确填写客户投诉的故障
2. 故障确认	(1)起动发动机,确认发动机出现的故障现象。 □发动机冷起动困难或无法起动 □发动机热起动困难或无法起动 □发动机排气管冒黑烟 □发动机怠速过低 □发动机怠速高 (2)在教师指导下读取故障码和动态数据流并记录 	□正确使用汽车故障诊断仪

步骤	操作方法及说明	质量标准及记录
3.外观目检 冷却液温度 传感器	(1)观察发动机台架或者整车,确认冷却液温度传感器故障位置: ①观察线束连接器是否连接良好。 ②拔出线束连接器,观察是否有锈蚀、松动。 ③观察是否有冷却液泄漏。 (2)填写检查故障部位的维修建议(更换或修复)	□正确判断故障位置 观察结果: ＿＿＿＿＿＿ ＿＿＿＿＿＿ □正确填写故障排除方法 线束连接器连接不正常: ＿＿＿＿＿＿ 线束连接器损坏:＿＿＿ 冷却液泄漏:＿＿＿
4.故障检修	(1)查阅维修手册,确定冷却液温度传感器的标准电阻值。 | 冷却液温度(℃)	标准电阻值(Ω)
20	
30	
40	
50	
60	
70	
80	
90	
100	| (2)检查冷却液温度传感器电阻值。 | 冷却液温度(℃)	标准电阻值(Ω)	测量电阻值(Ω)
		| (3)根据检查步骤,补充完成冷却液温度传感器检查流程。	□正确找到维修手册对应数值,填到对应表格中 □正确判断冷却液传感器电阻 □正确判断冷却液温度传感器是否正常

步骤	操作方法及说明	质量标准及记录
4.故障检修	检查发动机冷却液温度信号 → 正常 → 检查有无间歇性故障 → 不正常 → 更换发动机冷却液温度传感器 检查ECU—冷却液温度传感器之间配线 → 不正常 → 修理或更换ECU → 正常 → （4）完成检修后，请对车辆进行复位与清洁： ①起动车辆，试车。 ②发动机故障灯状态。 ③观察发动机运转状态。 ④读取故障码，清除故障码。 ⑤工具收拾与清洁	□按"8S"管理要求整理

四、评价反馈（表1-19）

评价表　　　　　　　　　　　　　　　表1-19

评分项目	评分标准	分值（分）	得分（分）
学习目标	能明确本任务的知识、技能、素养目标，理解任务在工作中的重要程度	5	
工作任务分析	能清晰描述完成本次工作任务内容	2	
	能清晰描述完成本次工作任务需必备的技能与知识点	2	
有效信息获取	能掌握水温传感器的类型和作用	5	
	能找到发动机冷却液温度传感器安装位置	5	
实施方案制订	能清晰地制订并填写本次发动机冷却温度传感器的检测的准备作业计划	5	
	能组织或协同工作小组成员，明确本次任务所需仪器设备、工具、材料，并准备记录	5	
	能组织或协同工作小组成员交流，优化检查方案并记录	5	
任务实施	能完成相关工作页的填写	10	
	能够规范地完成发动机冷却液温度传感器的检查	10	
	能够在操作举升机和起动发动机时，警示其他同学	10	
	能够安全使用并放置工具，设备使用方法安全可靠	10	
	能够正确并完整佩戴防护用品	10	

续上表

评分项目	评分标准	分值(分)	得分(分)
任务评价	能通过本次任务实施,结合自己在实训过程中的表现,进行自我评价及自我反思并记录	3	
职业素养	按规定时间完成项目作业	2	
	遵守实训室管理规定、劳动纪律	2	
	积极参与课堂活动、回答问题	2	
	能够按时出勤	2	
思政要求	本任务要求分组训练,各小组必须按照规范地操作方式准确快速地进行测量冷却系统温度传感器,优化操作流程,对工具的使用做到精益求精,弘扬大国工匠精神;各小组在实训过程中必须团结一致、相互合作,操作过程中注意安全,要求全程实现"8S"管理	5	
总分		100	

改进建议:

教师签字:

日期:

任务习题 》》》

一、单选题

1.冷却液长效防冻剂主要指的是(　　)。

　　A.甲醇　　　　　　B.乙二醇　　　　　　C.煤油　　　　　　D.丙二醇

2.发动机冷却系统按照冷却介质的不同分为水冷系统和(　　)。

　　B.人工冷却系统　　B.自然冷却系统　　C.风冷却系统　　D.自然冷系统

3.关于节温器,以下表达正确的是(　　)。

　　A.标在节温器上的温度是节温器完全打开的温度

　　B.节温器损坏会导致发动机过热

　　C.节温器损坏不会影响冷却系统的温度

D. 节温器在冷却系统中可有或无

4. 负温度系数的热敏电阻其电阻随着温度的升高而(　　)。

    A. 降低　　　　　　　B. 不变　　　　　　　C. 升高　　　　　　　D. 先高后低

5. 冷却液温度传感器失效后一般采用(　　)替代。

    A. 固定的冷却液温度值　　　　　　　　B. 氧传感器信号

    C. 进气温度信号　　　　　　　　　　　D. 空气流量传感器信号

6. 发动机利用穿过铸造在缸体、缸盖上的散热片的空气来冷却发动机,这种发动机属于(　　)发动机。

    A. 液冷式　　　　　　B. 风冷式　　　　　　C. 直列式　　　　　　D. 横列式

7. 防冻液用来保护冷却系统不会(　　)。

    A. 结冰　　　　　　　B. 渗漏　　　　　　　C. 过冷　　　　　　　D. 过热

8. 防冻液是(　　)的废弃品。

    A. 无害　　　　　　　B. 有害　　　　　　　C. 无毒　　　　　　　D. 不可再次使用

9. 冷却液泵常由(　　)来驱动的。

    A. 发电机　　　　　　B. 曲轴　　　　　　　C. 凸轮轴　　　　　　D. 平衡轴

10. 节温器主阀门在(　　)时打开。

    A. 低温时　　　　　　B. 高温时　　　　　　C. 冷却液沸腾时　　　D. 任何时刻

11. (　　)散热器用于前部较低的汽车。

    A. 离心式　　　　　　B. 竖流式　　　　　　C. 横流式　　　　　　D. 向心式

12. (　　)是散热器的主要散热部分。

    A. 进水罐　　　　　　B. 出水罐　　　　　　C. 芯子　　　　　　　D. 散热器盖

13. 采用自动补偿封闭式散热器结构的目的是(　　)。

    A. 防止冷却液温度过高,蒸汽从蒸汽引入管喷出伤人

    B. 降低冷却系冷却液的溢出

    C. 加强散热

    D. 增加冷却液流动速度

14. 蜡式节温器中使阀门开闭的部件是(　　)。

    A. 弹簧　　　　　　　B. 推杆　　　　　　　C. 支架　　　　　　　D. 石蜡感应体

15. 风冷系统为了更有效地利用空气流,加强冷却,一般都装有(　　)。

    A. 导流罩　　　　　　B. 散热片　　　　　　C. 分流板　　　　　　D. 分流罩

二、判断题

1. 如果冷却液的液位过低,应先检查是否有渗漏,若有渗漏需对渗漏处进行处理后才能添加冷却液。　　　　　　　　　　　　　　　　　　　　　　　　　(　　)

2. 发动机在起动后,将随着冷却波温度的逐渐升高而减少喷油脉宽。　(　　)

3. 检查冷却系统泄漏的最佳方法是使用肉眼观察。　　　　　　　　　(　　)

4. 节温器的主要作用是调节发动机工作的温度。　　　　　　　　　　(　　)

5. 冷却液温度过高的原因只能是冷却系统出故障。 （ ）

6. 当发动机温度较高(特别是"开锅")时,应立即开启散热器盖。 （ ）

7. 膨胀罐的作用是给冷却液提供一个冷却的空间。 （ ）

8. 若节温器阀门在室温下开启,则予以更换。 （ ）

9. 冷却水最好采用软水,即含盐分少的水,如雨水、雪水、自来水等。 （ ）

10. 不同类型的防冻液不宜混用。 （ ）

11. 在使用过程中,防冻液中的水蒸气蒸发后,应及时更换防冻液。 （ ）

12. 防冻液品牌、规格的选用及与水、添加剂的配比可以根据当地气温条件来确定。 （ ）

13. 如更换了散热器、热交换器、缸盖、缸垫,则不可再用旧冷却液。 （ ）

14. 防冻液的颜色发生了变化,可能是防冻液的浓度及冷却系统发生了腐蚀或混有其他冷却液。 （ ）

15. 冷却液温度传感器是确定基本供油量的主控信号。 （ ）

三、实操练习题

1. 请按照维修手册对冷却系统水泵进行拆装。

2. 请利用清洗剂对冷却系统进行清洗。

3. 请利用实验判断水温传感器的好坏。

学习任务二

汽车发动机不能起动故障检修

学习目标 >>>

1.知识目标

(1)能区分出不同类型的点火系统。

(2)能描述出点火系统的基本组成及工作原理。

(3)能说出点火系统各元件的安装位置及作用。

(4)能列举出点火系统的常见故障及原因。

2.技能目标

(1)能正确选用工量具与仪器,对点火系统各部件进行测量与记录,并判断零件的工作状态。

(2)能按照要求,规范地检查与更换点火系统各部件,并完成拆装步骤的记录。

(3)能查阅维修手册,对相关资料、互联网资源进行检索,完成工单、工作页的填写。

3.素养目标

(1)能够在工作过程中与小组其他成员交流合作,养成团队意识,锻炼沟通能力。

(2)养成"8S"管理的工作习惯,具备精益求精的工匠精神。

(3)养成服从管理、吃苦耐劳的劳模精神与规范作业的良好工作作风。

参考学时 >>>

40 学时。

任务描述 >>>

一辆汽车进厂维修,客户反映汽车起动机能正常工作,但发动机不能起动。经班组长初步检查,判断可能是发动机点火系统故障,需要对发动机点火系统进行检修。

学习活动 1　点火系统的基本检查

⚙ 一、明确任务

根据任务描述,客户反映汽车起动机能正常工作,但发动机不能起动。经班组长初步检查,判断可能是发动机点火系统故障,需要对点火系统各部件进行检查与更换,使其恢复正常的使用性能。

⚙ 二、工作准备与计划制订

(一)知识准备

点火系统类型　　点火系统功用

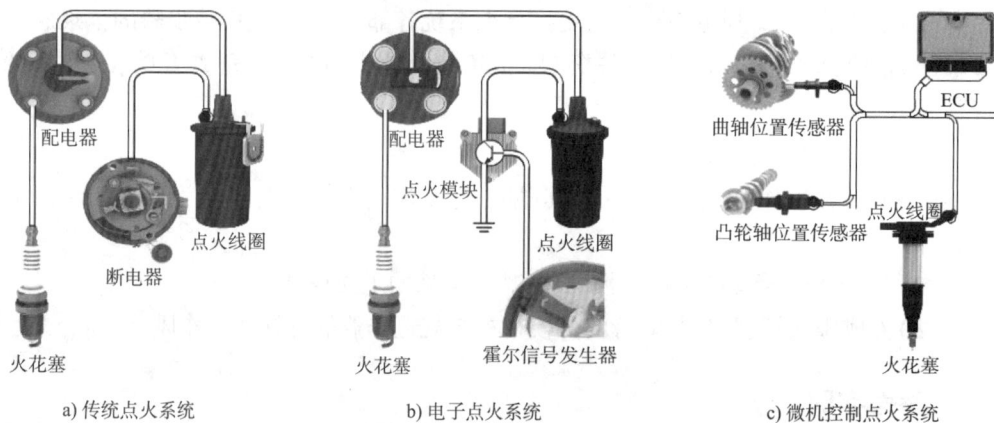

1.点火系统的类型
随着汽车电子技术的高速发展,汽油发动机点火系统经历了由＿＿＿＿＿、＿＿＿＿＿到＿＿＿＿＿三个阶段,如图2-1所示。

a) 传统点火系统　　　　　b) 电子点火系统　　　　　c) 微机控制点火系统

图2-1　点火系统的类型

2.点火系统的作用
点火系统的作用是将汽油发动机工作时吸入汽缸的可燃混合气,在＿＿＿＿＿行程终了时,及时地用＿＿＿＿＿点燃可燃混合气,并满足可燃混合气充分地燃烧及发动机工作稳定的性能要求,使汽油发动机顺利地实现准确点火,如图2-2所示。

3.汽车发动机对点火系统的要求
根据发动机各工况的要求,点火系统应保证在各种使用条件下可靠地点燃可燃混合气。对点火系统的具体要求如下:

（1）点火系统应能迅速及时地产生足以击穿火花塞电极间隙的_____。

（2）电火花应具有足够的_____。

（3）能根据发动机各种工况提供最佳的_____。

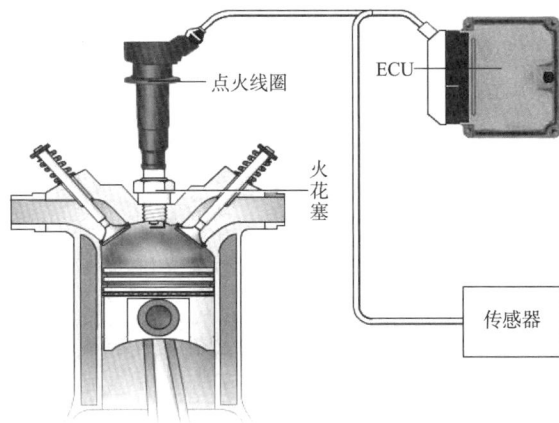

图 2-2　点火系统作用及组成

发动机的温度、负荷、转速和燃油品质等，都将直接影响混合气的燃烧速度。点火系统必须能适应上述情况变化，并同步变化最佳点火时刻。

4.影响最佳点火提前角的因素

影响最佳点火提前角的因素很多，主要影响因素是负荷和转速。

（1）发动机转速与点火提前角关系如图 2-3 所示，当发动机转速增大时，点火提前角应_____。

（2）发动机负荷与基本提前角的关系如图 2-3 所示，当发动机负荷增大时，点火提前角应_____。

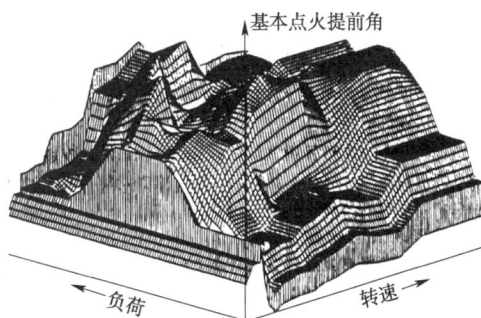

图 2-3　基本点火提前角与负荷和转速关系示意图

5.不同类型点火系统的组成和工作原理

1）传统点火系统

（1）传统点火系统的组成。

传统点火系统的组成如图 2-4 所示，主要包括：

①电源:由蓄电池或发电机供给点火系统工作所需的电能。

②点火线圈:将电源提供的12V低压电变成15～20kV的高压电。

③分电器:由断电器、配电器、电容器和点火提前机构等部分组成。各部分作用如下:

a.断电器:接通与切断点火线圈初级电路。

b.配电器:将点火线圈产生的高压电按汽缸的工作顺序送至各缸火花塞。

c.电容器:减小断电器触点火花,延长触点使用寿命并提高次级电压。

d.点火提前机构:随发动机转速、负荷和汽油辛烷值变化改变点火提前角。

④火花塞:产生电火花,点燃汽缸内的可燃混合气。

⑤点火开关:控制点火线圈的初级电路。

⑥附加电阻:稳定点火线圈的初级电流,改善点火性能和起动性能。

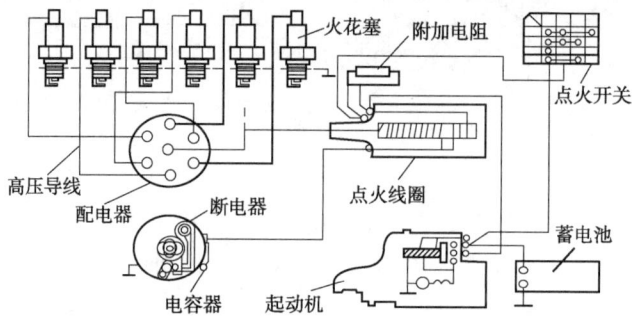

图2-4　传统点火系统的组成

(2)传统点火系统的工作原理。

传统点火系的电路可分为低压电路和高压电路两部分。

低压电路的作用是控制点火线圈初级电路的通断,使点火线圈内磁场产生_____而使点火线圈次级绕组产生_____。低压电路主要包括:蓄电池、_____、附加电阻、点火线圈初级绕组、断电器、电容器等。

高压电路的作用是在点火线圈初级电路_____时感应出高压电,击穿火花塞间隙,点燃可燃混合气。次级电路主要包括:_____、中心高压线、配电器、分缸高压线、火花塞等,如图2-5所示。

2)电子点火系统

(1)电子点火系的组成。

普通电子点火系一般由_____、电子点火控制器、配电器、专用点火线圈、火花塞等主要部件组成,如图2-6所示。

其基本工作原理:转动的分电器根据发动机做功的需要,使点火信号发生器产生某种形式的电压信号(有模拟信号和数字信号两种),该电压信号经电子点火器大功率晶体管前置电路的放大、整形等处理后,控制串联于点火线圈初级回路的大功率晶体管的导通和截止。大功率晶体管导通时,点火线圈初级通路,点火系统储能;大功率晶体管截止时,点火线圈初级断路,次级绕组便产生高压电。

a) 低压电路

b) 高压电路

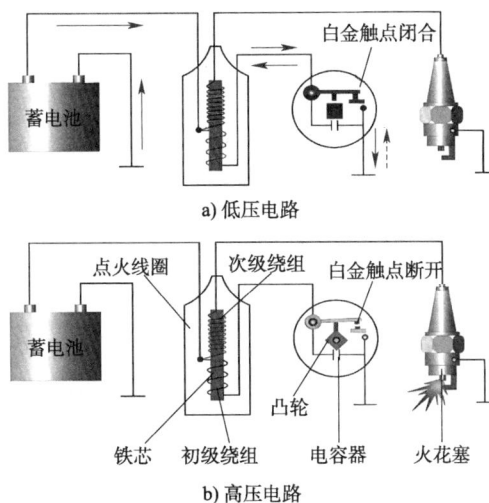

图 2-5 传统点火系统高压电路图

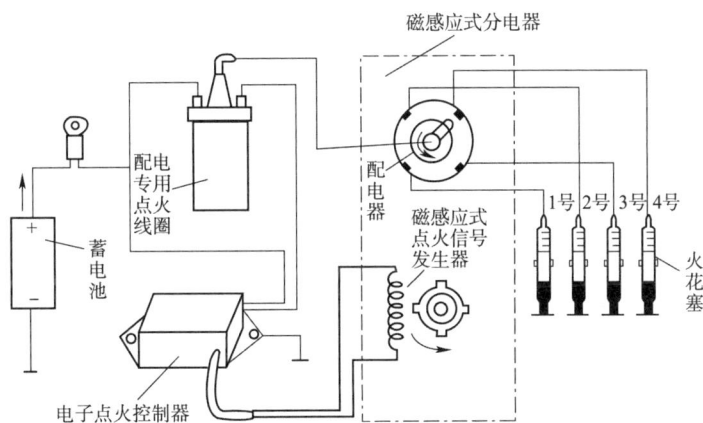

图 2-6 无触点式电子点火系统的组成

（2）不同点火信号下电子点火系统的工作过程。

下面将按照磁脉冲式、霍尔效应式、光电式三种不同的点火信号来阐述普通型电子点火系统的工作过程。

①磁脉冲式电子点火装置工作过程。

磁脉冲式电子点火装置是丰田汽车常用的磁脉冲式无触点电子点火装置。它由_____、电子点火器、分电器、_____、火花塞等组成。

磁脉冲式点火信号发生器的工作原理:信号转子上有与发动机的汽缸数_____的凸齿。永久磁铁的磁通经信号转子凸齿、线圈铁芯构成回路。当信号转子由分电器轴带动旋转时,转子凸齿与线圈铁芯间的空气间隙将发生变化,磁路的磁阻随之改变,使通过线圈的磁通量发生变化,因而在线圈内感应出_____,如图 2-7 所示。

磁脉冲式点火信号发生器具有点火信号电压的大小随发动机转速的变化而变化的特点。发动机转速升高时,传感线圈产生的信号电压也就随之_____。

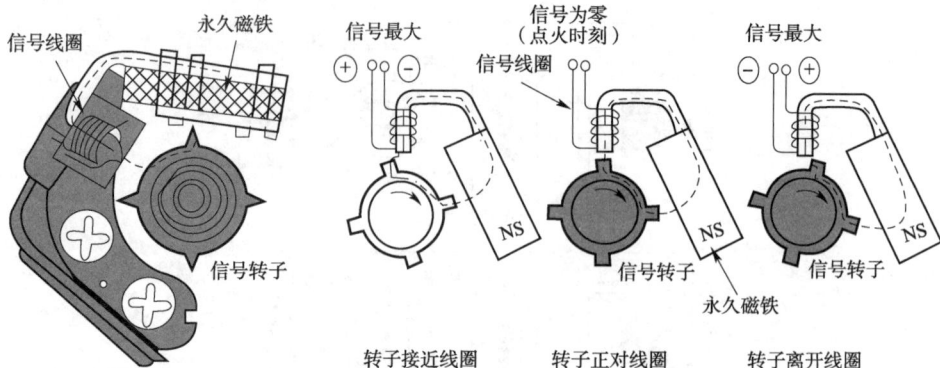

图 2-7 磁脉冲式点火信号发生器工作原理图

②霍尔效应式电子点火装置工作过程。

a. 霍尔原理图。

霍尔效应原理如图 2-8 所示。当电流 I 通过放在磁场中的半导体基片(霍尔元件),且电流方向与磁场方向垂直时(图 2-8),在_____于电流和磁场的半导体基片的横向侧面上将产生一个电压 U_H(通常称之为霍尔电压)。霍尔电压的高低与通过的电流和磁感应强度成正比,可用式(2-1)表示:

$$U_H = R_H \cdot I \cdot B/d \tag{2-1}$$

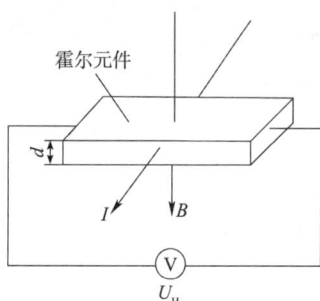

图 2-8 霍尔原理图

式中:R_H——霍尔系数;

　d——半导体基片厚度;

　I——电流;

　B——磁感应强度。

由上式可知,当通过的电流 I 为一定值时,霍尔电压 U_H 随磁感应强度 B 的大小而变化。

b. 霍尔效应式点火信号发生器的工作原理。

霍尔信号发生器正是利用霍尔现象来产生点火信号的。霍尔式信号发生器的结构组成如图 2-9a)所示,其工作原理如图 2-9c)、图 2-9d)所示。

在与分火头制成一体的触发叶轮的四周,分布着与发动机汽缸数_____的缺口,当触发叶轮由分电器轴带着转动,转到触发叶轮的本体(没有缺口的地方)对着装有霍尔集成块的地方时(叶片在气隙内),通过霍尔集成块的磁路被触发叶轮短路,如图 2-9c)所示,此时霍尔集成块中没有磁场通过,不会产生_____;当触发叶轮转到其缺口对着装有霍尔集成块的地方时(叶片不在气隙内),如图 2-9d)所示,永久磁铁所产生的磁场,在导板的引导下,垂直穿过通电的霍尔集成块,于是在霍尔集成块的横向侧面产生一个毫安级的霍尔电压 U_H,信号很微弱,还需要进行信号处理,这一任务由_____完成。这样霍尔元件产生的霍尔电压 U_H 信号,经过放大、脉冲整形,最后以整齐的_____输出,如图 2-10 所示。

a) 示意图　　　　　　　　　　b) 结构图

c) 解发叶片进入空气隙中　　　　d) 解发叶片离开空气隙

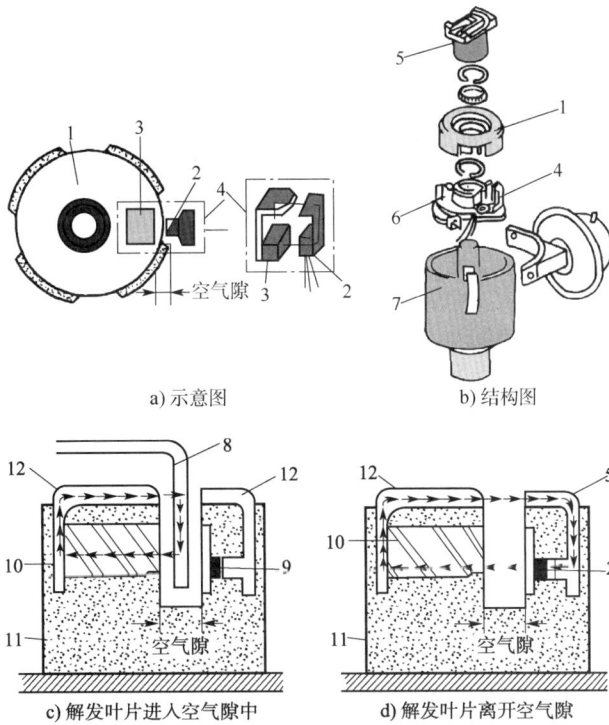

图 2-9　霍尔信号发生器

1-触发叶轮;2-霍尔集成块;3-带导板的永久磁铁;4-霍尔传感器;5-分火头;6-触发开关托盘;7-分电器壳体;8-触发叶轮叶片;9-霍尔集成块;10-永久磁铁;11-壳体;12-导板

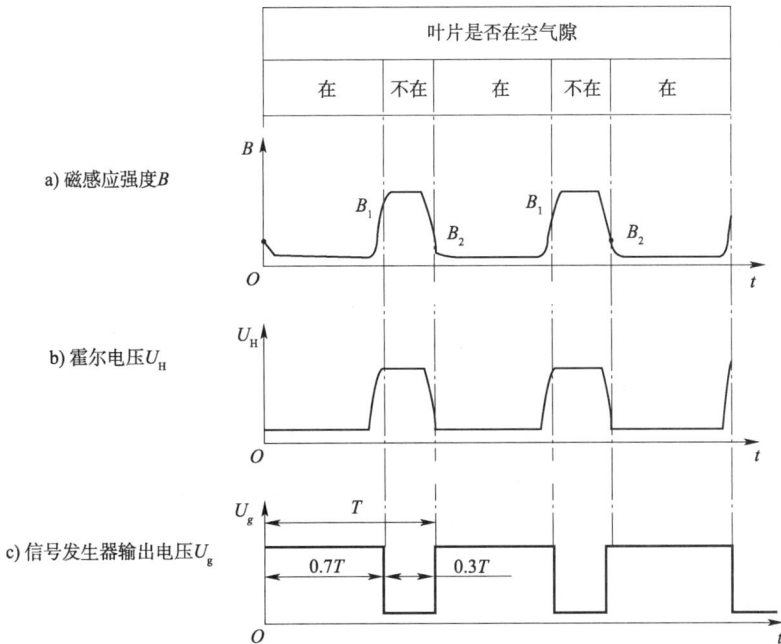

图 2-10　霍尔信号发生器的输出信号

③光电式电子点火装置工作过程。

（1）光电式电子点火系统组成。

光电式电子点火系统由光电效应式点火信号发生器、点火控制器、分电器、点火线圈、火花塞等组成，其功能是采用光电式点火信号发生器产生点火信号，控制_____工作。光电式电子点火系统一般安装在分电盘上，也有的直接安装在_____前端，如图2-11所示。

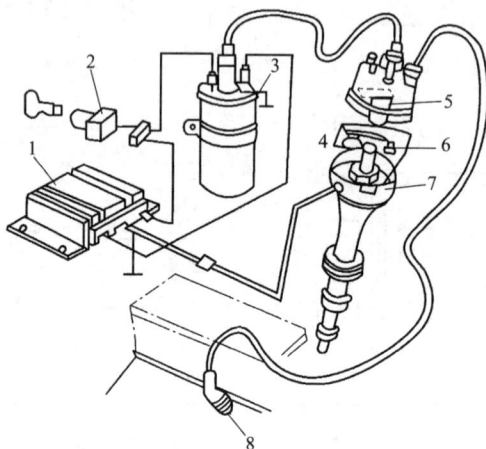

图2-11　光电式电子点火系统结构示意图

1-点火电子控制组件;2-点火开关;3-点火线圈;4-光电效应式点火信号发生器;5-分火头;6-遮光盘;7-分电器;8-火花塞

（2）光电式电子点火系统的工作原理。

光电式电子的工作原理是以光电效应式点火信号发生器为核心来工作的，光电效应式点火信号发生器由遮光盘（信号转子）、遮光盘轴、光源（发光二极管）、光接收器（光敏元件）等组成，如图2-12所示。遮光盘一般用金属或塑料制成，安装在_____轴上，位于分火头下面。遮光盘的外缘介于光源与光接收器之间，遮光盘的外缘上开有缺口，缺口处允许红外线光束通过，其余实体部分则能挡住光束，缺口数等于_____；发光二极管发出的红外线光束一般还要用一只近似半球形的透镜聚焦，以便缩小光束宽度，增大光束强度，有利于光接收器接收、提高点火信号发生器的工作可靠性。光接收器可以是光敏二极管，也可以是光敏三极管。光接收器与光源相对，并相隔一定的距离，以便使光源发出的红外线光束聚焦后照射到光接收器上。

总结来说，光电式电子点火系统的工作原理是：当遮光盘随_____轴转动时，光源发出的射向光接收器的光束被遮光盘交替挡住，因而光接收器（光敏二极管或光敏三极管）交替导通与截止，形成电脉冲信号。该电信号引入点火控制器即可控制初级线圈电流的通断，从而控制_____的工作。由于遮光盘外缘上开的缺口数等于_____，遮光盘每转一圈，正好供每缸各点火一次。

（3）微机控制电子点火系统。

①微机控制点火系统组成。

微机控制的点火系主要由：_____、_____、执行器（点火器、点火线圈、火花塞等)组成,如图 2-13 所示。

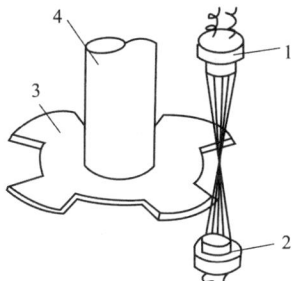

图 2-12　光电效应式点火信号发生器工作原理图
1-光源;2-光接收器;3-遮光盘;4-遮光盘轴

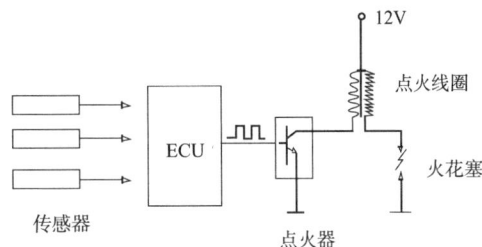

图 2-13　微机控制点火系统的组成

　　传感器(包括各种开关)主要有_____传感器、空气流量计(或绝对压力传感器)、氧传感器、_____传感器、_____传感器、_____传感器、车速传感器、爆震传感器、空调开关信号等。

　　②微机控制点火系统的原理。

　　发动机工作时,电子控制单元(ECU)的作用是根据接收到的_____信号,按存储器中的相关程序和数据,进行运算、处理、判断,然后输出指令(信号)控制有关_____(如点火器)动作,实现对点火系统的精确控制。

　　点火时刻(提前角)控制:

　　实际点火提前角 = 初始点火提前角 + 基本点火提前角 + 修正点火提前角。

　　基本点火提前角:怠速时的基本点火提前角比平常行驶时的基本点火提前角_____。

　　修正点火提前角:_____等传感器是用来修正点火提前角的。

　　③微机控制点火系的作用与分类。

　　微机控制点火系统的功能主要包括:_____、_____及_____三个方面。

　　微机控制的点火系统按有无分电器分:可分为_____的微机控制点火系统和_____的微机控制点火系统两大类,如图 2-14a)、图 2-14b)所示。目前有分电器的微机控制点火系统正在被淘汰,而无分电器的微机控制点火系统被广泛应用。

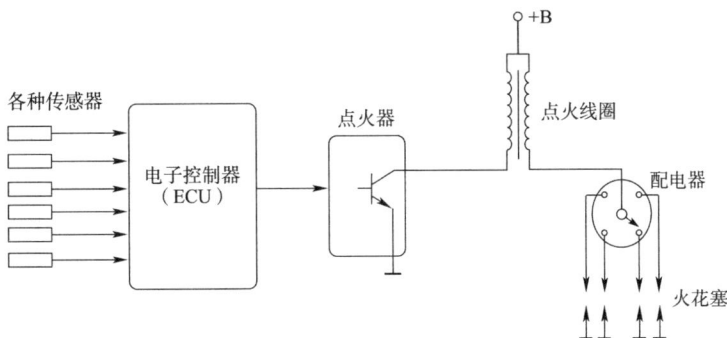

a) 有分电器的微机控制点火系统

图　2-14

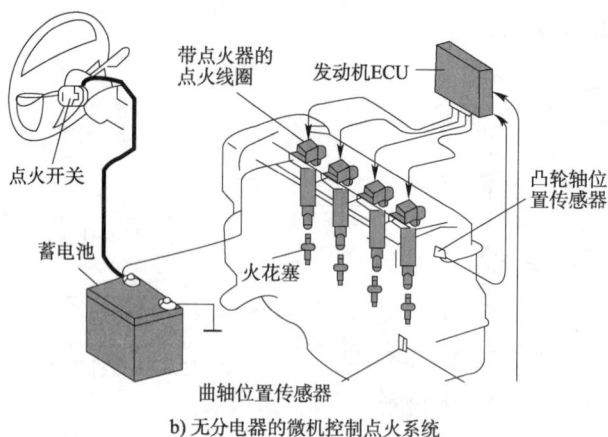

b) 无分电器的微机控制点火系统

图 2-14　微机控制点火系统

随着人类对汽车发动机的动力性、经济性排放控制要求的日益提高,当前发动机多数采用无分电器点火类型,如图 2-15 所示,按照高压配电方式的不同可分为:_____、_____。

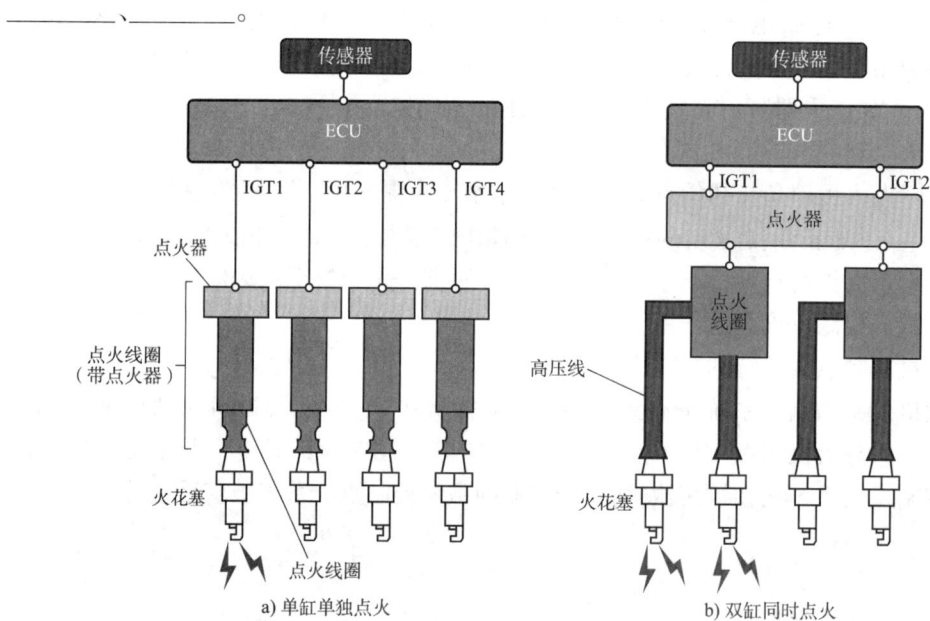

a) 单缸单独点火　　　　　　　　　　b) 双缸同时点火

图 2-15　无分电器点火类型

3) 独立点火系统的结构与工作原理

独立点火系统就是每个火花塞安装一个_____,单独向火花塞提供高压电动势,实现各个汽缸直接点火,如图 2-16 所示。独立点火取消了易导致电磁干扰的高压线,主要由点火模块(也称为点火器)、点火线圈、火花塞和_____等组成,当前汽车发动机上基本都将点火模块与点火线圈做成一体。

独立点火系统的组成:_____、_____、_____、_____、
_____。

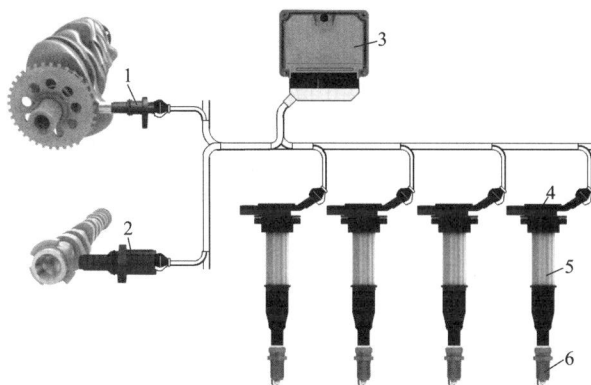

图 2-16　单缸单独点火

1-曲轴位置传感器;2-凸轮轴位置传感器;3-ECU;4-点火模块;5-点火线圈;6-火花塞

4)双缸同时点火系统的结构和原理

(1)双缸同时点火系统的组成:_____、_____、_____、_____、_____、_____。

(2)双缸同时点火系统的原理:发动机电控双缸同时点火是指_____个汽缸合用_____个点火线圈,如图 2-17 所示,即一个点火线圈有 2 个高压输出端,分别与_____相连,负责对 2 个汽缸同时点火。该点火方式要求同时点火的 2 个汽缸的工作行程相差 360°的曲轴转角,即一个汽缸处于_____行程的上止点时,另一个汽缸则处于_____行程的上止点。电控双缸同时点火系统只能适用于汽缸数目为偶数的发动机。

图 2-17　双缸同时点火

点火顺序为 1-3-4-2 的 4 缸发动机的点火组合方式为:_____缸一组,_____缸一组。

点火顺序为 1-5-3-6-2-4 的 6 缸发动机的点火组合方式为:_____缸一组,_____缸一组,_____缸一组。

(二)制订工作方案

1.任务分工(表2-1)

学生任务分配表 表2-1

班级		组号		指导老师	
组长		任务分工			
组员1		任务分工			
组员2		任务分工			
组员3		任务分工			
组员4		任务分工			
组员5		任务分工			
组员6		任务分工			

2.工量具、仪器设备与耗材准备

(1)使用的工量具有：_____。

(2)使用的仪器设备有：_____。

3.具体方案描述

_____

_____

_____

_____

_____

三、计划实施

(一)安全注意事项及技能要点

1.安全注意事项

(1)熟悉实训内容和操作规范要求,做好实训前的准备工作。

(2)待发动机完全冷却后,才能打开发动机护板,同时要注意防止外界油污进入发动机内。

(3)在实训过程中,应注意相互间的操作配合,保证人身安全。

(4)认真执行"8S"管理,实训完成后,须清点、清理工具。

2.技能要点

(1)能描述出点火系统的基本检查操作项目。

(2)能在实车上指出点火系统各元件的安装位置及作用。

(二)点火系统的基本检查

点火系统的基本检查见表2-2。

点火系统的基本检查 表2-2

步骤	操作方法及说明	质量标准及记录
认识不同类型的点火系统	点火系统是确保汽油发动机正常工作的机构之一,有分电器点火式、双缸点火式和独立点火式等几种类型,其中独立点火方式工作性能最为稳定,也是现代汽油机最常用的一种点火方式。 1)分电器式点火系统 (1)检查点火系分电器、点火线圈等部件状况。 高压导线 点火开关 火花塞 点火线圈 分电器 蓄电池 (2)打开分电器盖,检查分电器盖、分火头上是否存在裂纹、烧蚀等问题。 检查分电器盖	□火花塞检测条件符合要求 □正确使用塞尺(厚薄规) □正常判断火花塞是否正常 □按"8S"管理要求整理

步骤	操作方法及说明	质量标准及记录
认识不同 类型的点火 系统	(3)检测点火线圈,初级线圈电阻为 0.5 ~ 1.5Ω,次级线圈 电阻为 4 ~ 6kΩ。 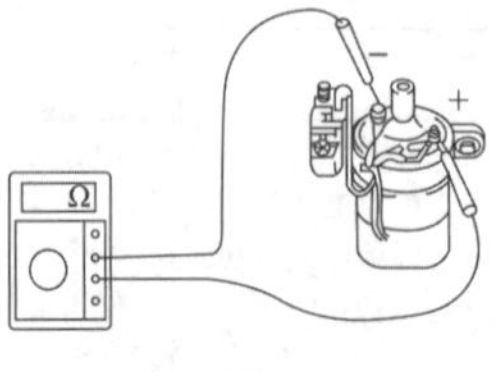 测量初级线圈电阻 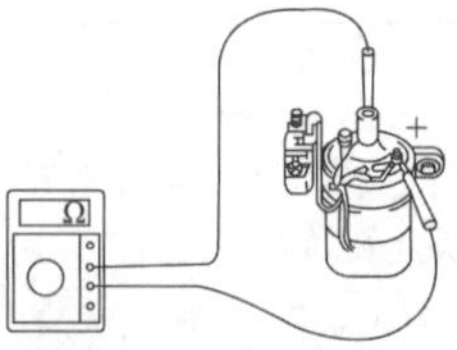　　　　测量次级线圈电阻 2)双缸同时式点火系统  检查点火线圈控制模块固定状况、导线插头连接状况、高压 线连接状况等(如下图所示)。 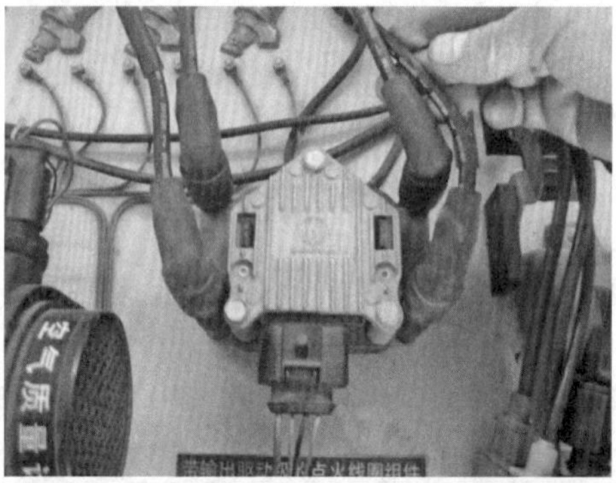 3)单缸单独式点火系统  	

续上表

步骤	操作方法及说明	质量标准及记录
认识不同类型的点火系统	检查单缸点火线圈插接器的连接状况,确保插接器连接可靠(如下图所示) 插接状况检查	

四、评价反馈(表2-3)

评价表   表2-3

评分项目	评分标准	分值(分)	得分(分)
学习目标	能明确本任务的知识、技能、素养目标,理解任务在工作中的重要程度	5	
工作任务分析	能清晰描述完成本次工作任务内容	2	
	能清晰描述完成本次工作任务需必备的技能与知识点	2	
有效信息获取	接受任务	2	
	能查找资料获取点火系统的检查项目	3	
	能查资料分析点火系统对汽车发动机无法起动的影响因素	5	
	能够查找资料区分不同类型点火系统	5	
实施方案制订	能清晰地制订并填写本次点火系统基本检查的准备作业计划	5	
	能组织或协同工作小组成员,明确本次任务所需仪器设备、工具、材料,并准备记录	5	
	能组织或协同工作小组成员交流,优化检查方案并记录	5	
任务实施	实训车辆防护用品及安全确认	5	
	打开机舱盖找到点火系统各零部件安装位置	5	
	工位整理	5	

续上表

评分项目	评分标准	分值(分)	得分(分)
任务实施	通过本次任务实施,结合自己在实训过程中的表现,进行自我评价及自我反思并记录	6	
	按规定时间完成项目作业	6	
	遵守实训室管理规定、劳动纪律	6	
	积极参与课堂活动、回答问题	6	
	能够按时出勤	6	
任务评价	具备精益、敬业、专注的工匠精神	3	
职业素养	按规定时间完成项目作业	2	
	遵守实训室管理规定、劳动纪律	2	
	积极参与课堂活动、回答问题	2	
	能够按时出勤	2	
思政要求	培养工匠精神、劳模精神,树立爱岗敬业、环保节能、安全生产意识	5	
总分		100	

改进建议:

教师签字:

日期:

学习活动 2 火花塞的检查与更换

一、明确任务

根据任务描述,汽车起动机能正常工作,但发动机不能起动,经班组长初步检查,判断可能是发动机点火系统火花塞故障,需要对火花塞部件进行检查与更换,使其恢复正常使用性能。

二、工作准备与计划制订

(一)知识准备

1.火花塞的作用

火花塞的作用是将_____输送过来的_____,通过"跳火"产生电火花并点燃汽缸内的_____。

2.火花塞的结构

火花塞主要由接地螺母、_____、侧电极、陶瓷绝缘体、壳体等组成,如图 2-18 所示。火花塞与汽缸盖座孔之间应保证密封,密封方式有平面密封和锥面密封两种。平面密封时,在火花塞与座孔之间应加装铜包石棉垫圈;锥面密封是靠火花塞壳体的锥形面与汽缸盖之间相应的锥形面进行密封。中心电极与侧电极之间有约_____的间隙,高压电利用该_____就可以产生电火花。

火花塞结构

图 2-18 火花塞的结构

1-接线螺母;2-绝缘体;3-金属杆;4-内垫圈;5-壳体;6-导体玻璃;7-密封垫圈;
8-内垫圈;9-中心电极;10-侧电极;11-绝缘体裙部

3.火花塞的类型

常用火花塞电极的类型如图 2-19 所示,其中细电极型和多侧电极型在轿车上应用较普遍。

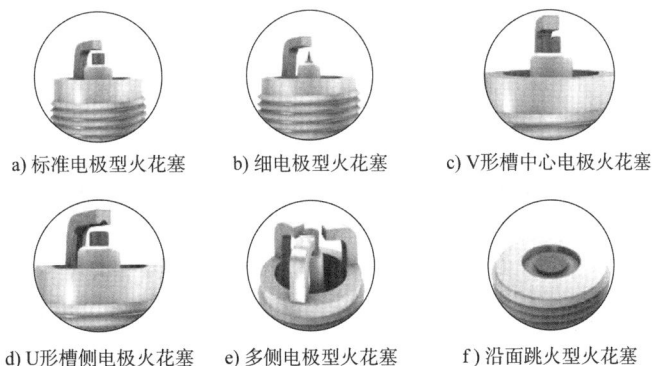

a) 标准电极型火花塞   b) 细电极型火花塞   c) V形槽中心电极火花塞

d) U形槽侧电极火花塞   e) 多侧电极型火花塞   f) 沿面跳火型火花塞

图 2-19 不同类型的火花塞电极

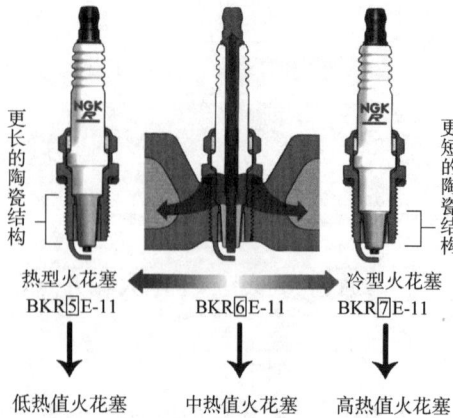

更长的陶瓷结构

更短的陶瓷结构

热型火花塞　　　　　　　冷型火花塞
BKR5E-11　　BKR6E-11　　BKR7E-11

低热值火花塞　　中热值火花塞　　高热值火花塞

图 2-20　不同热特性的火花塞

4. 火花塞的热特性

火花塞按热特性不同可分为_____、普通型火花塞和冷型火花塞,如图 2-20 所示。实际使用中要根据维修手册的规定,使用不同要求热特性的火花塞,不同热特性的火花塞不能混用。

5. 火花塞的型号

本书以在汽车中应用较广泛的 NGK 火花塞为例,进行介绍。

该品牌火花塞的型号由六部分组成。第一部分为汉语拼音字母,表示火花塞结构类型(表2-4);第二部分为汉语拼音字母,表示螺纹公径尺寸(表2-4);第三部分为汉语拼音字母,表示火花塞派生产品结构、结构特征、材料特性及特殊技术要求(表2-5);第四部分为阿拉伯数字,表示火花塞的热值(表2-4);第五部分为汉语拼音字母,表示附加记号;第六部分为阿拉伯数字,表示电极间隙(表2-4)。例如:PFR5A-11BR9ES 表示铂金火花塞、螺纹公径 14mm、螺纹长度 19mm、带阻尼电阻、热值5、单面铂金火花塞、电极间隙 1.1mm。

火花塞结构类型代号　　　　　　　　　　　　　　　　　　表 2-4

P	F	R	5	A	−11
	(安装螺丝尺寸) (六角对边尺寸)		(热价)		(火花间隙)
1 铱合金火花塞	F——φ14×19mm	R	4 易热型 5	A、B、C、 …附加记号	没有:标准 −9:0.9mm
L 螺丝有效长度 长型火花塞	16.0mm G——φ14×19mm	电阻型 火花塞	6 7		−10:1.0mm −11:1.1mm
P 铂金火花塞	20.8mm J——φ12×19mm		8 9 冷却型		
Z 突出型火花塞	18.0mm K——φ12×19mm				
	16.0mm M——φ10×19mm			1 单面铱合金 火花塞 (KR7AI)	
	16.0mm T ——圆锥型			P 单面铂金 火花塞 (FR6BP-11)	
	φ14×17.5mm 16.0mm (除 PTR-Aφ14×25mm)				
	U——圆锥型 (BP-FS)φ14×11.2mm 16.0mm				
	Y——圆锥型 (B-FS)φ14×11.2mm 16.0mm				

火花塞派生产品的特征与特性排列顺序见表2-5。

火花塞派生产品的特征与特性排列顺序　　　　表2-5

顺序	字母	特征与特性	顺序	字母	特征与特性
1	P	屏蔽型火花塞	7	H	环状电极火花塞
2	R	电阻型火花塞	8	U	电极缩入型火花塞
3	B	半导体型火花塞	9	V	V形电极火花塞
4	T	绝缘突出型火花塞	10	C	镍铜复合电极火花塞
5	Y	沿面跳火型火花塞	11	G	贵金属火花塞
6	J	多电极型火花塞	12	F	非标准火花塞

(二)制订工作方案

1. 任务分工(表2-6)

学生任务分配表　　　　表2-6

班级		组号		指导老师	
组长		任务分工			
组员1		任务分工			
组员2		任务分工			
组员3		任务分工			
组员4		任务分工			
组员5		任务分工			
组员6		任务分工			

2. 工量具、仪器设备与耗材准备

(1)使用的工量具有：_____。

(2)使用的仪器设备有：_____。

(3)使用的耗材有：_____。

3. 具体方案描述

_____

_____

_____

_____

_____

三、计划实施

(一)安全注意事项及技能要点

1. 安全注意事项

(1)熟悉实训内容和操作规范要求,做好实训前的准备工作。

(2)待发动机完全冷却后,才能打开发动机护板,同时要注意防止外界油污进入汽缸内。

(3)进行火花塞检测与更换实训时,严格按照拆装顺序和要求进行拆装,并且将零部件及工具分类有序摆放整齐。

(4)在实训过程中,应注意相互间的操作配合,保证人身安全。

(5)认真执行"8S"管理,实训完成后,须清点、清理工具。

2. 技能要点

(1)能正确选择并使用工量具与仪器,对火花塞进行测量与记录,并判断火花塞的工作状态。

(2)能按照维修手册要求,规范地检查与更换火花塞,并完成拆装步骤的记录。

(3)拔下高压线头时一定不能大力,也不可用力摇晃火花塞绝缘体,否则会破坏火花塞的性能。

(4)必须保持火花塞电极和密封垫的清洁,否则可能导致各种安全隐患,比如漏气漏电等。

(5)安装时,一定要对准套筒,缓慢拧入,拧入一半长度后,再用力矩紧固。

(二)检测与更换火花塞

检测火花塞操作方法及说明见表2-7。

检测火花塞操作方法及说明 表2-7

步骤	操作方法及说明	质量标准及记录
检测火花塞	(1)使用压缩空气吹干净发动机舱。 (2)拆下蓄电池负极。 	□火花塞检测条件符合要求 □正确使用塞尺(厚薄规) □正常判断火花塞是否正常 □按"8S"管理要求整理

步骤	操作方法及说明	质量标准及记录
检测火花塞	（3）拔下点火高压线。 （4）拆卸火花塞。 （5）取出的火花塞。 （6）检查火花塞接柱好坏。 检查端子接线柱 1 是否损坏。 检查端子接线柱 1 是否弯曲或断裂。 通过拧转和拉动接线柱，测试端子接线柱 1 是否松动，端子接线柱 1 应该不晃动。	

步骤	操作方法及说明	质量标准及记录
检测火花塞	 （7）检查绝缘体是否击穿。 检查绝缘体 2 是否击穿或有炭痕（积炭）。这是由端子接线柱 1 和搭铁之间的绝缘体 2 两端之间放电而引起的。检查是否存在以下情况： 检查火花塞套管是否损坏。 检查汽缸盖的火花塞槽部位是否潮湿，如有机油、冷却液或水。火花塞套管受潮后会引起对搭铁的电弧放电。 （8）检查绝缘体是否有裂纹。 检查绝缘体 2 是否有裂纹。全部或部分电荷可能通过裂纹而不是电极 3、4 进行电弧放电。 （9）检查是否有异常电弧放电迹象。 测量中心电极 4 和侧电极 3 端子之间的间隙。	

步骤	操作方法及说明	质量标准及记录
检测火花塞	检查火花塞扭矩是否正确,扭矩不足可能妨碍火花塞正常工作;扭矩过大可能引起绝缘体2开裂。 检查绝缘体尖端而不是中心电极4附近是否有漏电迹象。 检查侧电极3是否断裂或烧损。 通过摇动火花塞,检查中心电极4是否断裂、烧损或松动。中心电极4松动会降低火花强度。 检查电极3、4之间是否存在搭桥短接现象。电极3、4上的积炭会减小甚至消除电极间的间隙。 检查电极3、4上的铂层是否烧损或缺失。 检查电极是否过于脏污。 检查汽缸盖的火花塞槽部位是否有碎屑,脏污或损坏的螺纹可能导致火花塞在安装过程中不能正确就位。 火花塞的目视检查方法: ①工作正常为棕色至浅灰褐色,且带少量白色粉状沉积物,是含添加剂的燃油正常燃烧的副产品。 	

步骤	操作方法及说明	质量标准及记录
检测火花塞	②火花塞积炭，是由以下情况产生的干燥、蓬松的黑炭或积炭。 提示： 火花塞上的氧化物多是由劣质汽油燃烧或烧机油造成的，燃烧残余的杂质会填充并附着在电极之间，严重影响火花塞的点火性能，从而导致各缸爆发压力不均匀，产生间歇性的机体抖动。 （10）按照拆卸火花塞相反的顺序安装火花塞，并查询维修手册，将扭力扳手调到规定值	

四、评价反馈（表2-8）

评价表

表2-8

评分项目	评分标准	分值(分)	得分(分)
学习目标	能明确本任务的知识、技能、素养目标，理解任务在工作中的重要程度	5	
工作任务分析	能清晰描述完成本次工作任务内容	2	
	能清晰描述完成本次工作任务需必备的技能与知识点	2	
有效信息获取	火花塞的结构	5	
	火花塞的类型	5	
	火花塞的安装位置	5	
	火花塞安装的力矩	5	
实施方案制订	能清晰地制订并填写本次火花塞的检查与更换的准备作业计划	5	
	能组织或协同工作小组成员，明确本次任务所需仪器设备、工具、材料，并准备记录	5	
	能组织或协同工作小组成员交流，优化检查方案并记录	5	

续上表

评分项目	评分标准	分值（分）	得分（分）
任务实施	使用压缩空气吹干净发动机舱	5	
	拆下蓄电池负极	5	
	拔下点火高压线	5	
	拆卸火花塞	5	
	取出的火花塞	5	
	检测火花塞	5	
	判断是否需要更换	5	
	安装火花塞	5	
任务评价	通过本次任务实施,结合自己在实训过程中的表现,进行自我评价及自我反思并记录	3	
职业素养	按规定时间完成项目作业	2	
	遵守实训室管理规定、劳动纪律	2	
	积极参与课堂活动、回答问题	2	
	能够按时出勤	2	
思政要求	培养工匠精神、劳模精神,树立爱岗敬业、环保节能、安全生产	5	
总分		100	

改进建议：

教师签字：

日期：

学习活动3 点火线圈的检查与更换

一、明确任务

根据任务描述,汽车起动机能正常工作,但发动机不能起动,经班组长初步检查,判断可能是发动机点火系统高压线故障,需要对点火线圈部件进行检查与更换,使其恢复正常使用性能。

二、工作准备与计划制订

(一)知识准备

1.点火线圈的种类

点火线圈的种类主要有_____点火线圈、_____点火线圈、_____点火线圈、_____点火线圈、_____点火线圈、_____点火线圈,如图2-21所示。

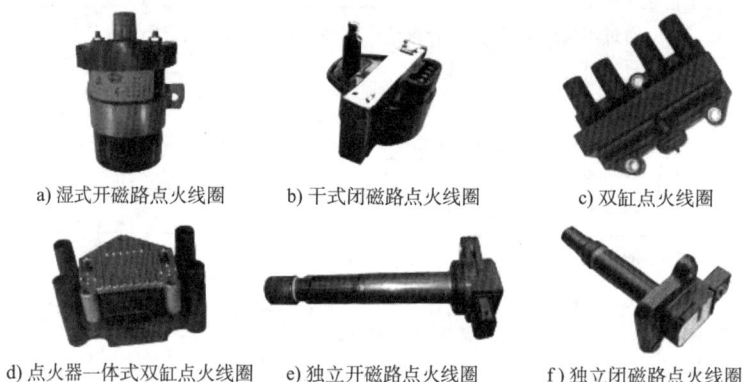

a) 湿式开磁路点火线圈　　　　b) 干式闭磁路点火线圈　　　　c) 双缸点火线圈

d) 点火器一体式双缸点火线圈　　e) 独立开磁路点火线圈　　　f) 独立闭磁路点火线圈

图2-21　不同类型的点火线圈

2.点火线圈的结构

点火线圈实际上是一个升压变压器,其作用是将蓄电池提供的12V低压电转换成点火所需的_____,使火花塞跳火。点火线圈主要由_____、次级线圈和铁芯等组成,如图2-22所示。每缸配备一个点火线圈的独立点火系统,一般在点火线圈内还有一个点火模块(也称点火放大器或点火器)。

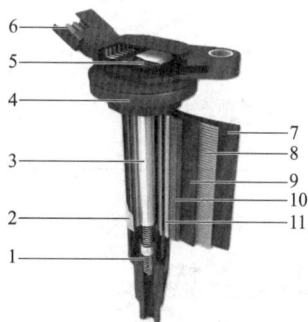

图2-22　点火线圈的结构组成
1-连接弹簧;2-钢壳;3-铁芯;4-密封圈;5-点火模块;6-连接器;7-塑料壳;8-初级线圈;9-绝缘层;10-次级线圈;11-环氧树脂骨架

3.点火线圈的工作原理

点火线圈是根据电磁感应原理进行工作的。当初级回路被_____后,在初级线圈中产生2~6A的电流,这个电流会使线圈内产生一个很强的磁场,如图2-23a)所示。当初级回路断开时,初级回路中电流消失的瞬间,磁通量急剧减小,根据电磁感应原理(楞次定律),初级线圈产生一个200~400V的自感电动势,次级线圈中则会产生一个20~40kV的小电流(20~80mA)互感高压电动势,如图2-23b)所示,这个次级高压电动势会通过高压线到达火花塞。

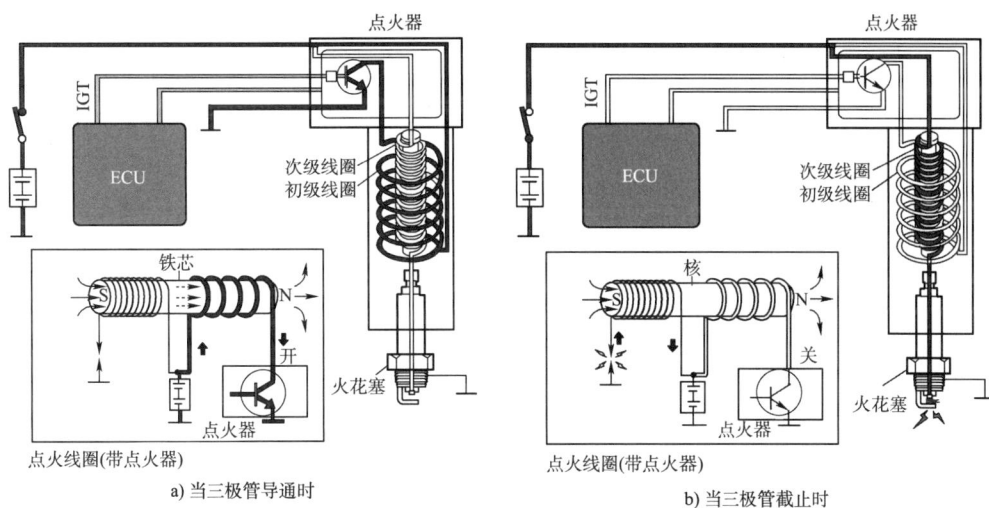

a) 当三极管导通时   b) 当三极管截止时

图 2-23 点火线圈的工作原理

因为直流电桥可以直接变压,所以点火线圈必须由点火器(或 ECM)控制初级回路电流的_____变化,从而使次级线圈产生高压电动势。为了产生可以击穿火花塞间隙的_____,一般设计初级线圈 240～380 匝,次级线圈约 22000 匝,次级线圈的匝数约为初级线圈的 100 倍。

(二)制订工作方案

1. 任务分工(表 2-9)

学生任务分配表   表 2-9

班级		组号		指导老师	
组长		任务分工			
组员 1		任务分工			
组员 2		任务分工			
组员 3		任务分工			
组员 4		任务分工			
组员 5		任务分工			
组员 6		任务分工			

2. 工量具、仪器设备与耗材准备

(1)使用的工量具有:_____。

(2)使用的仪器设备有:_____。

(3)使用的耗材有:_____。

3.具体方案描述

_____

_____

_____

_____

_____

三、计划实施

(一)安全注意事项及技能要点

1.安全注意事项

(1)熟悉实训内容和操作规范要求,做好实训前的准备工作。

(2)待发动机完全冷却后,才能打开发动机护板,同时要注意防止外界油污进入汽缸内。

拆卸要点:拔掉电插头;拆卸独立点火线圈时必须使用专用工具 T40039(独立点火线圈取出器),否则,可能在拔出时损坏线圈。

(3)进行点火线圈检测与更换实训时,严格按照拆装顺序和要求进行拆装,并且将零部件及工具分类有序摆放整齐。

安装步骤:安装点火线圈时,一定要注意慢慢地将线圈推进到汽缸内。为避免在安装过程中的任何损伤,不得敲打点火线圈,或使之承受其他方式的冲击。在安装时不要使用锤子等硬物。

(4)在实训过程中,应注意相互间的操作配合,保证人身安全。

(5)认真执行"8S"管理,实训完成后,须清点、清理工具。

2.技能要点

(1)根据维修手册,使用设备和工具,按照要求规范地拆装点火线圈。

(2)能正确使用工量具检测点火线圈,并判断其功能是否正常。

(3)查阅维修资料,完成工作页。

(二)检测点火线圈(表2-10)

检测点火线圈操作方法及说明　　　　　　　　　表2-10

步骤	操作方法及说明	质量标准及记录
检测点火线圈及相关电路	(1)使用压缩空气吹干净发动机舱。 (2)关闭点火开关,拔出蓄电池负极搭铁。 (3)断开点火线圈 T8 线束插接器。	□点火线圈检测条件符合要求 □正确使用万用表、红外线测温仪及棘轮扳手

步骤	操作方法及说明	质量标准及记录
检测点火线圈及相关电路	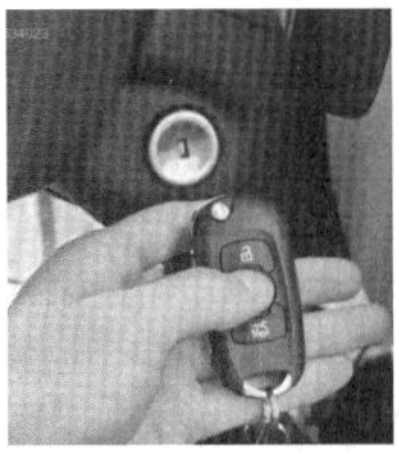   (4)点火线圈及电路检测。 ①将点火开关置于 OFF 位置,脱开点火线圈 T8 线束插接器,插接器上有 7 个端子,如下图所示。端子 A 点火线圈供电,端子 B 初级线圈搭铁,端子 C 屏蔽线或空脚,端子 D 为 1 缸点火控制信号,端子 E 为 2 缸点火控制信号,端子 F 为 3 缸点火控制信号,端子 G 为 4 缸点火控制信号。  ②用万用表分别检测点火线圈线束端子 B、C 与搭铁之间电阻小于 5Ω,如异常应根据电路图检查相关线路。	□正常判断点火线圈是否正常 □按"8S"管理要求整理

步骤	操作方法及说明	质量标准及记录
检测点火 线圈及相关 电路	③点火开关置 ON 位置,用万用表检测点火线圈线束端子 A 和搭铁之间电压为 12V(蓄电池电压,如异常,应根据电路图检查继电器 KR75、保险丝 F9UA(15A)及线路。④将点火开关置于 OFF 位置,连接 T 形线与线束插头,起动发动机,将万用表设为直流挡赫兹刻度,利用"最小-最大"功能,分别检测端子 D、E、F、G 与搭铁之间的点火控制信号频率应大于 6.6Hz。如异常,根据电路图检查线路或更换发动机控制单元 K20。	

步骤	操作方法及说明	质量标准及记录
检测点火线圈及相关电路	⑤将点火开关置于 OFF 位置,按照正确方法连接汽车诊断仪及示波测试线。示波器信号输入端连接端子 D(1 缸点火控制信号),另一端连接搭铁,起动发动机,检测 1 缸点火控制信号波形,并观察波形随发动机转速变化的情况。 (5)安装点火线圈及插接器。 (6)安装点火高压线到火花塞 	

四、评价反馈（表2-11）

评价表 表2-11

评分项目	评分标准	分值(分)	得分(分)
学习目标	能明确本任务的知识、技能、素养目标,理解任务在工作中的重要程度	5	
工作任务分析	能清晰描述完成本次工作任务内容	5	
	能清晰描述完成本次工作任务需必备的技能与知识点	4	
有效信息获取	点火线圈的分类	5	
	点火线圈结构	5	
	点火线圈工作原理	5	
	点火线圈在汽车上安装位置	5	
实施方案制订	能清晰地制订并填写本次点火线圈的检查与更换的准备作业计划	5	
	能组织或协同工作小组成员,明确本次任务所需仪器设备、工具、材料,并准备记录	5	
	能组织或协同工作小组成员交流,优化检查方案并记录	5	
任务实施	使用压缩空气吹干净发动机舱	5	
	关闭点火开关,断开蓄电池负极	5	
	拔下点火高压线并标记	5	
	拔下点火高压线与点火线圈连接处,然后拆下点火线圈	5	
	点火线圈的检测	5	
	安装点火线圈到进气歧管上,然后安装点火高压线	5	
	安装点火高压线到火花塞	5	
任务评价	能通过本次任务实施,结合自己在实训过程中的表现,进行自我评价及自我反思并记录	3	
职业素养	按规定时间完成项目作业	2	
	遵守实训室管理规定、劳动纪律	2	
	积极参与课堂活动、回答问题	2	
	能够按时出勤	2	
思政要求	培养工匠精神、劳模精神,树立爱岗敬业、环保节能、安全生产意识	5	
总分		100	

评分项目	评分标准	分值(分)	得分(分)
改进建议:			

教师签字:

日期:

学习活动4 点火控制器及高压线的检查与更换

⚙ 一、明确任务

根据任务描述,汽车起动机能正常工作,但发动机不能起动。经班组长初步检查,判断可能是发动机点火系统点火控制器及高压线故障,需要对点火控制器高压线进行检查与更换,使其恢复正常使用性能。

⚙ 二、工作准备与计划制订

(一)知识准备

1.点火控制器的作用

点火控制器也称为点火模块,主要应用于电子点火系统,起开关作用,根据 ECU 的指令来控制点火系统初级线圈的通电或断电,并在完成点火后向 ECU 输送点火确认信号。

2.点火控制器的结构

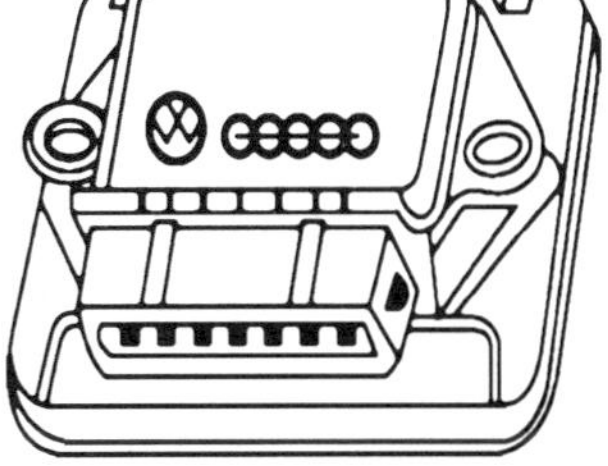

霍尔点火控制器外部有一个标有阿拉伯数字"1~7"的插座,在插座内部有六个针脚,与插头上的六根接线连接,如图2-24所示。其中5号线、6号线、3号线与分电器内的信号发生器相连接,即"＋""0""－"三线;4号线为点火控制器提供工作电源,此线受点火开关控制;1号线与点火线圈"－"柱相连接;2号线为霍尔点火控制器自身

图2-24 点火控制器

的搭铁线。

3.点火控制器的工作原理

闭合点火开关时,电流从蓄电池→点火开关→4 号线给点火控制器提供工作电源,同时经过 5 号线给信号发生器内部的霍尔元件提供工作电压。发动机起动后,信号发生器工作并通过 6 号线将电压信号传送给点火器。

当点火器接收到高电位信号时功率三极管 VT 导通,点火线圈的初级线圈内的电流经过 1 号线→三极管 VT→2 号线搭铁构成回路。

当点火器接收到低电位信号时功率三极管截止 VT,点火线圈的初级线圈内有电流切断,如图 2-25 所示。

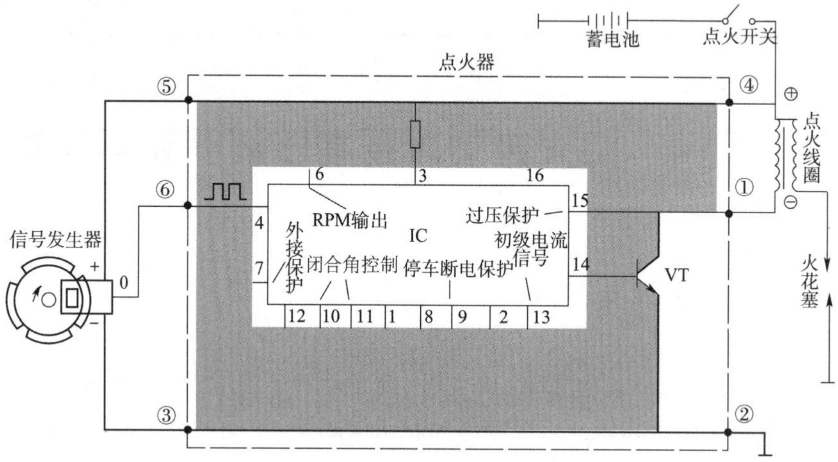

图 2-25　点火控制器工作原理

(1)高压线的作用。

用以连接点火线圈与各缸火花塞,将点火线圈产生的高压电传递到火花塞进行点火的导线,也叫分缸线或分火线。

(2)高压线的结构。

由于工作电压很高(一般在 15kV 以上),电流强度较小,因此高压导线的绝缘包层很厚,耐压性能好,但线芯截面积很小。汽车用高压线有铜芯线和阻尼线两种,如图 2-26所示。

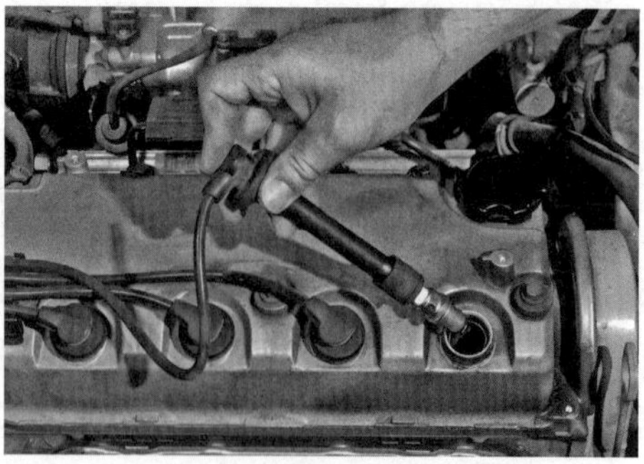

图 2-26　高压线

(二)制订工作方案

1. 任务分工(表2-12)

学生任务分配表

表2-12

班级		组号		指导老师	
组长		任务分工			
组员1		任务分工			
组员2		任务分工			
组员3		任务分工			
组员4		任务分工			
组员5		任务分工			
组员6		任务分工			

2. 工量具、仪器设备与耗材准备

(1)使用的工量具有:_____。

(2)使用的仪器设备有:_____。

(3)使用的耗材有:_____。

3. 具体方案描述

_____

_____

_____

_____

三、计划实施

(一)安全注意事项及技能要点

1. 安全注意事项

(1)熟悉实训内容和操作规范要求,做好实训前的准备工作。

(2)待发动机完全冷却后,才能打开发动机护板,同时要注意防止外界油污进入汽缸内。

(3)进行点火控制器及高压线检测与更换实训时,严格按照拆装顺序和要求进行拆装,并且将零部件及工具分类有序摆放整齐。

(4)在实训过程中,应注意相互间的操作配合,保证人身安全。

（5）认真执行"8S"管理，实训完成后，须清点、清理工具。

2.技能要点

（1）根据维修手册，使用设备和工具，按照要求规范地拆装点火控制器。

（2）能正确使用工量具检测点火控制器及高压线，并判断其功能是否正常。

（3）查阅维修资料，完成工作页。

（二）检测点火控制器

检测点火控制器操作方法及说明见表2-13。

检测点火控制器操作方法及说明 表2-13

步骤	操作方法及说明	质量标准及记录
检测点火控制器及高压线	（1）使用压缩空气吹干净发动机舱。 （2）关闭点火开关，断开蓄电池负极。 （3）拆卸高压导线。 （4）拔下点火高压线并标记。 （5）拔下点火高压线与点火线圈连接处，然后拆下点火高压线。	□点火控制器检测条件符合要求 □正确使用工量具检测点火控制器 □正常判断点火控制器是否正常 □按"8S"管理要求整理

续上表

步骤	操作方法及说明	质量标准及记录
检测点火 控制器 及高压线	 （6）拆卸点火控制器。 （7）检查高压导线，中央高压线应为____Ω，分缸高压线____Ω。 （8）检查火花塞插头，其电阻值应为____kΩ。 （9）检查防干扰接头，其电阻值应为____kΩ。 （10）点火控制器测量。 　　基本思路：是给点火器的信号输入端输入相应的信号电压，再检查点火器中大功率三极管在信号电压的作用下导通和截止的情况，大功率三极管能在信号电压的作用下按要求导通和截止，说明点火器良好，可则可判定点火器损坏。 　　将1.5V的干电池接入点火器的信号输入电路，以判断点火器的性能。其检查方法是：接通点火开关，用电压表或试灯检测点火线圈"—"与接地间的电压。当按图所示交换干电池的极性时（5号针脚＋、3号针脚－），在2号针脚处测得电压表应指示1～2V或12V，试灯应交替闪亮，否则说明电子点火器有故障，应予以更换	

续上表

步骤	操作方法及说明	质量标准及记录
检测点火控制器及高压线		

四、评价反馈（表2-14）

评价表 表2-14

评分项目	评分标准	分值（分）	得分（分）
学习目标	能明确本任务的知识、技能、素养目标,理解任务在工作中的重要程度	5	
工作任务分析	能清晰描述完成本次工作任务内容	5	
	能清晰描述完成本次工作任务需必备的技能与知识点	4	
有效信息获取	点火控制器结构	5	
	点火控制器基本原理	5	
	点火控制器及高压线在汽车上的安装位置	5	
实施方案制订	能清晰地制订并填写本次点火控制器及高压线的检查与更换的准备作业计划	5	
	能组织或协同工作小组成员,明确本次任务所需仪器设备、工具、材料,并准备记录	5	
	能组织或协同工作小组成员交流,优化检查方案并记录	5	
任务实施	使用压缩空气吹干净发动机舱	5	
	关闭点火开关,断开蓄电池负极	5	
	拆卸点火控制器及高压线	5	
	打开发动机舱顶部的点火器盖子	5	
	使用内五角扳手拆下点火器固定螺栓,取下点火器电源插头	5	
	使用螺丝刀轻翘点火器即可取出	5	
	点火控制器及高压线测量	5	

续上表

评分项目	评分标准	分值(分)	得分(分)
任务评价	能通过本次任务实施,结合自己在实训过程中的表现,进行自我评价及自我反思并记录	5	
职业素养	按规定时间完成项目作业	5	
	遵守实训室管理规定、劳动纪律	2	
	积极参与课堂活动、回答问题	2	
	能够按时出勤	2	
思政要求	培养工匠精神、劳模精神,树立爱岗敬业、环保节能、安全生产意识	5	
总分		100	

改进建议:

教师签字:

日期:

任务习题 >>>

一、单选题

1.ECU 根据( ) 信号对点火提前角实行反馈控制。

　　A.水温传感器　　　B.曲轴位置传感器　C.爆燃传感器　　　D.车速传感器

2.点火闭合角主要是通过( ) 加以控制的。

　　A.通电电流　　　　B.通电时间　　　　C.通电电压　　　D.通电速度

3.当汽车加速无力时,若是点火正时的问题,可能的原因是( )。

　　A.点火过早　　　　B.点火过迟　　　　C.无法确定　　　D.与点火正时无关

4.当某个汽缸不工作时,下列说法哪个是错误的( )。

　　A.个别汽缸火花塞不跳火　　　　　　B.个别汽缸高压线漏电

　　C.点火正时不准　　　　　　　　　　D.分电器旁电极漏电

5.发动机功率小时、压缩比小、转速低时一般应选用( )。

　　A.热型火花塞　　　B.中型火花塞　　　C.冷型火花塞　　D.都可以

6.当发动机转速提高时,点火提前角应(　　　)。

    A.变大　　　　　　B.变小　　　　　　C.不变　　　　　　D.不能确定

7.电子控制点火系统由(　　　)直接驱动点火线圈进行点火。

    A.ECU　　　　　　B.点火控制器　　　C.分电器　　　　　D.转速信号

8.下列说法正确的是(　　　)。

    A.在急速稳定修正中,ECU根据目标转速修正电火提前角。

    B.辛烷值较低的汽油,抗爆性差,点火提前角应减小。

    C.初级电路被短开瞬间,初级电流所能达到的值与初级电路接通时间长短无关。

    D.随着发动机转速提高和电源电压下降,闭合角增大。

9.采用电控点火系统时,发动机实际点火提前角与理想点火提前角关系为(　　　)。

    A.大于　　　　　　B.等于　　　　　　C.小于　　　　　　D.接近于

10.直列六缸汽油机点火顺序:甲说是1—5—3—6—2—4;乙说是1—4—2—6—3—5,谁说的对?(　　　)。

    A.甲对　　　　　　B.乙对　　　　　　C.甲乙都对　　　　D.甲乙都不对

11.当发动机负荷增大时,点火提前角应(　　　)。

    A.变大　　　　　　B.变小　　　　　　C.不变　　　　　　D.不能确定

12.当发动机起动不着火时,下列说法(　　　)是错误的。

    A.可能是蓄电池容量低　　　　　　B.可能是无高压电

    C.可能是不供油　　　　　　　　　D.发电机有故障

13.在检查点火控制器好坏时,甲认为可在点火控制器的信号输入端输入模拟的点火信号和检查点火控制器的大功率三极管的通断情况来确定点火控制器的好坏,乙认为只要总高压线无火,就说明点火控制器已经损坏。你认为(　　　)。

    A.甲对　　　　　　B.乙对　　　　　　C.甲乙都对　　　　D.甲乙都不对

14.在微机控制的点火系统中,发动机工作时的点火提前角,甲认为是由初始点火提前角和修正点火提前角两部分组成,乙认为是由初始点火提前角、基本点火提前角和修正点火提前角三部分组成。你认为谁说的对?(　　　)。

    A.甲对　　　　　　B.乙对　　　　　　C.甲乙都对　　　　D.甲乙都不对

15.电子点火常用的传感器有(　　　)三种。

    A.磁感式、霍尔式、光电式　　　　　B.磁感式、霍尔式、磁脉冲式

    C.磁感式、磁脉冲式、光电式　　　　D.磁感式、霍尔式、开关式

二、判断题

1.修正点火提前角是由电子控制单元中的CPU根据发动机转速和负荷以外信号对点火提前角修正的角度。　　　　　　　　　　　　　　　　　　　(　　　)

2.火花塞间隙增大时,火花塞击穿电压下降。　　　　　　　　　　　　(　　　)

3.对于初级电流通电时间的修正与蓄电池的电压无关。　　　　　　　　(　　　)

4. 当发动机转速增大时,点火提前角应增大。（　　）

5. 最理想的点火时机应该是将点火正时控制在爆震即将发生而还未发生的时刻。（　　）

6. 随冷却水温的提高,混合气的燃烧速度加快,燃烧过程所占的曲轴转角减小,点火提前角也应适当减小。（　　）

7. 无分电器单独点火系统每个汽缸的火花塞配用两个点火线圈。（　　）

8. 汽油的辛烷值越大,最佳点火提前角越小。（　　）

9. 发动机起动时,不管发动机运转情况如何,点火都发生在某一固定的曲轴转角。（　　）

10. 不同发动机初始点火提前角都是相同的。（　　）

11. 当 ECU 发生某些故障而使后备系统开始工作时,发动机的实际点火提前角就为固定的初始点火提前角。（　　）

12. 霍尔式点火发生器触发叶轮叶片与汽缸数相等。（　　）

13. 点火正时必须随发动机的转速和负荷变化而变化。（　　）

14. 发动机工作时,随冷却液温度的提高,爆燃倾向逐渐增大。（　　）

15. 所有发动机的 ECU 中都存储一张点火正时图。（　　）

三、实操练习题

1. 一辆 2017 款雪佛兰科鲁兹轿车,偶尔出现不能起动现象,其行驶里程约为 6 万 km。该车安装的是 L3G 型发动机。据客户反映,此前几天也出现过此现象,当时在一家修理厂更换过泵总成、汽油,清洗,接车后一切正常,但过一天突然又出现起动不了车的现象。

一般来说,发动机不能起动的原因有:汽缸压缩压力太低、汽油泵压力太低、喷油嘴堵塞、点火系统故障等。请按照先简后繁的诊断程序,分析你的诊断思路。

2. 孙师傅的 2016 款别克威朗轿车进维修厂维修后,在使用过程中出现抖动、急加速不良、热车熄火等故障,又到维修站来维修,经维修站维修人员检测后发现是火花塞不匹配与电控系统不匹配引起的点火不良,导致出现发动机工作异常。更换火花塞后,故障排除。

为什么维修人员判断出是火花塞型号不对引起的故障?请分析诊断思路,说说你的想法。

3. 一辆 2.0T 帕萨特轿车,装有带涡轮增压的四缸发动机和自动变速器。在行驶途中,发动机突然熄火,无法起动。据客户讲,这是第一次出现故障,经检查,发动机机械部分正常。请写出你的诊断思路,并排除故障。

学习任务三
汽车发动机动力不足故障检修

学习目标 >>>

1. 知识目标

（1）能说出发动机空气供给系统、燃油供给系统的基本构造、部件功能及基本工作原理，并能列举汽车发动机动力不足常见故障部位及其原因。

（2）能准确描述如何选用工量具与仪器对空气供给系统、燃油供给系统及零部件进行基本检查，并判断系统及零部件的工作状态。

（3）能准确描述系统空气供给系统、燃油供给系统零部件拆装的安全操作流程，并在作业过程中进行自我检查，做好过程记录。

2. 技能目标

（1）能按照维修手册要求，规范地进行空气滤清器的检查与更换。

（2）能按照维修手册要求，规范地进行油泵的检查与更换。

（3）能按照维修手册要求，规范地进行节气门的清洗与更换。

（4）能按照维修手册要求，规范地进行喷油器的清洗与更换。

（5）能对相关资料、互联网资源进行检索，完成工单、工作页的填写。

3. 素养目标

（1）能够在工作过程中与小组其他成员合作、交流，养成团队合作意识，锻炼沟通能力。

（2）具备精益求精、敬业、专注的工匠精神。

（3）学习"8S"工作理念，养成服从管理、吃苦耐劳和规范作业的良好工作习惯。

参考学时 >>>

40学时。

任务描述 >>>

一辆汽车进厂维修，客户反映汽车高速行驶或上坡时，发动机动力明显不足，随油门开度加大，车速不能迅速提高；排气沉闷，行驶无力，油耗偏大。经班组长初步检查，判断可能为发动机燃料供给系统故障，需要对汽油机燃油供给系统进行检修。

学习活动1 空气滤清器的检查与更换

一、明确任务

根据任务描述,经班组长初步检查,判断问题可能是发动机燃料供给系统中空气滤清器部件的故障,需要对空气滤清器部件进行检查与更换,使其恢复正常使用性能。

二、工作准备与计划制订

(一)知识准备

1. 空气供给系统的组成

空气供给系统主要包括_____、_____、空气流量传感器(或进气压力传感器)、节气门位置传感器、进气温度传感器、怠速控制装置、进气管道等。

(1)空气滤清器。

空气滤清器是对空气进行净化的装置,它由_____组成,滤芯布置在壳体内。大气中有各种异物,如灰尘、沙粒等,它们会加速发动机的磨损。空气滤清器是用来滤清空气中所含的尘土,以减少汽缸、活塞、活塞环等零部件的磨损,延长发动机的使用寿命。

(2)节气门体。

节气门是电控燃油喷射系统最重要的部件。它的前部是_____,后部是_____,是汽车发动机的"咽喉"。汽车加速是否灵活,与节气门是否清洁有密切的关系。

(3)进气管。

进气管用于连接节气门体与空气滤清器。当进气管出现破损或连接松动时,将出现漏气现象,导致发动机不能正常工作。

(4)进气歧管。

进气歧管的结构如图3-1所示。进气歧管的作用是将空气或可燃混合气引入汽缸,并保证进气充分及各缸进气量均匀一致。进气歧管多用铝合金或复合塑料制作。

(5)涡轮增压器。

与传统的自然吸气发动机不同,涡轮增压发动机通过增加进气压力来提高发动机输出功率。涡轮增压器通过压缩进气空气来提高空气密度,从而将更多的空气推入发动机中,提高燃烧效率。它主要由公共轴连接的涡轮和压缩机组成,涡轮由涡轮壳体和涡轮对轮构成,如图 3-2 所示。

图 3-1　进气歧管

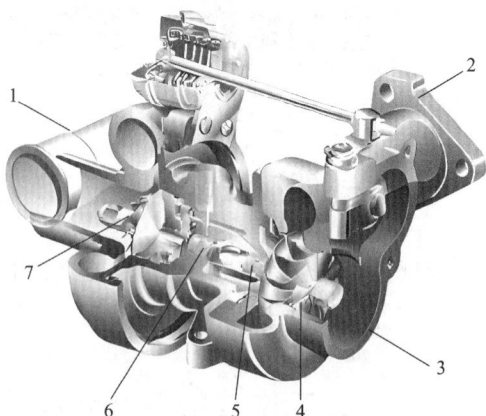

图 3-2　涡轮增压器

1-进气管;2-排气管;3-排出的废气;4-涡轮叶轮;5-涡轮壳体;6-连接压缩机和涡轮的公共轴;7-压缩机

2. 空气滤清器的作用

空气滤清器是进气系统中最重要的零件,空气滤清器设计的好坏决定了进气系统的整体性能表现,空气供给系统的作用是:为发动机可燃混合气的形成提供必要的_____,并计算和控制燃油燃烧时所需要的空气量。空气供给系统结构如图 3-3 所示,空气经空气滤清器、空气流量传感器、节气门体进入进气总管,再分配到各缸进气歧管。在进气歧管内(进气门处)空气与喷油器喷出的燃油混合后被吸入汽缸内燃烧。

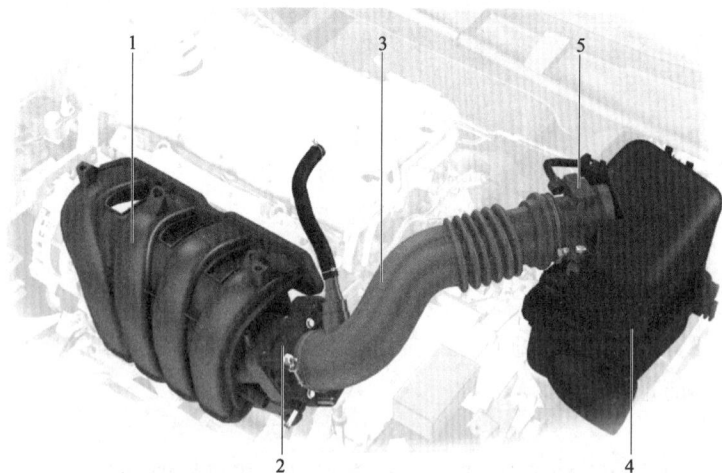

空气滤清器功用

图 3-3　空气供给系统结构

1-进气歧管;2-节气门体;3-进气管;4-空气滤清器;5-空气流量传感器

发动机在工作过程中要吸进大量的空气,如果空气不经过滤清,空气中悬浮的尘埃被吸入汽缸中,就会加速活塞组及汽缸的磨损。较大的颗粒进入活塞与汽缸之间,会造成严重的"拉缸"现象,这在干燥多沙的工作环境中尤为严重。如果滤芯阻塞严重,将使进气阻力_____,发动机功率_____,发动机运转状态变坏,也容易产生积炭,因此,应该经常检查空气滤清器滤芯。

3. 空气滤清器的分类

汽车上常用的空气滤清器一般有_____、_____和_____三种。普通的家用车一般就是使用简单的单级过滤式空滤,卡车和各种工程机械一般使用过滤效果更好的惯性式和油浴式空滤,并且大多使用多级过滤的方式。

(1)过滤式空气滤清器:引导气流通过带有细小孔的滤芯(如纸质滤芯、金属丝滤芯、纤维等)把尘土与杂质挡在滤芯外面。

(2)惯性式空气滤清器:利用空气中所含尘土与杂质密度比空气大的特性,在将空气吸入汽缸的过程中使其急速旋转或改变方向,从而在离心力或惯性力的作用下将尘土与杂质甩到外围而与空气分离。

(3)油浴式空气滤清器:利用油浴把空气流在转折时甩出的尘土与杂质粘住,避免二次尘土与杂质吸入。

4. 空气滤清器的更换

空气滤清器在使用到一段时间后,被过滤掉的杂质堵塞,导致发动机的进气阻力增加,充气效率降低,出现混合气燃烧不完全等故障现象。如果空气滤清器堵塞严重,滤清器前后表面的压力差增大,滤纸表面的薄弱部位会因为压力增加而被灰尘颗粒击穿,灰尘颗粒进入发动机后会加速发动机的磨损。因此需要定期更换空气滤清器的滤芯,如图3-4所示。

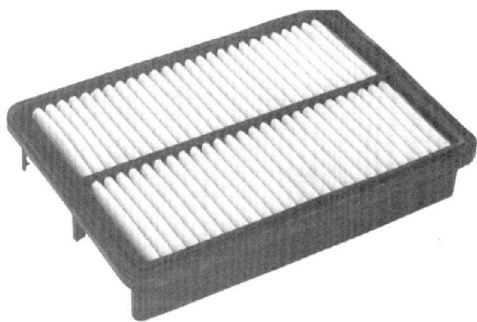

图3-4 空气滤清器滤芯

一般情况下,每5000km要清理一下空气滤清器。但是,如果经常行驶在路况较差的地方,最好缩短更换周期,一般3000km就需要清理了。因为使用不合格的空气滤清器会导致发动机过度磨损。

通常在对其进行保养时,应遵照汽车制造厂方规定的使用里程进行维护。表3-1列出了国内常见车型空气滤清器的清洁间隔和更换间隔里程要求。

国内常见车型空气滤清器的清洁间隔和更换间隔里程要求　　　　表3-1

车型	清洁间隔(km)	更换间隔(km)
微型面包车	8000(沙尘较大地区为3000)	40000
上汽桑塔纳	7500	7500
一汽捷达	15000	30000
一汽红旗	15000	30000
一汽奥迪	7500	15000
上汽别克	25000	50000
广汽本田雅阁	10000(或每6个月)	20000(或每12个月)

（二）制订工作方案

1. 任务分工（表3-2）

学生任务分配表 表3-2

班级		组号		指导老师	
组长		任务分工			
组员1		任务分工			
组员2		任务分工			
组员3		任务分工			
组员4		任务分工			
组员5		任务分工			
组员6		任务分工			

2. 工量具、仪器设备与耗材准备

（1）使用的工量具有：_____。

（2）使用的仪器设备有：_____。

3. 具体方案描述

_____

_____

_____

_____

_____

三、计划实施

（一）安全注意事项及技能要点

1. 安全注意事项

（1）熟悉实训内容和操作规范要求，做好实训前的准备工作。

（2）待发动机完全冷却至室温以下，才能打开发动机护板，同时注意防止外界油污进入发动机内。

（3）在实训过程中，应注意相互间的操作配合，保证人身安全。

（4）认真执行"8S"管理，实训完成后，须清点、清理工具。

2. 技能要点

（1）能在实车上找到进气系统各零部件的安装位置。

（2）检查或更换空气滤清器滤芯后，安装时需要注意其方向。

（3）在安装过程中，要确保滤芯与接触表面紧密连接，并调整好滤芯的位置，不宜用手或器具接触滤芯的纸质部分，尤其是不能让油类物质污染滤芯。

（4）应视地区及季节（空气清洁度和风沙大小情况）进行清洗和更换空气滤清器。

（二）空气滤清器的检查与更换

空气滤清器的检查与更换见表3-3。

空气滤清器的检查与更换操作方法及说明 　　　　　　　　　　　　表3-3

步骤	操作方法及说明	质量标准及记录
1.实训车辆防护用品及安全确认	（1）安装座椅、地板、方向盘三件套。 （2）安装翼子板布和前格栅布。 （3）安装车轮挡块，查尾气抽气管	□按要求进行车辆防护用品安装 □按要求进行车辆起动前安全确认 □按"8S"管理要求整理
2.打开机舱盖找到进气供给系统各零部件位置	在机舱内部正确找到进气供给系统空气滤清器、节气门体、进气管、进气歧管等零部件并描述各零部件作用	□正确找到各零件位置 □正确说出各零部件作用
3.空气滤清器的检查	（1）目视检查空气滤清器壳体外表面是否有裂纹、破损，依照信息查询系统指引拆除空气滤清器上壳体，检查空气滤清器壳体表面是否脏污，如果脏污就进行清洗或更换。 （2）目视检查空气滤清器连接管路，是否有裂纹、破损、变形	□正确判断空滤壳体表面是否完好、干净
4.空气滤清器连接进气管的检查	（1）目视检查空气滤清器连接管路检查进气管是否存在破损和变形。 （2）检查进气管连接卡箍是否松动。 （3）晃动进气管，检查连接是否可靠。 （4）在发动机运转状态下，检查连接处是否存在漏气现象	□正确判断空滤连接进气管是否完好

步骤	操作方法及说明	质量标准及记录
4.空气滤清器连接进气管的检查		
5.更换空气滤清器滤芯	(1)断开进气温度传感器电气连接器。 (2)断开空气流量传感器电气连接器。 (3)松开进气管/空气流量传感器软管卡箍。 (4)拆卸进气管/空气流量传感器总成。 (5)拆卸空气滤清器上盖紧固螺栓。 	□正确判断滤芯是否需要更换 □正确使用拆装工具 □正确更换或清洁滤芯

步骤	操作方法及说明	质量标准及记录
5.更换空气滤清器滤芯	 （6）拆卸空气滤清器上盖并小心取出滤芯。 （7）检查空滤壳体总成和空气进气管是否出现故障需要进行更换。 （8）检查滤芯是否变形脏污需要进行更换。 （9）更换滤芯或使用高压空气清洁滤芯表面的灰尘。 （10）清洁空气滤清器壳体 	

步骤	操作方法及说明	质量标准及记录
6. 安装空气滤清器	(1)将空气滤清器滤芯小心安装到空气滤清器总成上。 (2)重新安装上壳体并重新安装紧固螺栓。 (3)将进气软管重新小心安装在节气门体和空气滤清器上盖上。 (4)紧固进气管卡箍。 (5)重新安装进气管/空气流量传感器总成。 (6)紧固进气管/空气流量传感器软管卡箍。 (7)连接空气流量传感器电气连接器。 (8)连接进气温度传感器电气连接器	□正确安装滤芯 □正确安装空气滤清器总成

步骤	操作方法及说明	质量标准及记录
7.工位整理	（1）整理所使用的工具、量具、实训设备，用软布擦拭工量具表面脏尘，做好工量具与相关设备的维护工作。 （2）清洁实训工位，清除工位上的油污、废料、尘土、保持台架干净、整洁。 （3）清扫实训场地，清除地面上的油污、废料、尘土，保持地面干净、整洁	□按"8S"管理要求整理

四、评价反馈（表3-4）

评价表   表3-4

评分项目	评分标准	分值（分）	得分（分）
学习目标	能明确本任务的知识、技能、素养目标，理解任务在工作中的重要程度	5	
工作任务分析	能清晰描述完成本次工作任务内容	2	
	能清晰描述完成本次工作任务需必备的技能与知识点	2	
有效信息获取	空气滤清器的作用	5	
	空气滤清器的更换里程	5	
	空气滤清器的拆装顺序	5	
实施方案制订	能清晰地制订并填写本次空气滤清器的检查与更换的准备作业计划	5	
	能组织或协同工作小组成员，明确本次任务所需仪器设备、工具、材料，并准备记录	5	
	能组织或协同工作小组成员交流，优化检查方案并记录	5	
任务实施	空气滤清器的检查	10	
	空滤连接进气管的检查	10	
	更换空气滤清器滤芯	10	
	安装空气滤清器	10	
	工位整理	5	
任务评价	能通过本次任务实施，结合自己在实训过程中的表现，进行自我评价及自我反思并记录	3	
职业素养	按规定时间完成项目作业	2	
	遵守实训室管理规定、劳动纪律	2	
	积极参与课堂活动、回答问题	2	
	能够按时出勤	2	

续上表

评分项目	评分标准	分值(分)	得分(分)
思政要求	能在学习过程中养成忠于职守、乐学善学的品格和勤勤恳恳、一丝不苟的工作习惯	5	
总分		100	

改进建议:

教师签字:

日期:

学习活动 2　节气门的清洗与检修

✿ 一、明确任务

根据任务描述,汽车高速行驶或上坡时,发动机动力明显不足,随节气门开度加大,车速不能迅速提高;排气沉闷,行驶无力,油耗偏大。经班组长初步检查,判断问题可能是发动机燃料供给系统中节气门部件故障,需要对节气门体部件进行清洗和检修,使其恢复正常使用性能。

✿ 二、工作准备与计划制订

(一)知识准备

1. 节气门体的作用

节气门是电控燃油喷射系统最重要的部件,用以控制发动机正常运行时的进气量,汽车加速是否灵活,与节气门是否清洁有密切的关系。

2. 节气门的位置

汽车的节气门通常位于发动机进气口,在发动机_____后面,_____前面。

上面提到的位置只是大部分车型的位置,并不是所有的节气门都在这个位置。一辆汽车的节气门位置会因车型不同而不同。节气门被称为汽车发动机的咽喉,因为节气门连接空气滤清器到发动机缸体。

3.节气门的分类

节气门有电子式节气门体与机械拉索式节气门体两种形式。

(1)机械拉索式节气门体。

机械式节气门是传统发动机中常见的一种构造形式。它主要由_____、_____、_____、节气门位置传感器(检测节气门开闭状态)和怠速控制阀(控制发动机怠速)等组成,如图3-5所示。汽车在正常行驶时,空气流量由节气门控制,而节气门是由驾驶人通过加速踏板(油门)和节气门拉索操纵。

当加速踏板被踩下时,通过连接杆的作用,薄圆盘会被压下,从而打开节气门,增加进气量。而当加速踏板松开时,薄圆盘会受到螺旋弹簧的作用,关闭节气门,减少进气量。这种机械式节气门的优点是结构简单可靠,缺点是调节精度较低。

(2)电子式节气门体。

电子式节气门取消了拉索,如图3-6所示。在加速踏板上增加了两个传感器,用于检测加速踏板踩下的深度,电脑通过节气门体上的直流电机控制节气门的开度大小和开关的速率。

如今,越来越多的车型使用电子节气门。电子节气门可以更精确地控制节气门开度,进而在环保和燃油经济性方面得到更好的控制。有些汽车上有"EPC"的标识灯标志,代表使用的电子节气门。

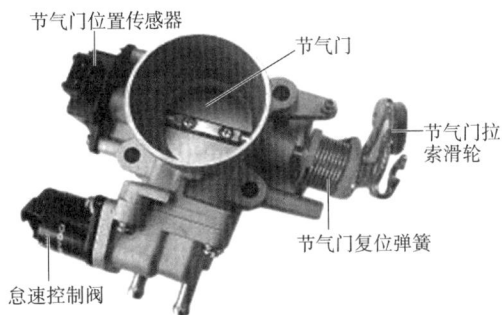

图3-5 节气门构造

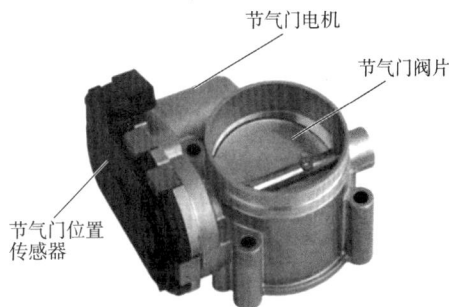

图3-6 电子节气门

4.节气门的工作原理

发动机ECU根据加速踏板位置传感器及其他传感器输入的信息,去控制流向节气门电机的电流大小和方向,使电机转动,通过减速齿轮打开或关闭节气门,节气门的实际开启角度由节气门位置传感器检测并反馈给ECU,当其信号电压达到规定值时,ECU判定为发动机处于怠速状态。

节气门位置传感器将加速踏板操作转换成电气信号,使ECU根据驾驶状况来控制节气门控制阀的开、关,以此来调节吸入汽缸中的空气燃油混合气量。

5. 节气门清洗

发动机在运行过程中,汽缸内燃烧产生的废气,会有一小部分通过进气门、进气管道在节气门体除生成积炭。另外,空气经过空气滤清器(特别是使用时间较长的空气滤清器)后,会有杂质残留在节气门体中,这些污物积累下来,时间长了就会在节气门体处形成污垢,造成节气门开关阻力增大,发动机怠速不稳、会出现加速无力、噪声大、费油、车抖等故障现象,因此,需要清洗节气门。

(二)制订工作方案

1. 任务分工(表3-5)

学生任务分配表   表3-5

班级		组号		指导老师	
组长		任务分工			
组员 1		任务分工			
组员 2		任务分工			
组员 3		任务分工			
组员 4		任务分工			
组员 5		任务分工			
组员 6		任务分工			

2. 工量具、仪器设备与耗材准备

(1)使用的工量具有: _____。

(2)使用的仪器设备有: _____。

3. 具体方案描述

_____

_____

_____

_____

_____

三、计划实施

(一)安全注意事项及技能要点

1. 安全注意事项

(1)熟悉实训内容和操作规范要求,做好实训前的准备工作。

（2）要待发动机完全冷却后,才能打开发动机护板,同时要注意防止外界油污进入发动机内。

（3）在实训过程中,应注意相互间的操作配合,保证人身安全。

（4）认真执行"8S"管理,实训完成后,须清点、清理工具。

2.技能要点

（1）清洗电子节气门时应使用电子节气门专用清洗剂。

（2）清洗后,应执行电子节气门的自学习程序。

（3）清洗节气门时,需要清洗进气的密封位置,清洗前必须拆下怠速电机。

（4）节气门体清洗后,有时出现发动机怠速过高现象,这是由于怠速通道内灰尘清理后,进气量增多所致。若出现该种情况,不要急于调整,控制电脑会慢慢恢复正常怠速的。

（二）节气门的清洗与检修

节气门的清洗与检修见表3-6。

节气门的清洗与检修操作方法及说明　　　　　　　　　　　表3-6

步骤	操作方法及说明	质量标准及记录
1.节气门的检查	（1）拆卸节气门体与进气管的连接卡箍,并拆下进气管。 （2）用手转动节气门,观察节气门是否有卡滞或脏堵。如发现节气门存在脏堵现象,需要拆下节气门总成,再用清洗剂进行清洗。 （3）装复节气门体和进气管,将卡箍安装到位后紧固 	□正确使用拆装工具 □正确判断节气门是否需要清洗
2.清洗节气门	（1）拆卸节气门上的进气导管卡箍,将导管取下。 （2）断开节气门插接器。 	□正确取下进气导管 □正确断开节气门插接器

步骤	操作方法及说明	质量标准及记录
2. 清洗节气门	(3)拆卸节气门固定螺栓,取下节气门。 (4)使清洗剂清洗节气门正面及背面。 (5)吹气后,用干净的抹布擦拭清洁干净的节气门进气口和出气口,并用压缩空气将清洗剂吹净。 (6)重新安装节气门。	□正确清洗节气门 □判断节气门是否清洗干净

续上表

步骤	操作方法及说明	质量标准及记录
2.清洗节气门	（7）连接线束插接器。 （8）安装空气导管。 （9）起动发动机,在怠速状态确认发动机工作正常	
3.工位整理	（1）整理所使用的工具、量具、实训设备,用软布擦拭工量具表面脏尘,做好工量具与相关设备的维护工作。 （2）清洁实训工位,清除工位上的油污、废料、尘土,保持台架干净、整洁。 （3）清扫实训场地,清除地面上的油污、废料、尘土,保持地面干净、整洁	□按"8S"管理要求整理

四、评价反馈（表3-7）

评价表　　　　　　　　　　　　　　　　　　　　表3-7

评分项目	评分标准	分值(分)	得分(分)
学习目标	能明确本任务的知识、技能、素养目标,理解任务在工作中的重要程度	5	
工作任务分析	能清晰描述完成本次工作任务内容	2	
	能清晰描述完成本次工作任务需必备的技能与知识点	2	

续上表

评分项目	评分标准	分值(分)	得分(分)
有效信息获取	节气门的作用	5	
	节气门的组成	5	
	节气门的清洗目的	5	
实施方案制订	能清晰地制订并填写本次节气门的清洗与检修的准备作业计划	5	
	能组织或协同工作小组成员,明确本次任务所需仪器设备、工具、材料,并准备记录	5	
	能组织或协同工作小组成员交流,优化检查方案并记录	5	
任务实施	节气门的检查	10	
	节气门的拆卸	15	
	清洗节气门	15	
	工位整理	5	
任务评价	能通过本次任务实施,结合自己在实训过程中的表现,进行自我评价及自我反思并记录	3	
职业素养	按规定时间完成项目作业	2	
	遵守实训室管理规定、劳动纪律	2	
	积极参与课堂活动、回答问题	2	
	能够按时出勤	2	
思政要求	能在学习过程中养成忠于职守、乐学善学的品格和勤勤恳恳、一丝不苟的工作习惯	5	
总分		100	

改进建议:

教师签字:

日期:

学习活动 3 燃油供给系统的检查

⚙️ 一、明确任务

根据任务描述,汽车高速行驶或上坡时,发动机动力明显不足,随节气门开度加大,车速不能迅速提高;排气沉闷,行驶无力,油耗偏大。经班组长初步检查,判断问题可能是发动机燃油供给系统故障,需要对燃油供给系统进行检修,使其恢复正常使用性能。

⚙️ 二、工作准备与计划制订

(一)知识准备

1.汽油发动机燃油供给系统的作用

汽油发动机燃油供给系统的作用是为发动机提供所需的清洁的_____。当发动机运行时,发动机控制单元根据_____信号、发动机_____及其他信号,计算出发动机燃烧所需要的_____,并在合适的时刻发出_____信号,打开喷油器,向进气道或汽缸内喷射适量的燃油,并与空气混合,供给发动机运行。

2.燃油供给系统的结构

汽油发动机燃油供给系统有化油器式燃油供给系统和电子控制燃油喷射式燃油供给系统两种形式。目前轿车发动机上都采用_____燃油供给系统,化油器式燃油供给系统目前已经淘汰。

电子控制燃油喷射式燃油供给系统(简称电控燃油供给系统)如图所示,燃油供给系统一般由_____、_____、_____、_____、_____、燃油分配管等组成,如图 3-7 所示。

(1)燃油箱。

燃油箱是用来储存燃油的,其容积大小与车型和发动机排量有关,其形状随车型不同而各异,这主要是为了适应在车上的布置安装。它一般安装在_____的下方。

(2)电动燃油泵。

电动燃油泵的作用是将燃油从燃油箱内吸出,为发动机_____提供压力燃油。

(3)燃油压力调节器。

燃油压力调节器的作用就是调节燃油压力,使喷油器上、下压差_____。因为在电控燃油喷射系统中,ECU 通过控制喷油器的打开时间就可实现对喷油量的控制。因此,要保证燃油喷射量的精确控制,在喷油器的结构尺寸一定时,必须保持恒定的喷油压差。由于进气管内的气体压力随发动机_____的变化而变化,要保持恒定的喷油压差,必须根据进气管内的压力变化来调节燃油压力,使燃油分配管内的油压随进气总管压力的变化而变化。燃油压力调节器的结构,如图 3-8 所示。

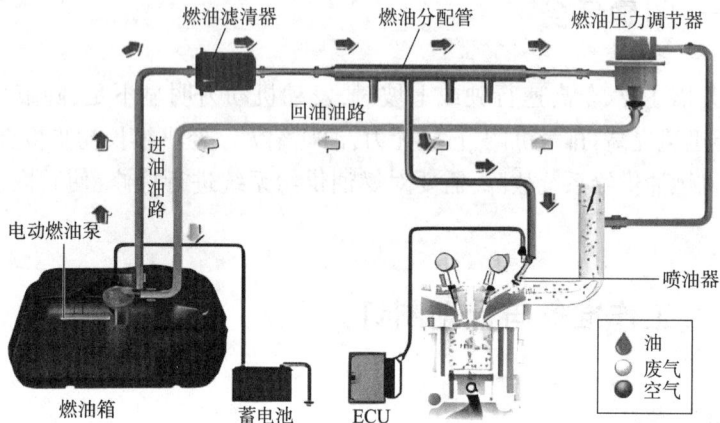

图 3-7　燃油供给系统

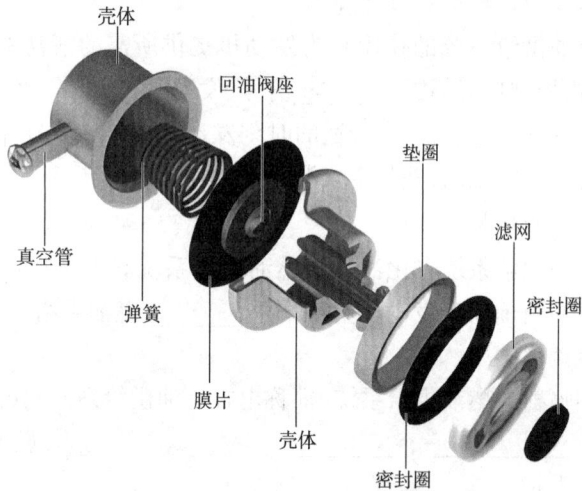

图 3-8　燃油压力调节器结构

燃油压力调节器的工作原理如图 3-9 所示,当进气管内气体压力下降(真空度增大)时,膜片向下移动,回油阀开度增大,回油量增多,使输油管内燃油压力_____;反之,当进气管内的气体压力升高时,则膜片带动回油阀向上移动,回油阀开度减小,回油量减少,使输油管内燃油压力_____。

(4)燃油滤清器。

燃油滤清器安装在燃油泵之后的高压油路中,其作用是滤除燃油中的_____,防止燃油系统_____,减小机械磨损,以保证发动机正常工作。一般外置式的燃油滤清器建议每 1 万 km 更换一次,内置式的燃油滤清器 4 万 ~8 万 km 更换。更换燃油滤清器时,应首先释放燃油系统压力,并注意燃油滤清器壳体上的箭头标记为燃油流动方向。常用燃油滤清器,如图 3-10 所示。

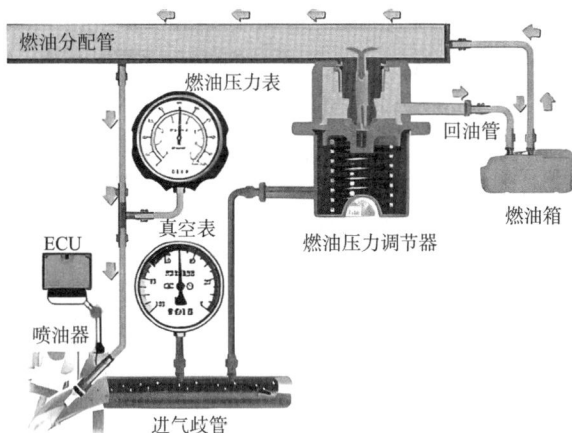

图 3-9　燃油压力调节器的工作原理

图 3-10　燃油滤清器

在电控燃油喷射式发动机的燃油供给系统中,一般采用的都是纸质滤芯、一次性的燃油滤清器。燃油滤清器的内部结构如图 3-11 所示,燃油从进油管进入滤清器,经过壳体内的滤芯过滤后,清洁的燃油从出油管流出。

(5)喷油器。

电控燃油喷射系统的执行元件是喷油器,如图 3-12 所示。喷油器的作用是根据 ECU 的指令,将_____喷入进气歧管末端。

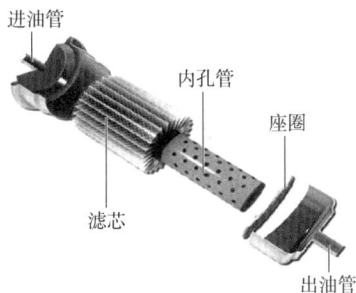

图 3-11　燃油滤清器的内部结构

图 3-12　喷油器

3.燃油供给系统工作原理

驾驶人通过踩踏加速踏板来控制节气门开度,从而控制发动机汽缸的_____,空气经空气滤清器、空气流量传感器、节气门进入进气总管,再分配到各缸进气歧管,然后进入汽缸,如图 3-13 所示。

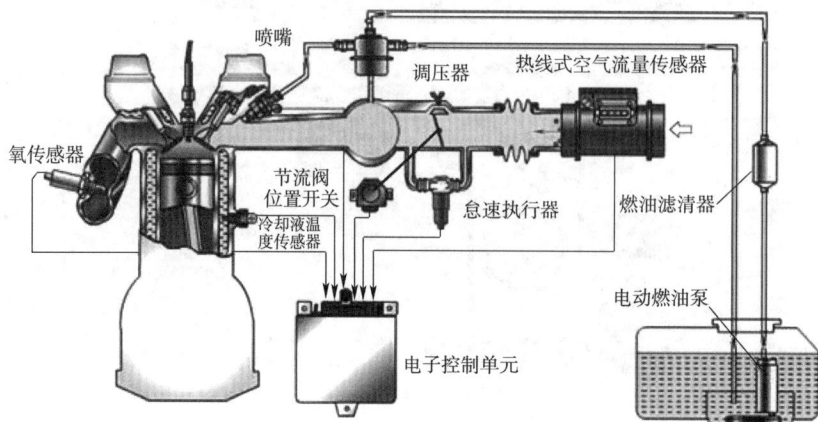

图 3-13　燃油供给系统工作原理

燃油从燃油箱中被电动燃油泵吸出,先由燃油滤清器将杂质滤除后再通过输油管、燃油分配管输送到各个喷油器。喷油器则根据_____发出的指令,将计量后的燃油喷入_____中与流入发动机内的空气进行混合,形成可燃混合气,供入汽缸燃烧做功,最后将废气通过排气管、排气消声器等排入大气中。

发动机工作时,电动燃油泵将汽油从油箱加压输出,经燃油滤清器后,再经_____调压,将压力调整到比进气管压力高出约 250kPa 的压力,然后经输油管配送给各个喷油器,喷油器根据_____发来的喷射信号,把适量汽油喷射到进气歧管中。当油路压力超过规定值时,压力调节器工作,将多余的汽油经回油管流回油箱中。

(二)制订工作方案

1.任务分工(表 3-8)

学生任务分配表　　　　　　　　　　表 3-8

班级		组号		指导老师	
组长		任务分工			
组员 1		任务分工			
组员 2		任务分工			
组员 3		任务分工			
组员 4		任务分工			
组员 5		任务分工			
组员 6		任务分工			

2.工量具、仪器设备与耗材准备

(1)使用的工量具有：_____。

(2)使用的仪器设备有：_____。

3.具体方案描述

_____

_____

_____

_____

_____

三、计划实施

(一)安全注意事项及技能要点

1.安全注意事项

(1)熟悉实训内容和操作规范要求,做好实训前的准备工作。

(2)要待发动机完全冷却后,才能打开发动机护板,同时要注意防止外界油污进入发动机内。

(3)在实训过程中,应注意相互间的操作配合,保证人身安全。

(4)认真执行"8S"管理,实训完成后,须清点、清理工具。

2.技能要点

(1)能描述燃油供给系统的基本组成及各零部件作用。

(2)能在实车上找到燃油系统各零部件的安装位置。

(3)能描述燃油供给系统的系统的原理。

(二)认知燃油供给系统结构及功能

认知燃油供给系统结构及功能见表3-9。

认知燃油供给系统结构操作方法及说明   表3-9

步骤	操作方法及说明	质量标准及记录
1.实训车辆防护用品及安全确认	(1)安装座椅、地板、转向盘三件套。 (2)安装翼子板布和前格栅布。 (3)安装车轮挡块,查尾气抽气管 	□按要求进行车辆防护用品安装 □按要求进行用车启动前安全确认 □按"8S"管理要求整理

续上表

步骤	操作方法及说明	质量标准及记录
2. 在实车上找到各燃油供给系统零部件位置	在整车上找到燃油箱、电动燃油泵、燃油压力调节器、燃油滤清器;喷油器等零部件并描述各零部件作用 	□正确找到各零件位置 □正确说出各零部件作用
3. 工位整理	(1)整理所使用的工具、量具、实训设备,用软布擦拭工量具表面脏尘,做好工量具与相关设备的维护工作。 (2)清洁实训工位,清除工位上的油污、废料、尘土、保持台架干净、整洁。 (3)清扫实训场地,清除地面上的油污、废料、尘土、保持地面干净、整洁	□按"8S"管理要求整理

四、评价反馈(表3-10)

评价表　　　　　　　　　　　　　　　表3-10

评分项目	评分标准	分值(分)	得分(分)
学习目标	能明确本任务的知识、技能、素养目标,理解任务在工作中的重要程度	5	
工作任务分析	能清晰描述完成本次工作任务内容	2	
	能清晰描述完成本次工作任务需必备的技能与知识点	2	
有效信息获取	接受任务	5	
	燃油供给系统的结构组成	5	
	燃油供给系统的工作原理	5	
	燃油供给系统各零部件名称	5	
实施方案制订	能清晰地制订并填写本次认知燃油供给系统结构及功能的准备作业计划	5	
	能组织或协同工作小组成员,明确本次任务所需仪器设备、工具、材料,并准备记录	5	
	能组织或协同工作小组成员交流,优化检查方案并记录	5	

评分项目	评分标准	分值(分)	得分(分)
任务实施	实训车辆防护用品及安全确认	15	
	打开发动机舱盖找到燃油供给系统各零部件的安装位置	15	
	工位整理	10	
任务评价	能通过本次任务实施,结合自己在实训过程中的表现,进行自我评价及自我反思并记录	3	
职业素养	按规定时间完成项目作业	2	
	遵守实训室管理规定、劳动纪律	2	
	积极参与课堂活动、回答问题	2	
	能够按时出勤	2	
思政要求	能在学习过程中养成忠于职守、乐学善学的品格和勤勤恳恳、一丝不苟的工作习惯	5	
总分		100	

改进建议:

教师签字:

日期:

学习活动 4 喷油器的清洗与更换

⚙ 一、明确任务

根据任务描述,经班组长初步检查,判断可能为发动机燃料供给系统喷油器部件故障,需要对喷油器部件进行清洗与更换,使其恢复正常使用性能。

二、工作准备与计划制订

喷油器功用

（一）知识准备

1. 喷油器的结构组成和作用

轴针式喷油器主要由喷油器外壳、滤网、插座、电磁线圈、衔铁、阀针、轴针、上下密封圈组成。喷油器通常安装在进气歧管或汽缸盖上。其作用是按照发动机 ECU 计算出的喷射正时和脉宽（喷油量），向进气歧管或汽缸内喷射燃油，喷油器实际上是一个电磁阀，ECU 通过控制其电磁阀线圈的电流通断（接地线的通断）来控制喷油器的工作。

2. 喷油器的种类

（1）按结构分类。

喷油器可分为_____和_____。

喷油器一般由壳体、电磁线圈、复位弹簧、衔铁、针阀和进油滤网等组成，如图 3-14 所示。其优点是针阀前端的轴针伸入喷孔，可使燃油以环状喷出，有利于雾化，且由于轴针在喷口中不断运动，故喷孔不易堵塞。缺点是燃油雾化质量稍差，且由于针阀质量较大，因而动态响应性较差。

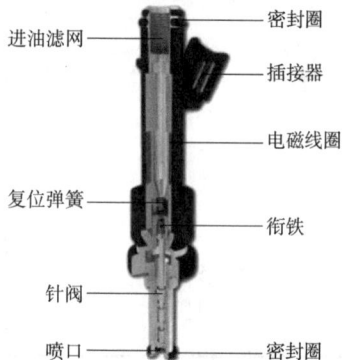

图 3-14　轴针式喷油器结构

（进油滤网、密封圈、插接器、电磁线圈、复位弹簧、衔铁、针阀、喷口、密封圈）

（2）按电阻值分类。

①高阻值喷油器。电磁线圈电阻值为 13～17Ω。

②低阻值喷油器。电磁线圈电阻值为 2～3Ω。

（3）按电磁线圈的驱动方式分类。

①电压驱动式。电压驱动式是指 ECU 利用_____驱动喷油器喷油。

②电流驱动式。喷油器驱动脉冲信号开始时是用一个较大的电流，使电磁线圈产生较大的吸力，以迅速打开喷口。随后用较小电流保持喷口的开启状态，从而防止_____，因此其驱动效果较好。

3. 喷油器的工作原理

喷油器根据 ECU 的控制信号，在特定的时刻、按设定的喷油时间喷油。当喷油器的电磁线圈通电时，会产生_____，喷油器针阀在电磁吸力作用下离开阀座，喷油器喷油；当电磁线圈断电时，电磁吸力消失，喷油器针阀在复位弹簧作用下落座，喷油器停止喷油，如图 3-15 所示。

（1）当喷油器电磁阀未被触发时，小弹簧将枢轴盘下的球阀压向泄油孔上，泄油孔关闭，在阀控制腔内形成共轨高压。同样，在喷嘴腔内也形成共轨高压。针阀被迫进入阀座且将高压通道与燃烧室隔离密封，针阀_____状态。

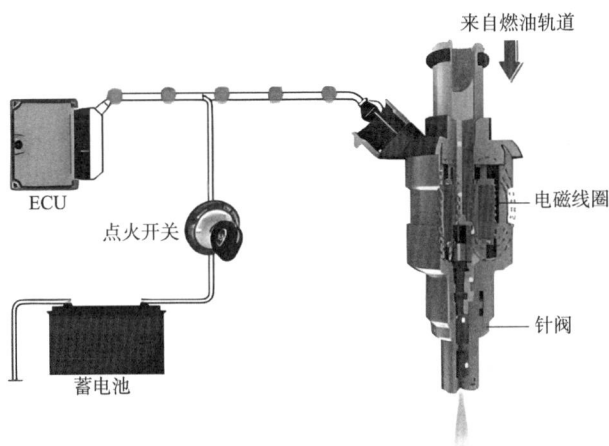

图3-15　喷油器工作原理

（2）当电磁阀被触发时，枢轴盘上移，球阀打开，同时泄油孔被打开，这时引起控制腔的压力下降，结果，活塞上的压力也随之下降，一旦活塞上的压力和喷嘴弹簧的合力降至低于作用于喷油嘴针阀承压锥面上的压力，针阀将_____，燃油经喷嘴上的喷孔喷入进气歧管。

（3）电磁阀一旦断电不被触发，小弹簧力会使电磁阀铁芯下压，球阀将泄油孔关闭。

（4）因为燃油压力高，会在针阀和控制柱塞处产生泄漏，这些泄漏油会通过_____流入喷油器的回油口。

喷油器实际上是一个电磁阀，针阀与衔铁制成一体随衔铁一起移动。当电磁线圈通电后，衔铁被吸起（针阀升程约为0.1mm），高压汽油便从喷孔喷射出去，如图3-16所示，当电磁线圈断电后磁力消失，针阀被弹簧压紧在阀座上，汽油因此被密封在油腔内。喷油量取决于ECU给喷油器_____。

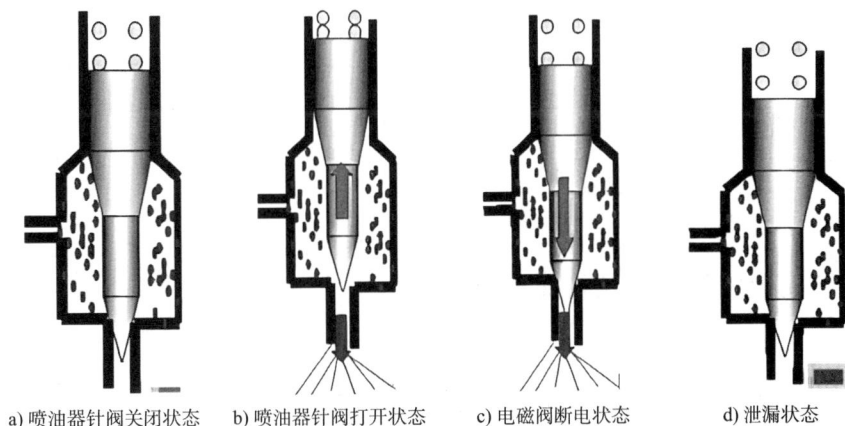

a) 喷油器针阀关闭状态　　b) 喷油器针阀打开状态　　c) 电磁阀断电状态　　d) 泄漏状态

图3-16　喷油器工作状态

4.喷油器的清洗方法

(1)超声波清洗。

(2)正向压力冲洗。

(3)反向压力冲洗。

(二)制订工作方案

1.任务分工(表3-11)

学生任务分配表

表3-11

班级		组号		指导老师	
组长		任务分工			
组员1		任务分工			
组员2		任务分工			
组员3		任务分工			
组员4		任务分工			
组员5		任务分工			
组员6		任务分工			

2.工量具、仪器设备与耗材准备

(1)使用的工量具有：_____。

(2)使用的仪器设备有：_____。

3.具体方案描述

_____

_____

_____

_____

⚙ 三、计划实施

(一)安全注意事项及技能要点

1.安全注意事项

(1)熟悉实训内容和操作规范要求,做好实训前的准备工作。

(2)待发动机完全冷却后,才能打开发动机护板,同时注意防止外界油污进入发动机内。

（3）在实训过程中，应注意相互间的操作配合，保证人身安全。

（4）认真执行"8S"管理，实训完成后，须清点、清理工具。

2．技能要点

（1）分解过程中应注意保护针阀的精加工表面。

（2）拆卸喷油器时，要对喷油器做好记号，以防安装时发生错乱。

（3）喷油器零件经清洗吹干检验合格后，必须在高度清洁的场所进行装配。

（二）喷油器的清洗与更换

喷油器的车外清洗与更换见表3-12。

喷油器的车外清洗与更换操作方法及说明　　　　　　　　　　表3-12

步骤	操作方法及说明	质量标准及记录
1.喷油器的车外清洗与更换	（1）对燃油系统进行卸压处理。 （2）拔下喷油器上的电气控制插头，拆下供油轨，取下所有喷油器。 （3）检查喷油器与进气歧管之间的密封垫片状况，若密封垫片损坏，应换用新垫片。 （4）在高频清洗仪的容器中倒入喷油器清洗液，把所有拆下的喷油器放入容器中，通过高频振荡程序清洗喷油器上的积炭和胶质。 （5）结束高频振荡清洗后，把喷油器安装在喷油器清洗分析仪上，按喷油器自动清洗程序完成喷油器的清洗和分析。 （6）清洗过程中，检查各喷油器的喷射角度、雾化状况，要求喷油形状一致、停喷后不滴油，否则应更换喷油器。 （7）拆下喷油器总成，用万用表测量喷油器线圈电阻，一般高阻值型喷油器线圈电阻在12～16Ω之间。 	□正确使用拆装工具 □正确拆卸喷油器 □按"8S"管理要求操作

步骤	操作方法及说明	质量标准及记录
1.喷油器的车外清洗与更换	（8）将喷油器安装在供油系统中，然后运行发动机3min左右，确认燃油系统没有泄漏	
2.工位整理	（1）整理所使用的工具、量具、实训设备，用软布擦拭工量具表面脏尘，做好工量具与相关设备的维护工作。 （2）清洁实训工位，清除工位上的油污、废料、尘土，保持台架干净、整洁。 （3）清扫实训场地，清除地面上的油污、废料、尘土，保持地面干净、整洁	□按"8S"管理要求整理

四、评价反馈（表3-13）

评价表　　　　　　　　　　　　　　　　　　　　表3-13

评分项目	评分标准	分值（分）	得分（分）
学习目标	能明确本任务的知识、技能、素养目标，理解任务在工作中的重要程度	5	
工作任务分析	能清晰描述完成本次工作任务内容	2	
	能清晰描述完成本次工作任务需必备的技能与知识点	2	
有效信息获取	喷油器的作用	5	
	喷油器的组成	5	
	喷油器的工作原理	5	
	喷油器的清洗方法	5	
实施方案制订	能清晰地制订并填写本次喷油器的清洗与更换准备作业计划	5	
	能组织或协同工作小组成员，明确本次任务所需仪器设备、工具、材料，并准备记录	5	
	能组织或协同工作小组成员交流，优化检查方案并记录	5	
任务实施	喷油器的拆卸	5	
	喷油器零件的清洗	10	
	喷油器的校验	10	
	喷油器的装配	10	
	工位整理	5	
任务评价	能通过本次任务实施，结合自己在实训过程中的表现，进行自我评价及自我反思并记录	3	

评分项目	评分标准	分值(分)	得分(分)
职业素养	按规定时间完成项目作业	2	
	遵守实训室管理规定、劳动纪律	2	
	积极参与课堂活动、回答问题	2	
	能够按时出勤	2	
思政要求	能在学习过程中养成忠于职守、乐学善学的品格和勤勤恳恳、一丝不苟的工作习惯	5	
总分		100	

改进建议：

教师签字：

日期：

学习活动 5　油泵的检查与更换

一、明确任务

根据任务描述,经班组长初步检查,判断可能为发动机燃料供给系统中油泵部件故障,需要对油泵进行清洗与更换,使其恢复正常使用性能。

二、工作准备与计划制订

(一)知识准备

1. 电动燃油泵的作用

电动燃油泵的作用是将燃油从燃油箱内吸出,为发动机燃油供给系统提供压力燃油。

2. 电动燃油泵的结构

电动燃油泵由永磁式电动机(转子、永久磁铁、壳体、换向器)、涡轮、止回阀、滤网等组成,如图 3-17 所示。

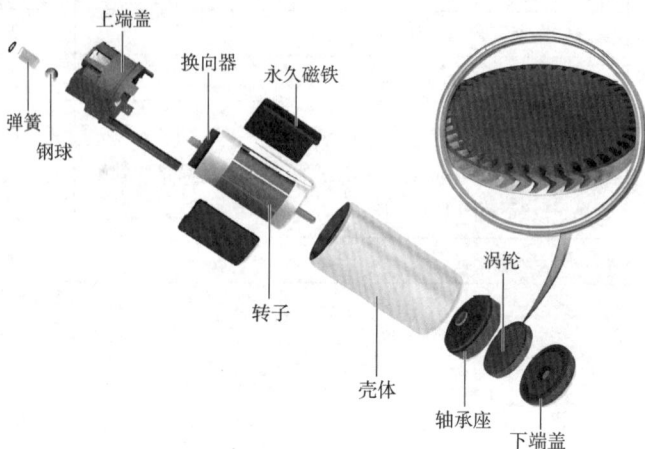

图 3-17　电动燃油泵的结构

3. 电动燃油泵的工作原理

电动燃油泵的永磁式电动机部分包括固定在外壳上的永久磁铁和产生电磁力矩的电枢(转子)以及安装在外壳上的电刷装置。电刷与电枢上的换向器相接触,其引线连接到外壳上的接柱上,将控制电动燃油泵的电压引到电枢绕组上。电动燃油泵的外壳两端卷边铆紧,使各部件组装成一个不可拆卸的总成。

当外部电路向电动燃油泵供电时,电动燃油泵工作,＿＿＿＿＿＿通电带动涡轮旋转,涡轮旋转时,涡轮内的汽油随同一起高速旋转,出油口处的油压增高,进油口处油压降低,从而使汽油从进油口处吸入,从出油口流出,给燃油系统供油,如图 3-18 所示。电动燃油泵的转速和泵油量由外加电压决定,通常情况下电压为恒定值。

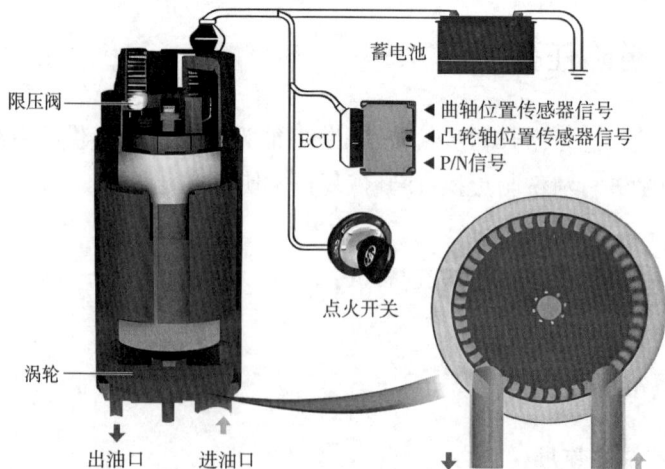

图 3-18　电动燃油泵工作原理图

在电动燃油泵的出油口处设有一个_____,可以在发动机熄火后,防止燃油倒流,以保持燃油供给系统有一定的残余压力,便于下次起动。电动燃油泵的出油口处还设有一个_____,可在燃油滤清器或高压管路堵塞等意外情况发生时,打开而泄压,从而保护电动机。在电动燃油泵的进油口处安装有一个_____,可防止杂质进入燃油泵造成卡死或密封不良。

(二)制订工作方案

1. 任务分工(表3-14)

学生任务分配表   表3-14

班级		组号		指导老师	
组长		任务分工			
组员1		任务分工			
组员2		任务分工			
组员3		任务分工			
组员4		任务分工			
组员5		任务分工			
组员6		任务分工			

2. 工量具、仪器设备与耗材准备

(1)使用的工量具有:_____。

(2)使用的仪器设备有:_____。

3. 具体方案描述

_____

_____

_____

_____

_____

⚙ 三、计划实施

(一)安全注意事项及技能要点

1. 安全注意事项

(1)熟悉实训内容和操作规范要求,做好实训前的准备工作。

(2)待发动机完全冷却后,才能打开发动机护板,同时注意防止外界油污进入发动机内。

（3）在实训过程中,应注意相互间的操作配合,保证人身安全。

（4）认真执行"8S"管理,实训完成后,须清点、清理工具。

2. 技能要点

（1）燃油系统是有压力的,在系统打开之前,需要先在开口处放置抹布,然后小心地松开接头,以进行卸压。

（2）在装有燃油的燃油箱中拆卸和安装燃油量指示器或燃油泵（燃油输送装置）前,必须在燃油箱的装配开口附近放置一个打开的排气收集装置来收集燃油蒸气。如果没有排气收集装置,可以使用换气量在 $15m^3/h$ 以上的排风扇（发动机放在出风口）。工作中防止皮肤接触燃油,必须穿戴防护手套。

（3）在对燃油供给系统/燃油喷射系统进行维修工作时,要遵循以下关于清洁的4个规定：

①在打开系统之前,要彻底地清洁连接处及其周围部分。

②将拆下的零件放置在干净的地方并覆盖,不要使用带纤维的布。

③如果不能立即进行修理工作时,开口处需要覆盖住或连接上。

④在对燃油供给系统进行检查操作时,严禁吸烟或有明火靠近。

（二）油泵的检查与更换

1. 油泵的检查与更换

油泵的检查与更换见表3-15。

油泵的检查与更换操作方法及说明 表3-15

步骤	操作方法及说明	质量标准及记录
1.电动燃油泵压力和保持压力的测量	（1）准备一个量程为1MPa左右的油压表及专用的油管接头,先进行系统泄压,发动机运转中拔下电动燃油泵继电器,待发动机自行熄灭后,再打开起动发动机开关 2 ~ 3 次即可完全释放,然后关闭点火开关,插上电动燃油泵继电器。 （2）安装油压表,拆除蓄电池负极接地线,松开进油管接头,将油压表串接在进油管中。擦干溅出的燃油,重新装上蓄电池负极接地线。油压表也可以安装在燃油滤清器油管接头、分配油管进油接头,或用三通接头接在燃油管道上便于安装和观察的任何部位。 	□正确使用燃油压力表 □正确判断燃油压力是否正常 □油压力表安装后确认不漏油 □按"8S"管理要求操作

续上表

步骤	操作方法及说明	质量标准及记录
1. 电动燃油泵压力和保持压力的测量	拆开螺栓时,要用一块棉布包住油管接头,以防燃油喷溅。 (3)检测油压,先检测静态油压,静态油压正常值应在300kPa左右。若油压过高,应检查油压调节器;若油压过低,则检查燃油泵、燃油滤清器和油压调节器是否有故障。 (4)检测油压,检测系统保持压力,关闭点火开关,10min后,发动机燃油保持压力不应小于150kPa。造成油压不正常的原因可能是油压调节器阀门密封不严、喷油器滴油、管路有渗漏、油路密封等存在问题。 (5)检测油压,检测发动机运转时燃油压力,打开燃油压力表开关,起动发动机并怠速运转,拔下油压调节器的真空软管并用手堵住,检测此时的燃油压力。 (6)拆卸油压表,释放燃油系统的油压,拆下蓄电池负极接地线,拆下油压表,重新装好油管接头。接好蓄电池负极接地线,预置燃油系统的油压,最后检查油管各处有无漏油	

步骤	操作方法及说明	质量标准及记录
1. 电动燃油泵压力和保持压力的测量		
2. 检测与更换电动燃油泵	(1)拆卸后排座椅垫总成。 (2)拆卸后地板检修孔盖。 (3)断开燃油泵插接器。 (4)燃料供给系统泄压。 (5)拆卸燃油泵壳体上的连接管路。 (6)将专用拆装工具安装到燃油泵壳体固定圈上,正确使用工具拧松固定圈。 (7)向上将燃油泵壳体总成从燃油箱中取出,放到清洁的零部件盆中;并遮挡油箱口,防止灰尘或异物进入燃油箱。 (8)分解燃油泵壳体总成。 (9)用数字万用表检测燃油泵两个端子之间的电阻;20℃条件下,标准电阻应为 0.2~3Ω,若不符合标准,则更换燃油泵;也可在燃油泵的两个端子之间施加蓄电池电压,检查并确认燃油泵是否工作。如果电动机不工作,则应更换燃油泵。 燃油泵电机内阻检测 (10)安装电动燃油泵,按与拆卸相反的顺序安装电动燃油泵	□正确使用专用拆装工具 □正确检查燃油泵是否正常工作 □按标准顺序拆装燃油泵 □按"8S"管理要求整理

续上表

步骤	操作方法及说明	质量标准及记录
3.工位整理	(1)整理所使用的工具、量具、实训设备,用软布擦拭工量具表面脏尘,做好工量具与相关设备的维护工作。 (2)清洁实训工位,清除工位上的油污、废料、尘土,保持台架干净、整洁。 (3)清扫实训场地,清除地面上的油污、废料、尘土,保持地面干净、整洁	□按"8S"管理要求整理

四、评价反馈(表3-16)

评价表   表3-16

评分项目	评分标准	分值(分)	得分(分)
学习目标	能明确本任务的知识、技能、素养目标,理解任务在工作中的重要程度	5	
工作任务分析	能清晰描述完成本次工作任务内容	2	
	能清晰描述完成本次工作任务需必备的技能与知识点	2	
有效信息获取	电动燃油泵的作用	5	
	电动燃油泵的结构	5	
	电动燃油泵的工作原理	5	
实施方案制订	能清晰地制订并填写油泵的检查与更换的准备作业计划	5	
	能组织或协同工作小组成员,明确本次任务所需仪器设备、工具、材料,并准备记录	5	
	能组织或协同工作小组成员交流,优化检查方案并记录	5	
任务实施	电动燃油泵压力和保持压力的测量	15	
	检测与更换电动燃油泵	15	
	工位整理	15	
任务评价	能通过本次任务实施,结合自己在实训过程中的表现,进行自我评价及自我反思并记录	3	
职业素养	按规定时间完成项目作业	2	
	遵守实训室管理规定、劳动纪律	2	
	积极参与课堂活动、回答问题	2	
	能够按时出勤	2	
思政要求	能在学习过程中养成忠于职守、乐学善学的品格和勤勤恳恳、一丝不苟的工作习惯	5	

续上表

评分项目	评分标准	分值（分）	得分（分）
	总分	100	

改进建议：

教师签字：
日期：

任务习题 >>>

一、单选题

1. 下面不属于进气系统的是（   ）。

    A. 进气管   B. 进气总管

    C. 空气滤清器   D. 三元催化转化器

2. 空气滤清器的作用说法正确的是（   ）。

    A. 清除空气中的灰尘等机械颗粒

    B. 将进气均匀分配到各个汽缸

    C. 提高进气压力

    D. 提高发动机转速

3. 排气系统中,最靠近排气歧管的元件是（   ）。

    A. 三元催化转化器   B. 消声器

    C. 活性炭罐   D. 都不是

4. 安装在节气门体上的元件是（   ）。

    A. 空气流量传感器   B. 怠速控制阀

    C. 进气压力传感器   D. 进气温度传感器

5. 下列哪一项正确描述了节气门体的功能（   ）。

    A. 控制标准空气流量   B. 调节进气温度

    C. 调节进气速度   D. 在进气流中产生涡流

6. 喷油器清洗有多种大致可分为车下清洗和（   ）。

    A. 超声波喷油器清洗   B. 车上清洗

    C. 随车清洗   D. 整车清洗

7. 电控发动机燃油泵工作电压检测时,（   ）、燃油泵熔丝、燃油滤清器和燃油泵继电器均应正常工作。

    A. 蓄电池电压   B. 点火线圈电压   C. 发电机电压   D. 燃油泵

8. 电控燃油喷射发动机燃油压力检测时,将油压表接在供油管和( )之间。

    A. 燃油泵　　　　B. 燃油滤清器　　　C. 分配油管　　　　D. 喷油器

9. ( )用于建立燃油系统压力。

    A. 油泵　　　　　B. 喷油器　　　　　C. 油压调节器　　　D. 油压缓冲器

10. 下列选项不属于汽油供给装置组成的是( )。

    A. 汽油滤清器　　B. 空气滤清器　　　C. 汽油泵　　　　　D. 输油管

11. 电控燃油喷射系统保持压力下降较快,应检查燃油泵上的( )和燃油系统的密封性。

    A. 燃油滤清器　　B. 止回阀　　　　　C. 喷油器　　　　　D. 真空管

12. 轴针式电磁喷油器所用的密封圈是( )形密封圈。

    A. Y　　　　　　B. V　　　　　　　C. O　　　　　　　D. 唇形

13. 节气门体过脏会导致( )。

    A. 不易起动　　　B. 怠速不稳　　　　C. 加速不良　　　　D. 减速熄火

二、判断题

1. 电子节气门是由驾驶人通过节气门拉索控制的。　　　　　　　　　( )

2. 消声器是用来降低排气压力、温度及噪声的。　　　　　　　　　　( )

3. 干纸式空气滤芯可以用压缩空气吹净后再使用。　　　　　　　　　( )

4. 汽油喷射式发动机的节气门体上,通常都装有节气门位置传感器。　( )

5. 电动燃油泵属于空气供给系统。　　　　　　　　　　　　　　　　( )

6. 汽油机燃用的是汽油蒸气与空气的混合物,所以汽油的蒸发性越好,汽油机的动力性越好。　　　　　　　　　　　　　　　　　　　　　　　　　( )

7. 过量空气系数 A 越大,则可燃混合气的浓度越浓。　　　　　　　　( )

8. 过量空气系数 A 称为火焰传播上限。　　　　　　　　　　　　　　( )

9. 简单化油器不能应用于车用汽油机上。　　　　　　　　　　　　　( )

10. 节气门位置传感器用于检测节气门的开启角度。　　　　　　　　( )

11. 车用汽油机在正常运转时,要求供给的可燃混合气的浓度随负荷的增加而由浓变稀。　　　　　　　　　　　　　　　　　　　　　　　　　　　( )

12. 可燃混合气完全燃烧必须有足够的空气。　　　　　　　　　　　( )

13. 空气滤清器不清洁,易造成混合气过浓。　　　　　　　　　　　( )

14. 喷油器开启持续时间由点火开关控制。　　　　　　　　　　　　( )

15. 电动燃油泵只安装在油箱内。　　　　　　　　　　　　　　　　( )

三、实操练习题

1. 请完成空气滤清器总成的拆装。

2. 请完成燃油供给系统压力的测量。

3. 请完成节气门体的清洗。

学习任务四
汽车发动机异响故障检修

学习目标 >>>

1. 知识目标

（1）能描述维修接待工作规范和专业问诊法与客户进行有效的沟通，通过获取有效故障信息，结合所学知识和经验，采用故障再现方法，确认发动机异响故障现象并能列举发动机异响故障常见故障部位及其原因。

（2）能说明故障诊断技术规范标准，借助维修手册，查阅维修资料，在规定的时间内完成发动机故障点的查找及故障修复方案的制定，在客户确认修复方案后，实施修复作业。

（3）能说出发动机异响的常见故障的原因，以及发动机异响的检修方法。

（4）能查找相关资料，对互联网资源进行检索，并能向组员叙述机油滤清器、机油泵的结构、工作原理以及拆装更换的安全操作规程。

2. 技能目标

（1）能使用检测设备仪器，通过经验诊断、仪器设备诊断、替换诊断等方式方法，准确分析检测数据。

（2）能操作维修后的发动机进行质量检查与调试作业，并在客户确认修复方案后，实施修复作业，恢复发动机工作。

（3）能描述发动机检修的安全操作规程，并在作业过程中自我检查贯彻的情况，做好过程记录。

3. 素养目标

（1）培养良好的工作习惯。

（2）培养严谨的工作态度，贯彻严格的质量要求。

（3）培养热爱劳动的生活习惯。

参考学时 >>>

40 学时。

任务描述 >>>

一辆汽车进厂维修，客户反映汽车发动机起动后出现较为沉闷的金属异响声，且发动机在急加速时异响明显。经班组长初步检查,判断可能为曲柄连杆机构、配气机构的故障,需要对发动机曲柄连杆机构、配气机构进行检修。

学习活动 1　汽缸压力的检查

⚙ 一、明确任务

根据任务描述,汽车在行驶过程中,发动机警告灯点亮。经班组长初步检查,判断可能是汽缸密封不严,需要对发动机汽缸的结构及功能进行学习,并对相关部件进行检查与更换,使其恢复正常使用性能。

⚙ 二、工作准备与计划制订

(一)知识准备

随着汽车电控技术的不断进步与发展,汽车故障诊断变得越来越复杂。在这种情况下,利用汽缸压力检测的方法,充分发掘汽缸压力表在故障机理分析中独有的优势,结合汽车故障诊断仪检出的动静态数据,然后对发动机故障进行综合分析,从而迅速、准确地诊断出发动机的真实故障。

发动机使用性能的好坏,大多是以动力性能、经济性能等指标来衡量。对于汽油发动机而言,密封性、点火性能及空燃比的好坏是影响其动力性能的三大重要因素,其中发动机的_____影响尤为突出,汽缸压力是与其相关的一个至关重要的数据,若汽缸压缩压力达不到要求,则发动机的所有性能指标也都将不会达到标准,会导致汽车行驶无力、燃耗上升、发动机抖动、起动困难,严重者会造成发动机的重大机械故障等。

1.汽缸压力对发动机性能的影响

汽缸压力是指发动机_____行程点火结束时燃烧室内的气体压力。在发动机压缩比、转速和工作温度处于一定的条件下时,汽缸压力与机油黏度、汽缸和活塞组配合的技术状况、配气机构是否准确和燃烧室的密封性等因素有关。通过对汽缸压力的检测,可以诊断汽缸、活塞组的密封情况;活塞环、气门、缸垫等密封是否良好,以及气门间隙的调整是否适当等。

2.影响汽缸压力的主要因素

(1)活塞环的侧隙、_____,或气环开口安装位置发生改变,会影响气缸压力造成汽缸的密封性变差。

(2)_____磨损过大使配缸间隙增大,活塞在汽缸内运动摇摆,不能与汽缸形成良好的贴合密封。

(3)活塞环因结胶、积炭而卡在活塞环槽内,使活塞环的自身弹性不能发挥,失去了气环与汽缸壁的第一密封面。

(4)有的发动机所选用的活塞顶部凹坑深度不一,用错后将影响汽缸压力。

(5)汽缸垫冲坏,气门座圈松动,气门弹簧折断或弹力不足,气门与气门导管因积炭或间隙过小,使气门上下运动受阻等,导致气门密封不严。

(6)正时齿轮安装错误,齿轮键槽不正确,正时齿轮损坏或磨损过甚,凸轮轴正时齿轮上的轮毂与轮松动等,导致_____不正确。

(7)使用了不匹配的汽缸盖,有的汽缸盖燃烧室容积可能不同,若装错会影响_____。

(8)进排气门间隙调整不当或与_____,或测试汽缸压力时操作不当。

(9)装有减压装置的发动机,其减压装置的间隙调整不当,使_____。

3.测量汽缸压力可判断发动机故障

(1)各缸压力普遍低于规定值,表明各缸气门漏气,或汽缸、活塞环磨损过大。

(2)个别汽缸压力过低,可能是该缸气门烧蚀,或活塞连杆组机械故障,或汽缸垫烧蚀损坏而漏气。

(3)相邻两缸压力比较低,但基本相同时,可诊断为两缸汽缸垫烧穿、连缸。如无此现象可拆检气门(或气门座)密封状况。

(4)汽缸压力虽然不明显的低,但压力上升速度缓慢,当起动时间较长时,压力勉强达到平均值,可诊断为该缸进气歧管垫有漏气之处。

(5)当测量值远高于规定值时,应检查汽缸内是否有积水、积油。

(6)完全没有压力的汽缸,可能是气门卡住,烧缺口或活塞烧穿,活塞环烧附在环槽内。

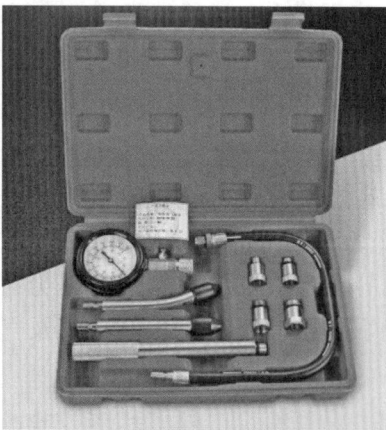

图4-1 汽缸压力表

4.汽缸压缩压力测量方法

(1)使用汽缸压力表进行测量。

汽缸压力表主要用于_____的检测之中,具有较高的专业性。这种压力表主要有以下的组成部分,如图4-1所示。

①表头。

汽缸压力表的表头部位存在一个驱动元件,其主要原理为一端活动,而另一侧为相对固定的管子,而且表现为弯成圆形的、扁平物体。如果弯管内受到一定压力,弯管就会相应伸直,在另一侧的活动端有齿轮转动结构、杠杆及仪表盘指针的连接,如果指针发生转动,表盘上就会显示出其_____的大小。

②压力表接头。

汽缸压力表表头与接头进行连接的时候,需要通过_____来具体实现连接,在实际测量的时候需要保证其接头的位置不会出现漏气的问题。汽缸压力表接头的材质通常有两种,分别为_____这两种类型的接头。通常橡胶接头的形状呈现为锥形、阶梯形等形态,这样能够使其紧固在喷油器孔或者火花塞等部位;而螺纹管接头主要通过手动拧紧等方式,就可以使其固定于相关位置。

③导管。

一般情况下,压力表的导管种类主要分为两类,分别为金属硬导管、软导管,其中金属硬导管适用于橡胶材质接头,软导管则主要应用于螺纹管接头。

④止回阀。

汽缸压力表运用止回阀,会促使汽缸内的气体输入至压力表后不会发生_____。如果确定止回阀处于关闭位置时,就可以确保压力表始终处于指针相关位置,这样在读数的时候更加方便。当止回阀按钮被按下的时候,那么处于压力表内的气体也会随之被放出,此时的指针就会_____。

(2)在对汽缸压缩压力进行测量时,针对汽缸压缩压力所采用的相应测量方法,会涉及多个步骤,具体体现在下述几个方面,如图4-2所示。

①先使发动机的运转达到正常工作温度状态,然后再进行熄火,通常情况下冷却的水温则处于80~90℃之间。

②需要全部拆除汽油机上的_____,并将与之相关的节气门置于打开状态;拆除发动机上的喷油器。

③需要将汽缸压力表的锥形橡皮头紧压于喷油器孔或者火花塞内。然后将发动机进行_____,促使曲轴实施转动,转动时间为3~8s之间。

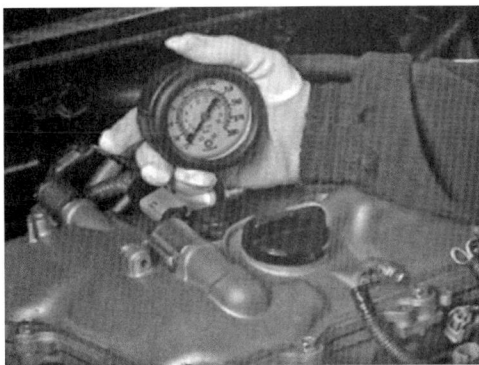

图4-2 汽缸压力表测试

④当压力表的指针在最大_____时,其所显示的数值就会反映出相应读数,与此同时也会终止发动机起动。

⑤按下单向阀按钮,使得压力表指示针能够_____。

⑥针对发动机上的各个汽缸的压缩压力,都需要按照上述方法流程依次开展相应的测量工作,每个汽缸都需要检测_____,并求解算术平均值。将检测所获取的数据及规定的指示值间进行对比及分析。如若其中某一汽缸所承受的压力值偏低时,就能够从火花塞相应孔内输入新的机油而后再进行测量,而新输入机油的加入量应处于_____之间,并将这几次检测所获取的压力值进行再次的对比及分析。

（3）对于汽缸压力进行诊断时的重要标准。

在实际进行汽缸压力诊断时，需充分将发动机所在的海平面设定为标准，在汽油机的具体汽缸压缩压力层面，应高度重视的是其应与出厂规定中的范围相符，或者不能低于原厂所规定的相关标准值的10%，各个汽缸之间的压力值差，不要超过汽缸本身平均值的10%。而在柴油机的汽缸压缩压力层面，要求其与原厂所规定的范围相符合，或者不得低于原厂所规定的标准值的20%，各个汽缸之间的压力值差，不要超过本身平均值的8%。在实际中具有多种类型的发动机汽缸，在压缩压力标准值方面存在着差异性，当检测的汽缸压缩压力值与标准要求严重不符时，可按照检测结果分析其内在原因。

①如若检测的汽缸压缩压力较高，远超出厂时所规定的压力值，通常为室内燃烧导致积炭偏多、汽缸衬垫较为薄弱、缸盖与缸体融合平面经多次修理后磨削严重等原因，导致燃烧室容积逐渐变小，发动机压缩相应变大。

②如若检测的汽缸压缩压力较低，并且远低于出厂规定的标准压力值，就可以向相应缸火花塞（喷油器）孔内输入 $20 \sim 30 \text{mL}$ 的新机油，然后再次进行检测。如若第二次检测的压力值与标准压力值相近，且略高于第一次，那么故障原因主要为汽缸与活塞磨损过甚、活塞环磨损较为严重、各环端缝隙对气体泄漏、环断裂并卡在其中或者汽缸壁漏气等，从而造成活塞与汽缸间密封性较差。如若第二次检测的压力仍然低于标准压力值，与首次检测数据基本相近，那么故障原因主要为＿＿＿＿、＿＿＿＿、＿＿＿＿等，从而造成进、出气门闭合不严。此外，汽缸衬垫损坏，也会导致汽缸密封性减小、压缩压力值降低。如若某邻近两缸压缩压力几次检测结果均较低，那么就表示汽缸衬垫两缸邻近处受损，从而产生气体泄漏。

（二）制订工作方案

1. 任务分工（表4-1）

学生任务分配表 表4-1

班级		组号		指导老师	
组长		任务分工			
组员1		任务分工			
组员2		任务分工			
组员3		任务分工			
组员4		任务分工			
组员5		任务分工			
组员6		任务分工			

2.工量具、仪器设备与耗材准备

(1)使用的工量具有：_____。

(2)使用的仪器设备有：_____。

(3)使用的耗材有：_____。

3.具体方案描述

_____

_____

_____

_____

_____

⚙ 三、计划实施

(一)安全注意事项及技能要点

1.安全注意事项

(1)进入车间应穿工鞋、戴工帽；工作服应整洁，无破损；操作时不可佩戴手表等金属饰品，以防划伤车辆表面。

(2)举升车辆时，应严格按照举升机使用方法进行操作，并通知其他人员远离举升设备。

(3)更换油液或配件时，应处理好油液和配件的回收清理工作，以免对工作环境造成污染。

2.技能要点

(1)正确使用汽缸压力表。

(2)选择合适工具，按照规定力矩拆装。

(3)正确操纵举升机。

(二)汽缸压力测试方法

1.汽缸压力测试方法(表4-2)

汽缸压力测试流程　　　　　　　　　　　　表4-2

步骤	操作方法及说明	质量标准及记录
1.操作前准备工作	(1)准备汽缸压力测试所需要的工具： ①检查车用七件套。 ②万用表。 ③汽车故障诊断仪(KT600)。 ④汽缸压力表。	□正确安装车轮挡块，接排气烟道 □正确拉起驻车制动杆，降下驾驶人侧车窗玻璃，拉发动机舱盖释放杆

步骤	操作方法及说明	质量标准及记录
1. 操作前准备工作	⑤燃油压力表。 ⑥世达工具。 ⑦手套、工作布、泡沫清洁剂等劳保用品。 (2)安装车轮挡块,接排气烟道。 (3)拉起驻车制动杆,降下驾驶人侧车窗玻璃,拉发动机舱盖释放杆。 (4)打开发动机舱盖,安装翼子板布和前格栅布	□正确打开发动机舱盖,安装翼子板布和前格栅布
2. 连接汽车故障诊断仪	(1)正确连接汽车故障诊断仪,打开点火开关进入汽车诊断系统。 (2)进行故障自诊断,检查有无故障码。空气流量传感器、节气门位置传感器、加速踏板位置传感器等故障都会影响发动机加速性能。按照故障码和数据流查找故障原因	□正确按照故障码和数据流查找故障原因
3. 测量汽缸压力	拆卸火花塞,安装汽缸压力表,测量汽缸压缩压力,正确读取并记录。 (1)先使发动机的运转达到正常工作温度状态,然后再进行熄火,通常情况下冷却的水温则处于 80～90℃ 之间。 (2)需要全部拆除汽油机上的火花塞,并将与之相关的节气门置于打开状态;拆除发动机上的喷油器。	□正确测量汽缸压缩压力,正确读取并记录

步骤	操作方法及说明	质量标准及记录
3.测量汽缸压力	（3）需要将汽缸压力表的锥形橡皮头紧压于喷油器孔或者火花塞内。然后将发动机进行起动，促使曲轴实施转动，转动时间为 3~8s 之间。 （4）当压力表的指针在最大压力时，其所显示的数值就会反映出相应读数，与此同时也会终止发动机起动。 （5）按下单向阀按钮，使得压力表指示针能够回零。 （6）针对发动机上的各个汽缸的压缩压力，都需要按照上述方法流程依次开展相应的测量工作，每个汽缸都需要检测二至三次，并求解算术平均值	
4.车辆复位	（1）发动机熄火，取下排气烟道。 （2）取下车内外防护用品。 （3）车辆复位、清洁车身。 （4）清洁并整理工具	□按"8S"管理要求整理

四、评价反馈（表4-3）

评价表

表4-3

评分项目	评分标准	分值（分）	得分（分）
学习目标	能明确本任务的知识、技能、素养目标，理解任务在工作中的重要程度	5	
工作任务分析	能清晰描述完成本次工作任务内容	2	
	能清晰描述完成本次工作任务需必备的技能与知识点	2	
有效信息获取	能按照要求正确使用汽车故障诊断仪	5	
	能按照要求正确使用汽缸压表读取数据	5	
实施方案制订	能清晰地制订并填写本次发动机汽缸压力的基本检查的准备作业计划	5	
	能组织或协同工作小组成员，明确本次任务所需仪器设备、工具、材料，并准备记录	5	
	能组织或协同工作小组成员交流，优化检查方案并记录	5	
任务实施	能打开发动机舱盖，并读取汽缸压力值；能正确判断汽缸压力是否正常	10	
	能用连接汽车故障诊断仪读取故障码，正确读取数据流	10	
	能够正确读数，完成后能够进行清洁	20	
	能够安全放置工具，设备使用方法安全可靠；能够正确并完整佩戴防护用品	10	
任务评价	能通过本次任务实施，结合自己在实训过程中的表现，进行自我评价及自我反思并记录	3	
职业素养	按规定时间完成项目作业	2	
	遵守实训室管理规定、劳动纪律	2	
	积极参与课堂活动、回答问题	2	
	能够按时出勤	2	
思政要求	本任务要求分组训练，各小组必须按照规范的操作方式准确快速地进行汽缸压力的简单检查，优化操作流程，对零部件的检测精度做到精益求精，弘扬大国工匠精神；各小组在实训过程中必须团结一致、相互合作，操作过程中注意安全，要求全程实现"8S"管理	5	
总分		100	

评分项目	评分标准	分值(分)	得分(分)
改进建议:			

教师签字：
日期：

学习活动 2 点火正时的检修

⚙ 一、明确任务

根据任务描述,汽车在行驶过程中,发动机警告灯点亮,发动机抖动。经班组长初步检查,判断可能是点火正时不正确导致点火时间过早或过晚,应对相关部件进行检查与更换,使其恢复正常使用性能。

⚙ 二、工作准备与计划制订

(一)知识准备

1. 点火正时

点火正时指正确的点火时间。在发动机的压缩行程终了,活塞达到_____时,点火系统向火花塞提供高压火花以点燃汽缸内的_____使其做功,这个时间就是点火正时。

为使点火能量最大化,点火正时一般要提前一定的量,所以是在活塞即将到达上止点的那一刻点火,而不是正好达到上止点时才点火,这个提前量叫_____,如图 4-3 所示。适当的点火提前角能有效地改善燃油消耗率、发动机功率以及有害气体的排放。

点火提前角过大,可燃混合气被过早的点燃,气体燃烧时所产生的膨胀压力将阻碍活塞向上运动,致使发动机的_____、燃料消耗增大、_____,有时甚至会引起曲轴反转、扭断等情况。

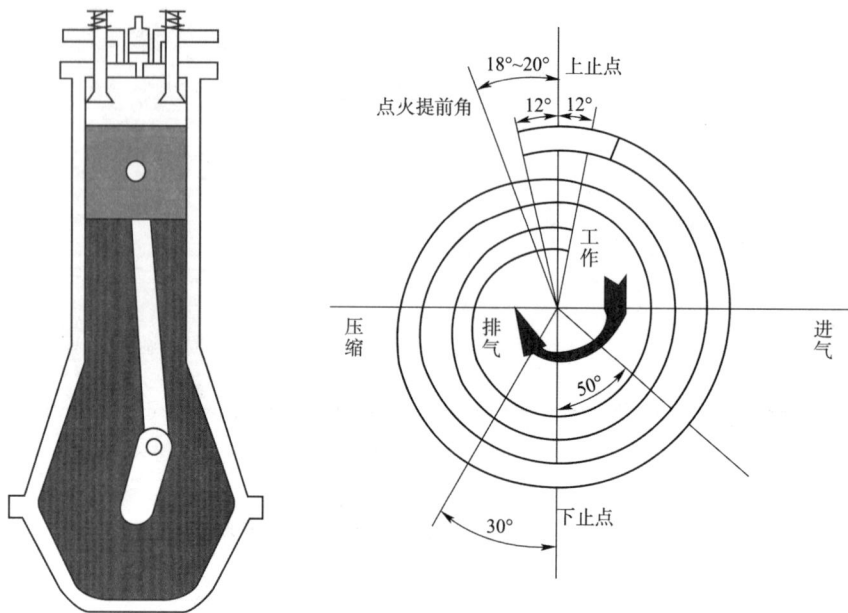

图 4-3　点火正时指示

点火提前角过小时,也同样使发动机功率下降、燃料消耗量增加。因为混合气的燃烧已延迟到汽缸工作容积迅速增加的情况下进行,燃烧气体所产生的最大压力被削弱,燃烧的热能将不能被充分的利用,传给冷却水的热量较多,发动机将过热,从而常常出现排气管放炮、发动机进气口回火现象。

2. 点火正时对缸压转矩影响

汽油机缸内混合气燃烧速度有限,加上发动机转速很高,混合气点火时刻通常位于_____,以保证燃烧过程的等容度和循环热效率,如图 4-4 所示。点火时刻即_____的大小直接影响缸内最高燃烧压力、压力升高率及最高燃烧温度等,进而改变整机宏观性能。甲醇组分理论混合气热值与汽油相当,但因汽化潜热高,有助于冷却进气并提升发动机充量系数,因而燃用甲醇汽油后,发动机转矩有增大趋势。

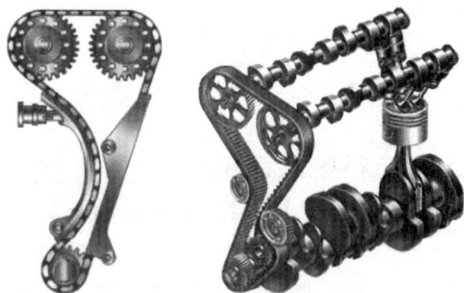

图 4-4　点火正时系统组成

点火正时是影响汽油机缸内燃烧过程的关键参数,直接决定了缸内_____、_____及_____等,影响发动机动力性和排放性能。汽油机燃用甲醇汽油时,甲醇组分不同于汽油的理化特性也会改变缸内燃烧过程温度、压力和组分变化历程,进而影响汽油机常规排放生成过程,甚至产生未燃甲醇、甲醛等非常规排放。

3.点火正时失准常见情况

点火正时失准通常表现为点火正时_____或点火正时_____。

(1)点火正时过于提前,将有以下现象发生。

①听到发动机_____的声音,在爬坡或加速期间更明显。

②车辆起动缓慢,或起动车辆时抖动,在发动机暖机发车时更加明显。

(2)点火正时过迟,将有以下现象发生。

①发动机动力_____。

②起动时间比较久,起动困难。

③燃油经济性变差。

④点火过于滞后,发动机会_____。

4.点火正时检测方法

点火正时随_____的变化而变化,是在静态情况下通过获得最佳初始点火提前角,即获得最佳分电器壳固定位置得到的。在离心式调节器和真空式调节器工作的正常情况下,发动机最佳点火提前角往往取决于初始点火提前角。检测点火正时的方法有经验法、正时灯法和缸压法,点火正时灯如图4-5所示。

正时灯法检测原理:1缸跳火时,接在1缸线上的传感器信号触发正时灯闪光,照射到飞轮或皮带轮上的刻度与零刻度距为点火角。若把闪光推迟到固定标记与零刻度对齐时发生,延时电路中,可变电位计电阻的变化量(电流变化量)表示点火角。延时_____,点火角_____。

缸压法检测原理:采用缸压传感器找出某一缸压缩压力的最大点作为活塞上止点,同时用点火传感器找出同一缸的点火时刻,两者之间的凸轮轴转角即为点火提前角。

使用汽车电脑故障诊断仪检测点火正时步骤,如图4-6所示。

图4-5 点火正时灯

图4-6 点火正时灯使用方法

(二)制订工作方案

1.任务分工(表4-4)

学生任务分配表　　　　　　　　表4-4

班级		组号		指导老师	
组长		任务分工			
组员1		任务分工			
组员2		任务分工			
组员3		任务分工			
组员4		任务分工			
组员5		任务分工			
组员6		任务分工			

2.工量具、仪器设备与耗材准备

(1)使用的工量具有:＿＿＿＿＿＿＿＿＿＿＿＿＿＿＿＿＿＿＿＿＿＿＿＿。

(2)使用的仪器设备有:＿＿＿＿＿＿＿＿＿＿＿＿＿＿＿＿＿＿＿＿＿。

(3)使用的耗材有:＿＿＿＿＿＿＿＿＿＿＿＿＿＿＿＿＿＿＿＿＿＿＿。

3.具体方案描述

＿＿＿＿＿＿＿＿＿＿＿＿＿＿＿＿＿＿＿＿＿＿＿＿＿＿＿＿＿＿＿＿＿＿

＿＿＿＿＿＿＿＿＿＿＿＿＿＿＿＿＿＿＿＿＿＿＿＿＿＿＿＿＿＿＿＿＿＿

＿＿＿＿＿＿＿＿＿＿＿＿＿＿＿＿＿＿＿＿＿＿＿＿＿＿＿＿＿＿＿＿＿＿

＿＿＿＿＿＿＿＿＿＿＿＿＿＿＿＿＿＿＿＿＿＿＿＿＿＿＿＿＿＿＿＿＿＿

＿＿＿＿＿＿＿＿＿＿＿＿＿＿＿＿＿＿＿＿＿＿＿＿＿＿＿＿＿＿＿＿＿＿

三、计划实施

(一)安全注意事项及技能要点

1.安全注意事项

(1)进入车间应穿工鞋、戴工帽;工作服应整洁,无破损;操作时不可佩戴手表等金属饰品,以防划伤车辆表面。

(2)举升车辆时,应严格按照举升机使用方法进行操作,并通知其他人员远离举升设备。

(3)更换油液或配件时,应处理好油液和配件的回收清理工作,以免对工作环境造成污染。

2.技能要点

(1)正确使用点火正时枪。

(2)选择合适工具,按照维修手册要求进行拆装。

(3)正确操纵举升机。

(二)点火正时灯使用方法

1.点火正时灯使用方法(表4-5)

点火正时灯使用流程　　　　　　　　　　　　　表4-5

步骤	操作方法及说明	质量标准及记录
1.操作前准备工作	(1)准备使用点火正时灯时所需要的工具: ①检查车用七件套。 ②万用表。 ③汽车故障诊断仪(KT600)。 ④点火正时灯。 ⑤点火正时感应夹(SST)。 ⑥世达工具。 ⑦手套、工作布、泡沫清洁剂等劳保用品。 (2)安装车轮挡块,接排气烟道。 (3)拉起驻车制动杆,降下驾驶员侧车窗玻璃,拉发动机舱盖释放杆。 (4)打开发动机舱盖,安装翼子板布和前格栅布 	□正确安装车轮挡块,接排气烟道 □正确拉起驻车制动杆,降下驾驶人侧车窗玻璃,拉发动机舱盖释放杆 □正确打开发动机舱盖,安装翼子板布和前格栅布
2.连接汽车故障诊断仪	(1)暖机并停止发动机打开车门进入驾驶室,起动前检查,起动发动机运转一段时间,使冷却液温度不低于80℃,并关闭发动机。 (2)连接智能检测仪,打开诊断接口盖,关闭点火开关,将汽车故障诊断仪的插头正直插入到车辆检测端口。 (3)检查点火正时,起动发动机,打开汽车故障诊断仪,选择汽车故障诊断仪的功能菜单选项,读取点火正时与维修手册规定范围(怠速正时8~12°BTDC)比对,如若检测值不在正常范围内,则说明点火正时有误	□正确按照故障码和数据流查找故障原因

步骤	操作方法及说明	质量标准及记录
2.连接汽车故障诊断仪		
3.使用点火正时灯进行检查	（1）拆卸发动机罩，依次提取发动机罩的前后两端，取下发动机罩。 （2）暖机并停止发动机，检查挡位置是否处于"P"或空挡，驻车制动器是否处于制动状态，起动发动机运转一段时间，冷却液温度不低于80℃，并关闭发动机。 （3）连接点火正时灯和SST，将点火正时感应夹连接至点火正时线，将红色的电源夹子连接至蓄电池正极，将黑色的电源夹子连接至电源负极，关闭点火开关，打开诊断盖使用SST短接13TC和4CG端子。 （4）检查点火正时起动发动机保持怠速，使用点火正时灯直接照射曲轴皮带轮，调整点火正时灯，调整按钮使曲轴皮带轮正时记号与汽缸体上的正时记号零刻度对应上，读取点火正时灯上的数值即为点火正时。 （5）取下点火正时灯和SST关闭点火开关，依次取下点火正时灯黑色夹子和红色夹子，取下点火正时灯感应夹，取下SST，关闭车辆检查端口盖。 （6）安装发动机罩	□正确使用点火正时灯和SST □检查点火正时起动发动机保持怠速，使用点火正时灯直接照射曲轴皮带轮

续上表

步骤	操作方法及说明	质量标准及记录
4. 车辆复位	(1)发动机熄火,取下排气烟道。 (2)取下车内外防护用品。 (3)车辆复位、清洁车身。 (4)清洁并整理工具	□按"8S"管理要求整理

四、评价反馈(表4-6)

评价表　　　　　　　　　　　　　　表4-6

评分项目	评分标准	分值(分)	得分(分)
学习目标	能明确本任务的知识、技能、素养目标,理解任务在工作中的重要程度	5	
工作任务分析	能清晰描述完成本次工作任务内容	2	
	能清晰描述完成本次工作任务需必备的技能与知识点	2	
有效信息获取	能按照要求正确使用汽车故障诊断仪	5	
	能按照要求正确使用点火正时灯	5	
实施方案制订	能清晰地制订并填写本次发动机点火正时的基本检查的准备作业计划	5	
	能组织或协同工作小组成员,明确本次任务所需仪器设备、工具、材料,并准备记录	5	
	能组织或协同工作小组成员交流,优化检查方案并记录	5	
任务实施	能打开发动机舱盖,使用点火正时灯;能正确判断使用点火正时是否正常	10	
	能用连接汽车故障诊断仪读取故障码,正确读取数据流	10	
	能够正确读数,完成后能够进行清洁	20	
	能够安全放置工具,设备使用方法安全可靠;能够正确并完整佩戴防护用品	10	
任务评价	能通过本次任务实施,结合自己在实训过程中的表现,进行自我评价及自我反思并记录	3	
职业素养	按规定时间完成项目作业	2	
	遵守实训室管理规定、劳动纪律	2	
	积极参与课堂活动、回答问题	2	
	能够按时出勤	2	

评分项目	评分标准	分值(分)	得分(分)
思政要求	本任务要求分组训练,各小组必须按照规范的操作方式准确快速地进行使用点火正时的简单检查,优化操作流程,对零部件的检测精度做到精益求精,弘扬大国工匠精神;各小组在实训过程中必须团结一致、相互合作,操作过程中注意安全,要求全程实现"8S"管理	5	
总分		100	

改进建议:

教师签字:

日期:

学习活动 3　配气正时的检查与调整

一、明确任务

根据任务描述,汽车在行驶过程中,车辆在怠速时会抖动。发动机故障灯亮,故障码 P0011。经班组长初步检查,判断可能是进气门打开时间过早或过晚,需要对发动机配气正时进行检测,并对相关部件进行检查与更换,使其恢复正常使用性能。

二、工作准备与计划制订

(一)知识准备

发动机可变气门正时技术(Variable Valve Timing, VVT)是近些年来被逐渐应用于现代轿车上的一种新技术,发动机采用可变气门正时技术可以提高进气充量,使充量系数_____,发动机的转矩和功率可以得到进一步的_____,如图 4-7 所示。

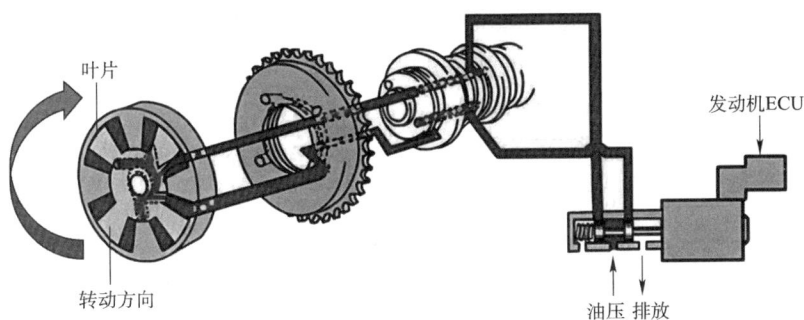

图 4-7 可变气门正时技术

1. 发展概况

发动机的_____对其_____、_____及_____都有重要的影响。最佳的配气相位应使发动机在很短的换气时间内充入最多的新鲜空气(可燃混合气),并使_____,_____。发动机转速变化时,由于气流的速度和进排气门早开迟闭的绝对时间都发生了变化,因此,其最佳的_____也应随之改变。发动机的气门开闭由凸轮驱动,进排气门的早开角、迟闭角固定不变,这实际上只能使发动机在某一转速范围下处于最佳的配气相位,而在发动机转速很低或很高时,其配气相位就会处于不理想的状态。

在发动机低转速时,会因为气门叠开角比理想值大,使部分新鲜混合气被废气带走而造成_____增加;在高转速时,由于气门叠开角比理想值小,进气量不足,从而限制了发动机所能达到的_____。为提高发动机的性能,配气相位及气门行程可变技术成了汽车发动机技术领域中的一个重要研究课题。到目前为止,已出现了多种配气相位可变的发动机配气装置,使得这些发动机的动力性、经济性及排气污染等都得到了改善。

国外研究机构对可变气门正时早就进行了大量的研究,美国自 1880 年就已出现了有关可变气门的专利,近年来仍在持续不断地发展。但是出现在 20 世纪 80 年代以前的很多机构存在问题较多,如造价昂贵、机构复杂、可调自由度有限以及冲击载荷较高等。近 20 年来,电子技术的发展促进了可变配气相位机构产品化,有些技术已在汽车上成功使用,取得了较好的效果。

本田公司在 1989 年推出了自行研制的"可变气门正时和气门升程电子控制系统"VTEC,如图 4-8 所示。是世界上第一个能同时控制气门开闭时间及升程的气门控制系统。本田的 VTEC 发动机一直是享有"可变气门发动机的代名词"之称,它不仅输出功率超强,还具有低转速时尾气排放环保、低油耗的特点,而这样完全不同的特点在同一个发动机上面出现,就因为它在一支凸轮轴上有多种不同角度的凸轮。

2. 可变气门正时的作用

可变气门正时技术的作用主要有以下几个方面。

(1)_____。

可变气门正时技术可以根据不同的工况来调整气门的开启和关闭时间,从而使发动机在不同的负荷和转速下都能够达到最佳的进气和排气效果。这样可以提高发动机的效率,降低燃油消耗和排放。

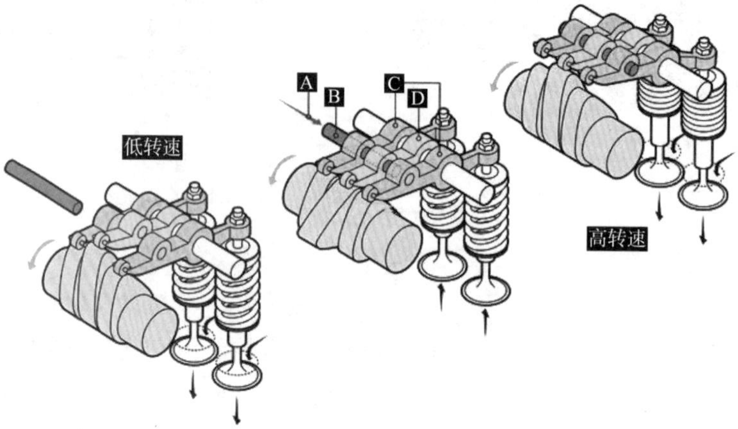

图 4-8　VTEC 结构

(2)_____。

可变气门正时技术可以使发动机在高转速下提供更多的动力输出,从而提高发动机的性能。同时,可变气门正时技术还可以使发动机在低转速下提供更多的扭矩输出,从而提高发动机的驾驶感受和舒适性。

(3)_____。

可变气门正时技术可以使发动机在高转速下运转更加平稳,从而降低发动机的噪声和振动。同时,可变气门正时技术还可以使发动机在低转速下提供更加平滑的动力输出,从而降低发动机的噪声和振动。

(4)_____。

可变气门正时技术可以使发动机在不同的工况下运转更加稳定,从而提高发动机的可靠性。同时,可变气门正时技术还可以减少发动机的磨损和损坏,从而延长发动机的使用寿命。

3. VVT 系统的结构

VVT 系统的结构主要由_____、_____、_____、_____、_____等组成,如图 4-9 所示。

VVT 相位调节器(VCT)结构分解图,如图 4-10 所示。

4. 可变气门正时的工作原理

传统发动机的气门正时系统,是一种配气相位即气门开启关闭一成不变的机械系统,这种配气系统很难满足发动机在多种工况对配气的需要,不能满足发动机在各种转速工况下均输出强劲的动力要求。而可变气门正时系统是一种改变_____的电控系统,通过在不同转速下为车辆匹配更合理的气门开启或关闭时刻,来增强车辆扭矩输出的均衡性,提高发动机功率并降低车辆的油耗,如图 4-11 所示。

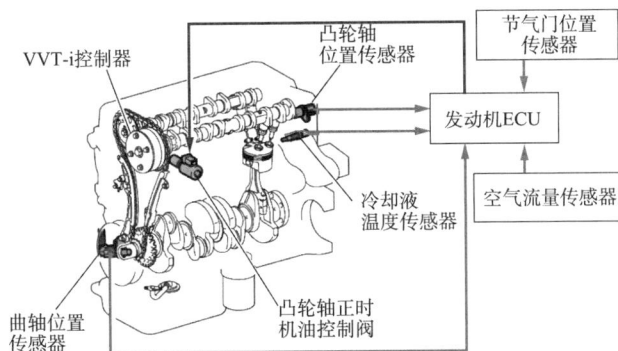

图 4-9 VVT 系统结构

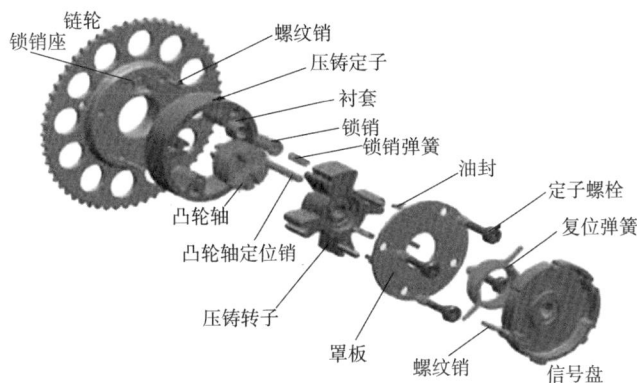

图 4-10 VVT 相位调节器结构

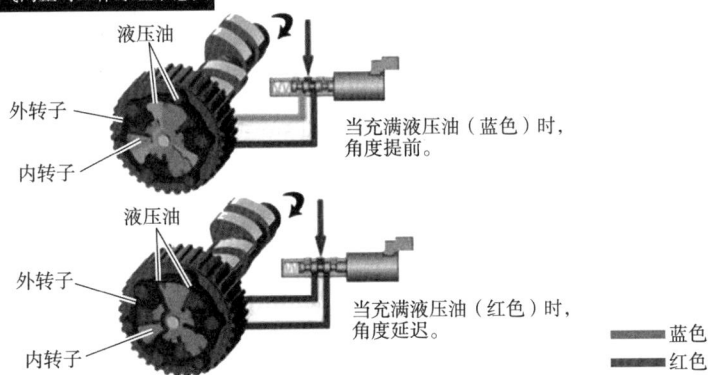

图 4-11 可变凸轮轴角度

从配气相位图上可以看出活塞从上止点移到下止点的进气过程中,_____和_____。当发动机做功完毕,活塞从下止点移到上止点的排气过程中,排气门会提前开启和延迟关闭。

这种延长气门开启时间的做法,必然会出现一个进气门和排气门同时开启的时刻,配气相位上称为"_____",可能会造成废气倒流。这种现象在发动机的转速仅1000r/min 以下的怠速时候最明显(怠速工作下的"重叠阶段"时间是中等速度工作条件下的7倍)。这容易造成怠速工作不畅顺,振动过大,功率下降等现象。尤其是采用四气门的发动机,由于"帘区"值大,"重叠阶段"更容易造成怠速运转不畅顺。为了消除这一缺陷,就以"变"对"变",采用了"可变式"的气门驱动机构,如图 4-12 所示。

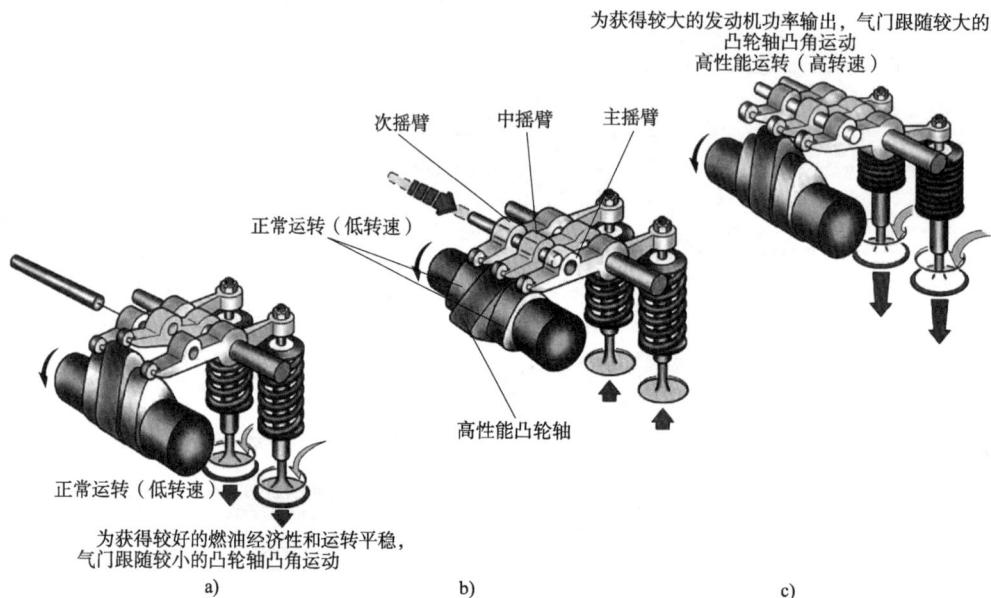

图 4-12　凸轮轴正时机油控制阀

可变式气门驱动机构就是在发动机急速工作时减少气门行程,缩小"帘区值",而在发动机高速工作时增大气门行程,扩大"帘区值",改变"重叠阶段"的时间,使发动机在高转速时能提供强大的功率,在低转速时又能产生足够的扭力,从而改善了发动机的工作性能。气门可变驱动机构能根据汽车的运行状况,随时改变配气相位,改变_____和_____的持续时间。

5. 可变气门正时的类型

发动机上的气门可变驱动机构可以通过两种形式实现,一种是凸轮轴和凸轮可变系统,就是通过_____或者_____;另一种是_____,工作时凸轮轴和凸轮不变动,气门挺杆、摇臂或拉杆靠机械力或者液压力的作用而改变,从而改变配气相位和气门升程。

(1)改变凸轮轴相位角机构。

这种设计是将_____,即凸轮形线是固定的,仅利用整个凸轮轴相对于正时齿形皮带轮旋转一个角度,从而改变凸轮轴相对于曲轴的,来改变配气相位。当电控系统发出控制信号时,步进电机带动谐波齿轮传动机构像差动齿轮箱一样工作,引起凸轮轴相对于正时皮带轮转动,产生角位移,实现发动机配气相位的变化。

在凸轮轴的末端装配了一个_____。在斜线齿轮外套有一个壳体,在壳体内侧也加工了相同的斜线花键与之相配合。如果将壳体向靠近凸轮轴方向或远离凸轮轴方向移动,凸轮轴的转角就被改变了。因为在斜线齿轮的作用下,壳体不能与凸轮轴平行移动,如果壳体向凸轮轴方向运动,凸轮轴的转角将会提前,如果壳体向远离凸轮轴的方向运动,那么凸轮轴的转角将被推迟。

(2)变换凸轮机构。

为了进一步解决高速动力性与低速比油耗之间的矛盾,全面提高车用发动机的性能,国外开发了可变配气相位和气门升程的机构。这种设计是提供两种以上有不同凸轮形线的凸轮及与之相配合的摇臂,在不同转速和负荷下,靠液压控制摇臂机构驱动气门,如本田公司研制的可变配气相位机构,该机构由具有高/低速两个凸轮的凸轮轴、含有液压柱塞的主摇臂和副摇臂构成。低速时摇臂各自独立工作,主摇臂与低速凸轮配合,保证气门正常工作;高速时由来自电子控制装置的信号,开启液压通道,将主摇臂中柱塞的一部分压入副摇臂中,于是两个摇臂变成一个整体与高速凸轮配合,驱动气门工作。采用可变凸轮机构的发动机与传统配气机构发动机相比较,其低速转矩和高速动力性都得到了明显改善。

(3)无凸轮轴可变配气相位机构。

在一些发动机的气门机构中采用了_____,取消凸轮轴而直接对气门进行控制。通过这种传动机构可实现对气门正时和气门升程的综合控制,最终将取代节气门控制负荷,如福特 ECV 无凸轮电控液压可变配气相位机构。

(二)制订工作方案

1.任务分工(表4-7)

学生任务分配表   表4-7

班级		组号		指导老师	
组长		任务分工			
组员1		任务分工			
组员2		任务分工			
组员3		任务分工			
组员4		任务分工			
组员5		任务分工			
组员6		任务分工			

2.工量具、仪器设备与耗材准备

(1)使用的工量具有:_____。

(2)使用的仪器设备有:_____。

(3)使用的耗材有:_____。

3.具体方案描述

_____

_____

_____

_____

三、计划实施

(一)安全注意事项及技能要点

1.安全注意事项

(1)进入车间应穿工鞋、戴工帽;工作服应整洁,无破损;操作时不可佩戴手表等金属饰品,以防划伤车辆表面。

(2)举升车辆时,应严格按照举升机使用方法进行操作,并通知其他人员远离举升设备。

(3)更换油液或配件时,应处理好油液和配件的回收清理工作,以免对工作环境造成污染。

2.技能要点

(1)正确使用汽车故障诊断仪。

(2)选择合适工具,按照维修手册要求进行拆装。

(3)正确操纵举升机。

(二)配气正时的检查与调整

1.配气正时的检查与调整(表4-8)

配气正时的检查与调整

表4-8

步骤	操作方法及说明	质量标准及记录
1.操作前准备工作	(1)准备配气正时检查与调整时所需要的工具: ①检查车用七件套。 ②万用表。 ③汽车故障诊断仪(KT600)。 ④世达工具。 ⑤手套、工作布、泡沫清洁剂等劳保用品。 (2)安装车轮挡块,接排气烟道。 (3)拉起驻车制动杆,降下驾驶员侧车窗玻璃,拉发动机舱盖释放杆。	□安装车轮挡块,接排气烟道 □拉起驻车制动杆,降下驾驶人侧车窗玻璃,拉发动机舱盖释放杆

续上表

步骤	操作方法及说明	质量标准及记录
1. 操作前准备工作	（4）打开发动机舱盖,安装翼子板布和前格栅布 	□打开发动机舱盖,安装翼子板布和前格栅布
2. 连接汽车故障诊断仪	（1）正确连接汽车故障诊断仪,打开点火开关进入汽车诊断系统。 （2）进行故障自诊断,检查有无故障码,按照故障码和数据流查找故障原因,起动发动机,打开电脑诊断仪,选择电脑诊断仪的功能菜单选项,读取可变气门正时,与维修手册规定范围比对 	□按照故障码和数据流查找故障原因
3. 使用汽车故障诊断仪进行检查	（1）检查仪表指示灯故障有无点亮。 （2）车辆怠速和加速时有无明显抖动。 （3）检测凸轮轴位置传感器。 （4）检查电池阀压力值油路有无堵塞。 （5）控制单元有无损坏。 （6）线路是否正常	□正确使用汽车故障诊断仪读取故障码 □正确使用汽车故障诊断仪读取数据流
4. 凸轮轴的拆卸与检查	（1）对角拆卸凸轮轴轴承盖。 （2）取下进排气凸轮轴。 （3）清洁凸轮轴组件	□正确拆卸并清洁凸轮轴组件

步骤	操作方法及说明	质量标准及记录
4.凸轮轴的拆卸与检查		
5.车辆复位	(1)发动机熄火,取下排气烟道。 (2)取下车内外防护用品。 (3)车辆复位、清洁车身。 (4)清洁并整理工具	□按"8S"管理要求整理

四、评价反馈(表4-9)

评价表　　　　　　　　　　　　　　　　表4-9

评分项目	评分标准	分值(分)	得分(分)
学习目标	能明确本任务的知识、技能、素养目标,理解任务在工作中的重要程度	5	
工作任务分析	能清晰描述完成本次工作任务内容	2	
	能清晰描述完成本次工作任务需必备的技能与知识点	2	
有效信息获取	能按照要求正确拆卸凸轮轴	10	
实施方案制订	能清晰地制订并填写本次发动机可变气门正时的基本检查的准备作业计划	5	
	能组织或协同工作小组成员,明确本次任务所需仪器设备、工具、材料,并准备记录	5	

评分项目	评分标准	分值(分)	得分(分)
实施方案制订	能组织或协同工作小组成员交流,优化检查方案并记录	5	
任务实施	能打开发动机舱盖,使用汽车故障诊断仪;能正确判断使用点火正时是否正常	10	
	能用连接汽车故障诊断仪读取故障码,正确读取数据流	10	
	能够正确读数,完成后能够进行清洁	20	
	能够安全放置工具,设备使用方法安全可靠;能够正确并完整佩戴防护用品	10	
任务评价	通过本次任务实施,结合自己在实训过程中的表现,进行自我评价及自我反思并记录	3	
职业素养	按规定时间完成项目作业	2	
	遵守实训室管理规定、劳动纪律	2	
	积极参与课堂活动、回答问题	2	
	能够按时出勤	2	
思政要求	本任务要求分组训练,各小组必须按照规范的操作方式准确快速地进行使用汽车故障诊断仪的简单检查,优化操作流程,对零部件的检测精度做到精益求精,弘扬大国工匠精神;各小组在实训过程中必须团结一致、相互合作,操作过程中注意安全,要求全程实现"8S"管理	5	
总分		100	

改进建议:

教师签字:

日期:

学习活动 4　凸轮轴的拆装与检修

一、明确任务

根据任务描述,汽车在行驶过程中,车辆在怠速时会抖动,发动机故障灯亮,气门有异响。经班组长初步检查,判断可能是凸轮轴故障,需要对发动机凸轮轴的结构及功能进行检测,并对相关部件进行检查与更换,使其恢复正常使用性能。

二、工作准备与计划制订

(一)知识准备

1. 气门传动组的构造

凸轮轴承受周期性的冲击载荷。凸轮与挺柱之间的_____很大,相对滑动速度也很高,因此,凸轮工作表面的磨损比较严重。凸轮轴是通过凸轮轴轴颈支承在凸轮轴轴承孔内的,因此,凸轮轴轴颈数目的多少是影响凸轮轴支承刚度的重要因素。如果凸轮轴刚度不足,工作时将发生弯曲变形这会影响_____。下置式凸轮轴每隔1~2个汽缸设置一个凸轮轴轴颈,如图4-13所示。

进、排气门开启和关闭的时刻、持续时间以及开闭的速度等分别由凸轮轴上的_____控制。转速较低的发动机,其凸轮轮廓由几段圆弧组成,这种凸轮称为圆弧凸轮。高转速发动机则采用函数凸轮,其轮廓由某种函数曲线构成。O 点为当轮轴转中心,凸轮轮廓上的_____段和_____段为缓冲段,_____段为工作段。挺柱在_____点开始升起,在_____点停止运动,凸轮转到 AB 段内某一点处,气门间隙消除,气门开始开启,此后随着凸轮继续转动,气门逐渐开大,至 C 点气门开度达到最大。再后气门逐渐关闭,在 DE 段内某一点处气门完全关闭,接着气门间隙恢复。气门最迟在 B 点开始开启,最早在 D 点完全关闭,如图4-14所示。

图4-13 凸轮轴的结构

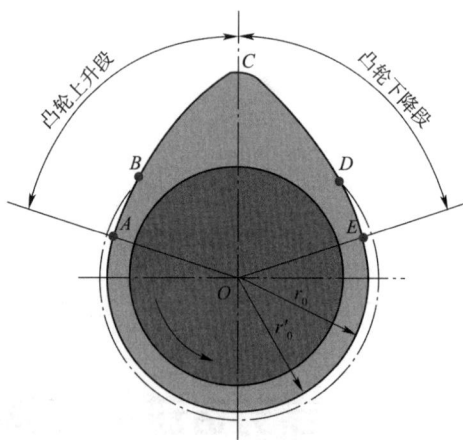

图4-14 凸轮轮廓

由于气门开始开启和关闭落座时均在凸轮升程变化缓慢的缓冲段内,其运动速度较小,从而可以防止强烈的冲击。凸轮轴上各同名凸轮(各进气凸轮或各排气凸轮)的相对角位置与凸轮轴旋转方向、发动机工作顺序及汽缸数或做功间隔角有关。如果从发动机风扇端看凸轮轴逆时针方向旋转,则工作顺序为_____的四缸发动机其做功间隔角为 720°/4＝180° 曲轴转角,相当于 90% 凸轮轴转角,即各同名凸轮间的夹角为90°。对于工作顺序为_____的六缸发动机,其同名凸轮间的夹角为60°,如图4-15所示。同一汽缸的进、排气凸轮的相对角位置即异名凸轮相对角位置,取决于配气定时及凸轮轴旋转方向。

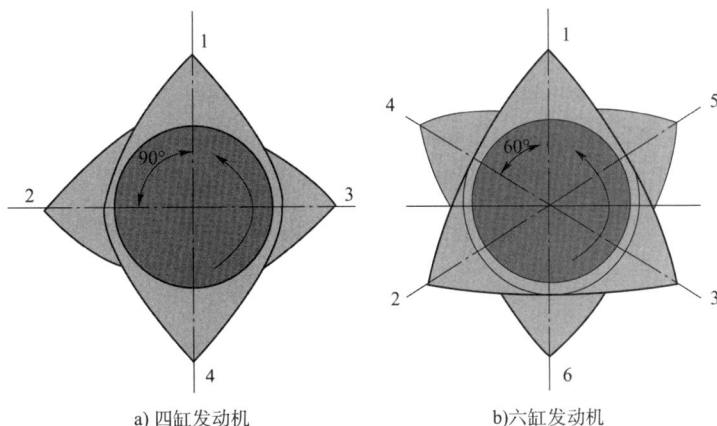

a) 四缸发动机   b)六缸发动机

图 4-15　同名凸轮的相对角位置

(1)凸轮轴轴承。

_____凸轮轴的轴承一般制成衬套压入整体式轴承座孔内,再加工轴承内孔,使其与凸轮轴轴颈相配合。上置式凸轮轴的轴承多由上、下两片轴瓦对合而成装入剖分式轴承座孔内。轴承材料多与主轴承相同,在低碳钢钢背上浇敷减磨合金层。也有的凸轮轴轴承采用粉末冶金衬套或青铜衬套。

(2)凸轮轴的传动机构。

凸轮轴由_____,其传动机构有_____、_____及_____。齿轮传动机构用于下置式和中置式凸轮轴的传动。汽油机一般只用一对定时齿轮,即曲轴定时齿轮和凸轮轴定时齿轮。为了保证齿轮啮合平顺、噪声低、磨损小,定时齿轮都是圆柱螺旋齿轮并用不同的材料制造。曲轴定时齿轮用_____制造,凸轮轴定时齿轮则采用铸铁或夹布胶木。为了保证正确的配气定时,在传动齿轮上刻有定时记号,装配时必须_____,如图4-16所示。

链传动机构用于_____和_____的传动。尤其是上置式凸轮轴的高速汽油机采用链传动机构的很多。链条一般为_____,工作时应保持一定的张紧度,不使其产生振动和噪声。为此,在链传动机构中装有导链板,并在链条的松边装置张紧器。

齿形带传动机构用于_____凸轮轴的传动,如图4-17所示。与齿轮和链传动机构相比具有_____、_____、_____、_____和_____等优点。另外,齿形带伸长量小,适合有精确定时要求的传动。因此,被越来越多的汽车发动机特别是轿车发动机所采用。齿形带由氯丁橡胶制成,中间夹有玻璃纤维,齿面黏覆尼龙编织物。在使用中不能使齿形带与水或润滑油接触,否则容易引起跳齿。齿形带轮由钢或铁基粉末冶金制造,为了确保传动可靠,齿形带需保持一定的张紧力,为此在齿形带传动机构中也设置由张紧轮与张紧弹簧组成的张紧器。

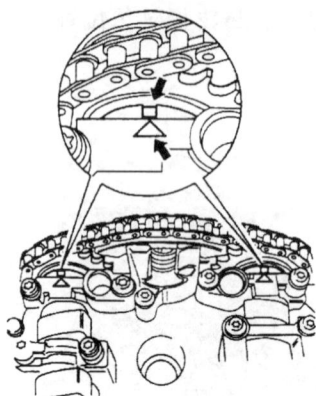

图 4-16 齿轮传动机构   图 4-17 齿形带传动机构

（3）凸轮轴的轴向定位。

为了限制凸轮轴在工作中产生的轴向移动或承受螺旋齿轮在传动时产生的轴向力,凸轮轴需要_____。凸轮轴轴向移动量过大,对于由螺旋齿轮传动的凸轮轴会影响配气定时。上置式凸轮轴通常利用凸轮轴承盖的两个端面和凸轮轴轴颈两侧的凸肩进行轴向定位。中、下置式凸轮轴的轴向定位通常采用止推板,止推板用螺栓固定在机体前端面上。第三种轴向定位的方法是_____定位,如图 4-18 所示。

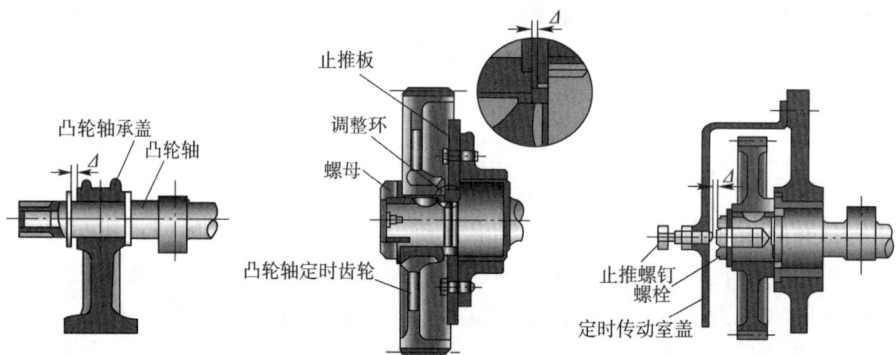

图 4-18 凸轮轴轴向定位方式

（二）制订工作方案

1. 任务分工（表 4-10）

学生任务分配表   表 4-10

班级		组号		指导老师	
组长		任务分工			
组员 1		任务分工			

续上表

班级		组号		指导老师	
组员2		任务分工			
组员3		任务分工			
组员4		任务分工			
组员5		任务分工			
组员6		任务分工			

2. 工量具、仪器设备与耗材准备

(1)使用的工量具有：_____。

(2)使用的仪器设备有：_____。

(3)使用的耗材有：_____。

3. 具体方案描述

_____

_____

_____

_____

_____

三、计划实施

(一)安全注意事项及技能要点

1. 安全注意事项

(1)进入车间应穿工鞋、戴工帽；工作服应整洁，无破损；操作时不可佩戴手表等金属饰品，以防划伤车辆表面。

(2)举升车辆时应严格按照举升机使用方法进行操作，并通知其他人员远离举升设备。

(3)更换油液或配件时，应处理好油液和配件的回收清理工作，以免对工作环境造成污染。

2. 技能要点

(1)正确使用测量工具。

(2)选择合适工具按照规定力矩拆装。

(3)正确操纵举升机。

（二）凸轮轴的检测

1. 凸轮轴的检测（表4-11）

凸轮轴的检测 表4-11

步骤	操作方法及说明	质量标准及记录
1. 操作前准备工作	(1)准备凸轮轴检测时所需要的工具： ①检查车用七件套。 ②万用表。 ③汽车故障诊断仪（KT600）。 ④世达工具。 ⑤百分表。 ⑥轮旋测微仪。 ⑦手套、工作布、泡沫清洁剂等劳保用品。 (2)安装车轮挡块，接排气烟道。 (3)拉起驻车制动杆，降下驾驶人侧车窗玻璃，拉发动机舱盖释放杆。 (4)打开发动机舱盖，安装翼子板布和前格栅布 	□安装车轮挡块，接排气烟道 □拉起驻车制动杆，降下驾驶人侧车窗玻璃，拉发动机舱盖释放杆 □打开发动机舱盖，安装翼子板布和前格栅布
2. 连接汽车故障诊断仪	(1)正确连接汽车故障诊断仪，打开点火开关进入汽车诊断系统。 (2)进行故障自诊断，检查有无故障码，按照故障码和数据流查找故障原因，起动发动机，打开电脑诊断仪，选择电脑诊断仪的功能菜单选项，读取凸轮轴位置传感器，与维修手册规定范围比对 	□按照故障码和数据流查找故障原因

续上表

步骤	操作方法及说明	质量标准及记录
3.检查凸轮轴	（1）检查凸轮轴的径向跳动，将凸轮轴放在 V 形块上，用百分表测量中心轴颈的径向跳动。如果径向跳动大于最大值，则更换凸轮轴。 （2）检查凸轮凸角，用螺旋测微器测量凸轮凸角的高度。 （3）检查凸轮轴轴颈用螺旋测微器测量轴颈的直径。 （4）安装凸轮轴	□正确使用百分表测量凸轮轴圆跳动量及轴向间隙 □正确使用轮旋测微仪测量凸轮轴凸轮凸角的高度 □正确使用轮旋测微仪测量凸轮轴凸轮凸角的轴颈的直径
4.安装凸轮轴	（1）使用压缩空气清洁凸轮轴接触面。 （2）安装进、排气凸轮轴，并确保凸轮轴的锁销位置正确。 （3）依次安装 5 个凸轮轴轴承盖，并确保凸轮轴轴承盖的标记和位置正确。 （4）安装 10 个凸轮轴轴承盖螺栓，使用 10mm 套筒、接杆、定扭扳手按照从中间到两边的顺序将螺栓紧固至 16N·m。 （5）安装 15 个轴承盖固定螺栓，使用 12mm 套筒、接杆、定扭扳手按照从中间到两边的顺序将螺栓紧固至 27N·m	□正确清洁润滑相关零部件 □根据规定力矩安装紧固螺栓 □根据维修手册正确顺序安装轴承盖

步骤	操作方法及说明	质量标准及记录
4.安装凸轮轴		
5.车辆复位	(1)发动机熄火,取下排气烟道。 (2)取下车内外防护用品。 (3)车辆复位、清洁车身。 (4)清洁并整理工具	□按"8S"管理要求整理

四、评价反馈(表4-12)

评价表

表4-12

评分项目	评分标准	分值(分)	得分(分)
学习目标	能明确本任务的知识、技能、素养目标,理解任务在工作中的重要程度	5	
工作任务分析	能清晰描述完成本次工作任务内容	2	
	能清晰描述完成本次工作任务需必备的技能与知识点	2	
有效信息获取	能按照要求正确使用百分表测量圆跳动和轴向间隙	5	
	能按照要求正确使用轮旋测微仪测量轴颈的凸轮轴直径凸轮、凸角的高度	5	

续上表

评分项目	评分标准	分值(分)	得分(分)
实施方案制订	能清晰地制订并填写本次发动机凸轮轴的基本检查的准备作业计划	5	
	能组织或协同工作小组成员,明确本次任务所需仪器设备、工具、材料,并准备记录	5	
	能组织或协同工作小组成员交流,优化检查方案并记录	5	
任务实施	能打开使用工具,正确拆装凸轮轴,并检查凸轮轴的外观;能正确判断凸轮轴是否正常	10	
	能够正确使用螺旋测微仪,测量凸轮凸角的高度,完成后能够进行清洁	10	
	能够正确使用螺旋测微仪,测量凸轮轴直径,完成后能够进行清洁	10	
	能用正确使用百分表,测量凸轮轴圆跳动量、凸轮轴轴向间隙,完成后能够进行清洁	10	
	能够安全放置工具,设备使用方法安全可靠;能够正确并完整佩戴防护用品	10	
任务评价	能通过本次任务实施,结合自己在实训过程中的表现,进行自我评价及自我反思并记录	3	
职业素养	按规定时间完成项目作业	2	
	遵守实训室管理规定、劳动纪律	2	
	积极参与课堂活动、回答问题	2	
	能够按时出勤	2	
思政要求	本任务要求分组训练,各小组必须按照规范的操作方式准确快速地进行凸轮轴的基本检查,优化操作流程,对零部件的检测精度做到精益求精,弘扬大国工匠精神;各小组在实训过程中必须团结一致、相互合作,操作过程中注意安全,要求全程实现"8S"管理	5	
总分		100	

改进建议:

教师签字:

日期:

学习活动 5　汽缸盖及气门组的拆装与检修

一、明确任务

根据任务描述,汽车在行驶过程中车辆在怠速时会抖动,发动机故障灯亮,加速无力。经班组长初步检查,判断可能是汽缸盖密封不严,需要对发动机汽缸盖的结构及功能进行检测,并对相关部件进行检查与更换,使其恢复正常使用性能。

二、工作准备与计划制订

(一)知识准备

汽缸盖的作用是_____汽缸的上部,并与处于上止点时的活塞顶部和汽缸壁共同构成_____。它经常与高温、高压燃气相接触,因此要承受很大的热载荷和机械载荷。水冷发动机的汽缸盖内部制有_____,缸盖下端面的冷却水孔与缸体的冷却水孔相通,利用循环水来冷却燃烧室等高温部分。

汽缸盖是发动机上最复杂的零件之一。汽缸盖内部有与汽缸体相通的冷却水套,有进、排气门座及气门导管孔和进、排气通道、燃烧室、火花塞座孔或喷油器座孔,如图 4-19 所示,上置凸轮轴式发动机的汽缸盖上还用以安装凸轮轴的轴承座。

汽缸盖由于形状复杂,一般都采用_____或_____铸成,但是目前,_____铸造的缸盖,正在逐步推广,有取代铸铁的趋势,如奥迪、桑塔纳、富康等轿车发动机均采用铝合金的汽缸盖。因铝的_____比铸铁好,有利于_____,以适应高速高载荷强化汽油机散热及提高压缩比的需要。铝合金汽缸盖的缺点是_____、_____。汽油机的燃烧室是由活塞顶部及缸盖上相应的凹部空间组成,因此燃烧室的形状对发动机的工作影响很大。

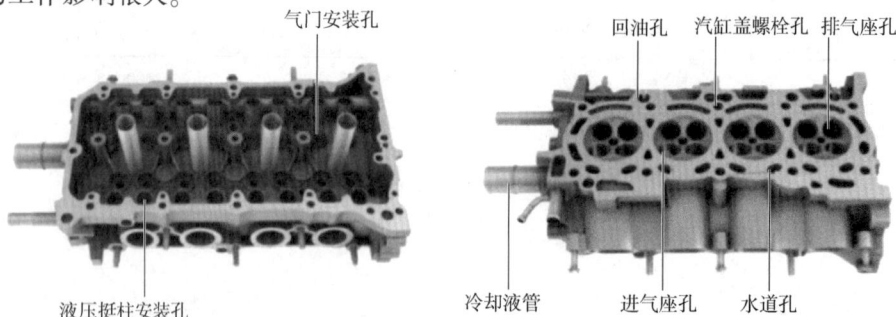

气门安装孔

液压挺柱安装孔

回油孔　汽缸盖螺栓孔　排气座孔

冷却液管　进气座孔　水道孔

图　4-19

汽缸盖

汽缸体

汽缸盖 火花塞安装导管 润滑油道

排气道 气门导管 润滑油道

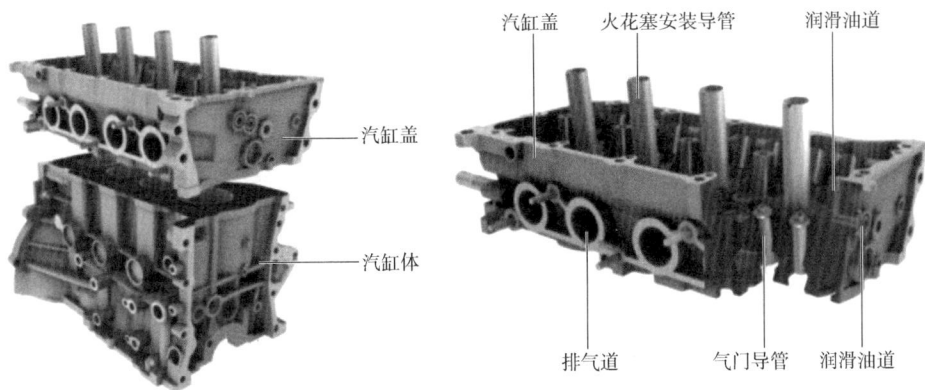

图4-19 发动机汽缸盖的结构

1.汽缸盖的结构形式

汽车发动机汽缸盖的结构形式有两种：_____和_____。整体式汽缸盖是指多缸发动机的多个汽缸共用一个缸盖。整体式缸盖结构紧凑、零件数少，可缩短汽缸中心距和发动机总长度，制造成本低。当汽缸数不超过6个、汽缸直径小于105mm时，均采用整体式汽缸盖。

汽缸盖结构

分开式汽缸盖是指一个、两个或三个汽缸_____。这种结构_____，变形小，易于实现对高温高压燃气的有效密封，同时易于实现发动机产品的系列化。但汽缸盖零件数增多会使汽缸中心距_____，一般用在缸径较大的发动机上。

2.燃烧室

汽油机的燃烧室是由活塞顶部及缸盖上相应的_____组成。对燃烧室有如下基本要求：一是结构尽可能_____，冷却面积_____，以减少热量损失和缩短火焰行程；二是使混合气在压缩终了时具有一定的_____，以提高混合气混合质量和燃烧速度保证混合气得到及时和充分燃烧；三是表面要光滑，不易形成_____。

汽油机常用燃烧室形状有以下三种，_____、_____和_____，如图4-20所示。

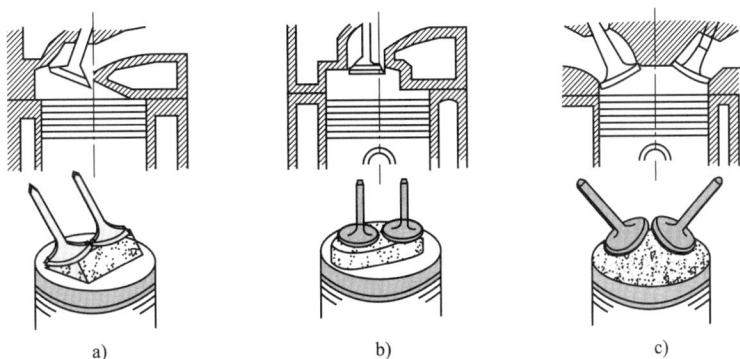

a) b) c)

图4-20 汽油机燃烧室形状

楔形燃烧室结构较简单、紧凑,气门斜置,气道导流较好,充气效率较高。在压缩终了时能形成_____,因而燃烧速度快,燃烧质量较好。解放 CA6102 型发动机采用楔形燃烧室。

盆形燃烧室结构也较简单、紧凑,气门平行于汽缸轴线,可形成挤气涡流。但气门尺寸受到限制,影响换气质量,因而_____,燃烧质量稍低。捷达 EAII3 型发动机采用盆形燃烧室。

半球形燃烧室结构较前两种更紧凑,气门呈横向 V 形排列,因而气门可以做得较大,换气好。火花塞通常位于燃烧室的中部,_____,_____。但没有挤气涡流,低速性能较差,因进排气门位于缸盖两侧,使配气机构_____。

3. 气道

现代汽车发动机采用顶置气门,进、排气道都布置在_____上。如果每个气门都有一个气道是最理想的,但由于空间的问题,有时只能将气道合并。这些气道被称为叉形气道,如图 4-21 所示。

4. 汽缸盖罩

汽缸盖罩密封配气机构等零部件,防止_____或_____,加快气门传动机构的磨损。有的罩盖上有加润滑油口和曲轴箱通风管接口,如图 4-22 所示。汽缸盖罩用铝合金铸造或薄钢板冲压制成,与汽缸盖结合面加上橡胶衬垫。

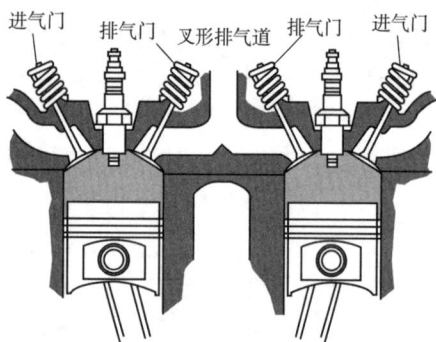

图 4-21　汽缸盖上的叉形气道

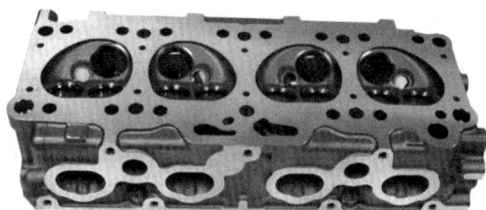

图 4-22　汽缸盖罩

5. 汽缸盖常见损伤形式及原因

汽缸盖损伤有汽缸盖_____(汽缸盖翘曲变形)、汽缸盖_____、汽缸盖_____和汽缸盖_____,如图 4-23 所示。

(1)汽缸盖平面翘曲变形。

汽缸盖平面翘曲变形主要是指汽缸盖平面度误差过大。其变形的主要原因有:

①汽缸盖工作时_____;

②装配时汽缸盖_____,螺纹孔有_____,_____,出现_____;

③_____不符合规定。

(2)汽缸盖裂纹。

汽缸盖出现裂纹的主要原因:在发动机过热时,突然_____,使汽缸体所受热应力突变而产生_____;汽缸体铸造时受残余应力的影响以及汽缸体在生产中缸壁厚薄不均,强度不足。

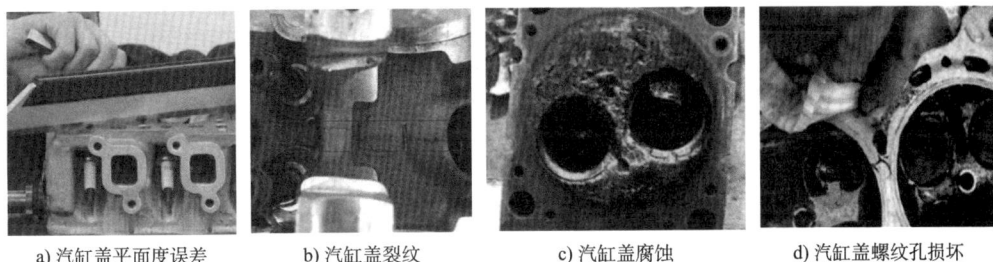

a) 汽缸盖平面度误差　　b) 汽缸盖裂纹　　c) 汽缸盖腐蚀　　d) 汽缸盖螺纹孔损坏

图 4-23　汽缸盖损伤

(3)汽缸盖腐蚀与击伤。

汽缸盖腐蚀的主要原因是使用了不符合要求的_____,被腐蚀的部位一般是从冷却液孔向四周呈辐射状延伸,会导致发动机漏水,相邻汽缸发生窜气,使发动机无法正常工作。根据腐蚀的深浅,汽缸附近等关键部位应更换。腐蚀不严重的非关键部位或无配件更换时,可采用钻孔铆填金属方法等修复。

(4)汽缸盖螺纹孔损坏。

汽缸盖螺纹孔损坏的主要原因和汽缸体螺纹孔损坏的原因类似。

(二)制订工作方案

1. 任务分工(表 4-13)

学生任务分配表　　　　　　　　　　　　　　表 4-13

班级		组号		指导老师	
组长		任务分工			
组员 1		任务分工			
组员 2		任务分工			
组员 3		任务分工			
组员 4		任务分工			
组员 5		任务分工			
组员 6		任务分工			

2. 工量具、仪器设备与耗材准备

(1)使用的工量具有:_____。

(2)使用的仪器设备有:_____。

(3)使用的耗材有:_____。

3. 具体方案描述

_____

_____

_____

三、计划实施

(一)安全注意事项及技能要点

1. 安全注意事项

(1)进入车间应穿工鞋、戴工帽;工作服应整洁,无破损;操作时不可佩戴手表等金属饰品,以防划伤车辆表面。

(2)举升车辆时,应严格按照举升机使用方法进行操作,并通知其他人员远离举升设备。

(3)更换油液或配件时,应处理好油液和配件的回收清理工作,以免对工作环境造成污染。

2. 技能要点

(1)正确使用测量工具。

(2)选择合适工具,按照维修手册要求进行拆装。

(3)正确操纵举升机。

(二)汽缸盖的拆装

1. 汽缸盖及气门组的拆装与检修(表4-14)

汽缸盖及气门组的拆装与检修   表4-14

步骤	操作方法及说明	质量标准及记录
1. 操作前准备工作	(1)准备汽缸盖及气门组拆装与检修时所需要的工具: ①检查车用七件套。 ②万用表。 ③汽车故障诊断仪(KT600)。 ④世达工具。 ⑤手套、工作布、泡沫清洁剂等劳保用品。 (2)安装车轮挡块,接排气烟道。 (3)拉起驻车制动杆,降下驾驶人侧车窗玻璃,拉发动机舱盖释放杆。 (4)打开发动机舱盖,安装翼子板和前格栅布 	□安装车轮挡块,接排气烟道 □拉起驻车制动杆,降下驾驶人侧车窗玻璃,拉发动机舱盖释放杆 □打开发动机舱盖,安装翼子板和前格栅布

续上表

步骤	操作方法及说明	质量标准及记录
2.连接汽车故障诊断仪	（1）正确连接汽车故障诊断仪，打开点火开关进入汽车诊断系统。 （2）进行故障自诊断，检查有无故障码，按照故障码和数据流查找故障原因，起动发动机，打开电脑诊断仪，选择电脑诊断仪的功能菜单选项，读取凸轮轴位置传感器，与维修手册规定范围比对 	□按照故障码和数据流查找故障原因
3.拆卸汽缸盖	（1）使用 10mm 套筒、接杆、棘轮扳手按从两边到中间的顺序，均匀地对固定螺栓进行卸力。 （2）使用 10mm 套筒、接杆、棘轮扳手按从两边到中间的顺序，均匀拧松并拆下 16 个固定螺栓。 （3）拆下固定螺栓，并按正确的顺序摆放拆下的零件。 （4）清洁汽缸体各汽缸表面（清除水垢、积碳和锈蚀等），检查汽缸表面是否有刮痕和拉伤。 （5）目视检查拆卸的零部件是否有损伤	□正确使用拆装工具 □根据规定力矩拆卸紧固螺栓

步骤	操作方法及说明	质量标准及记录
3. 拆卸汽缸盖		
4. 安装汽缸盖	(1)使用压缩空气清洁汽缸体接触面。 (2)安装并确保汽缸盖的锁销位置正确。 (3)安装16个凸轮轴轴承盖螺栓,使用10mm套筒、接杆、定扭扳手按照从中间到两边的顺序将螺栓紧固至80N·m	□正确清洁润滑相关零部件 □根据规定力矩安装紧固螺栓 □根据维修手册正确顺序安装轴承盖
5. 车辆复位	(1)发动机熄火,取下排气烟道。 (2)取下车内外防护用品。 (3)车辆复位、清洁车身。 (4)清洁并整理工具	□按"8S"管理要求整理

四、评价反馈(表4-15)

评价表   表4-15

评分项目	评分标准	分值(分)	得分(分)
学习目标	能明确本任务的知识、技能、素养目标,理解任务在工作中的重要程度	10	
工作任务分析	能清晰描述完成本次工作任务内容	2	
	能清晰描述完成本次工作任务需必备的技能与知识点	2	
有效信息获取	能按照要求正确使用工具拆装汽缸盖	5	
	能按照要求正确清洁、润滑零部件	5	
实施方案制订	能清晰地制订并填写本次发动机汽缸盖的基本检查的准备作业计划	5	
	能组织或协同工作小组成员,明确本次任务所需仪器设备、工具、材料,并准备记录	10	
	能组织或协同工作小组成员交流,优化检查方案并记录	5	
任务实施	能打开使用工具,正确拆装汽缸盖,并检查汽缸盖的外观;能正确判断汽缸盖是否正常	20	
	能够正确检查汽缸表面是否有刮痕和拉伤	10	
	能够安全放置工具,设备使用方法安全可靠;能够正确并完整佩戴防护用品	10	
任务评价	能通过本次任务实施,结合自己在实训过程中的表现,进行自我评价及自我反思并记录	3	
职业素养	按规定时间完成项目作业	2	
	遵守实训室管理规定、劳动纪律	2	
	积极参与课堂活动、回答问题	2	
	能够按时出勤	2	
思政要求	本任务要求分组训练,各小组必须按照规范的操作方式准确快速地进行汽缸盖的基本检查,优化操作流程,对零部件的检测精度做到精益求精,弘扬大国工匠精神;各小组在实训过程中必须团结一致、相互合作,操作过程中注意安全,要求全程实现"8S"管理	5	
总分		100	

改进建议:

教师签字:

日期:

学习活动6 汽缸体的检测

一、明确任务

根据任务描述,汽车在行驶过程中车辆在怠速时会抖动,发动机故障灯亮,加速无力。经班组长初步检查,判断可能是汽缸密封不严,需要对发动机汽缸的结构及功能进行检测,并对相关部件进行检查与更换,使其恢复正常使用性能。

二、工作准备与计划制订

(一)知识准备

1. 汽缸体的结构

汽缸体是发动机各个机构和系统的_____,并由它来保持发动机各运动件相互之间的准确位置关系。水冷式发动机通常将汽缸体与上曲轴箱铸成一体,简称_____,如图4-24所示。

汽缸体结构

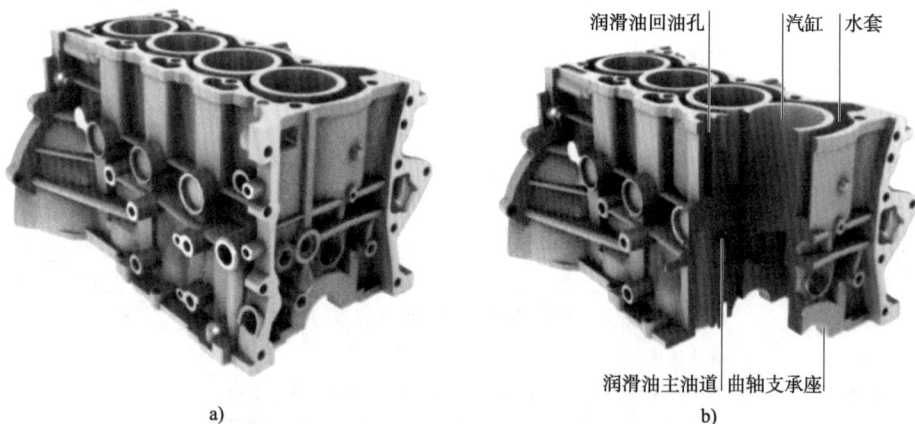

图4-24 汽缸体

发动机缸体由GCV-40(蠕虫状石墨铸铁)制成,汽缸孔壁采用紫外线光子磨工艺制造,这种工艺有助于增强_____并减少初始阶段_____。

汽缸体上半部有一个或若干个为活塞在其中运动导向的圆柱形空腔,称为_____。为了使汽缸散热,在汽缸的_____。汽缸体的下半部为支承曲轴的_____,其内腔为_____。曲轴箱有前后壁和中间隔板,其上制有曲轴主轴承座孔,有的发动机在汽缸体上还制有凸轮轴轴承座孔。为了这些轴承的润滑,在汽缸体侧壁上钻有润滑系主油道,前后壁和中间隔板上钻有_____。

汽缸体有上下2个平面,上平面用来安装_____,下平面用来安装_____。这2个平面也往往是汽缸修理的加工基准,因此,在拆装时应注意保护。汽缸体的上、下平面用以安装汽缸盖和下曲轴箱,汽缸体是发动机各个机构和系统的装配基体,并由它来保持发动机各运动件相互之间的准确位置关系。

下曲轴箱也称_____,如图4-25所示。主要用于储存机油并密封曲轴箱,同时也可起到机油散热作用。油底壳一般采用薄钢板冲压而成,其形状取决于发动机总体结构和机油容量。为保证发动机纵向倾斜时机油泵仍能吸到机油,油底壳中部做得较深并在最深处装有放油螺塞,有的放油螺塞是磁性的,能吸附机油中的金属屑,以减少_____。油底壳内还设有挡油板,防止汽车振动时油面波动过大。为防止漏油,一般都有密封垫,也有的采用密封胶密封。

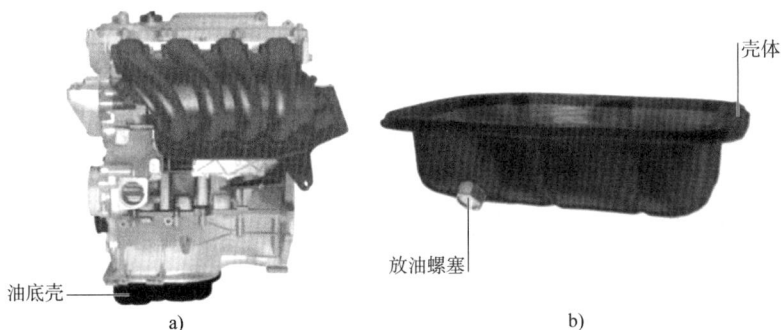

图4-25 油底壳

2. 汽缸体的结构形式

汽缸体有三种结构形式:_____、_____和_____。

(1)一般式汽缸体。

发动机的曲轴轴线与汽缸体下平面在同一平面上。其特点是便于_____,但刚度较差,曲轴前后端的_____较差,多用于中小型发动机。

(2)龙门式汽缸体。

其发动机的曲轴轴线高于汽缸体下平面。其特点是_____较好,密封简单可靠,维修方便,但工艺性较差,大中型发动机采用。捷达和奥迪等发动机就属于这种结构,如图4-26所示。

(3)隧道式汽缸体。

主轴承孔不分开,其特点是结构刚度最大,其质量也最大,主轴承的同轴度易保证,但拆装比较麻烦,多用于主轴承采用滚动轴承的组合式曲轴。

3. 汽缸的排列方式

发动机汽缸排列方式基本上有三种:_____、_____和_____,如图4-27所示。直列式发动机的各个汽缸排成一列,所有汽缸共用一根曲轴和一个缸盖,汽缸一般_____布置。直列式结构简单,易于制造,从而在一定程度上降低了成本,但长度和高度较大,故有些发动机为了降低高度,有时也把汽缸布置成倾斜的。一般六缸以下发动机多采用_____。

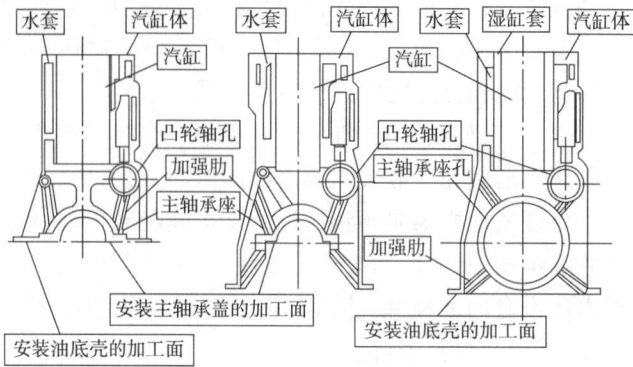

图 4-26　龙门式汽缸体的结构形式

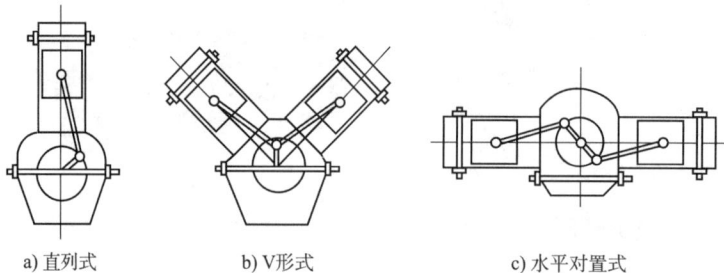

a) 直列式　　　　b) V形式　　　　c) 水平对置式

图 4-27　多缸发动机汽缸的排列形式

V 形发动机将汽缸排成二列,其汽缸中心线的夹角_____,最常见的是 60° ~ 90°这种设计,采用一根曲轴驱动两列汽缸中的活塞运动,曲轴上每个连杆轴颈上连接两个连杆,发动机必须有两个缸盖。V 形结构缩短了发动机的长度,降低了发动机的高度,改善了车辆外部空气动力学特性,且_____汽缸体的刚度,但发动机宽度增大,形状复杂,加工困难,一般多用于汽缸数多的_____发动机上。

4. 汽缸体的受力特点及材料

发动机工作时,汽缸体要承受曲柄连杆机构的各种力、燃料燃烧时的热负荷、汽车行驶时自身质量的惯性冲击力,而它与活塞配合面的润滑条件差,故一般采用具有良好的_____、_____、_____和足够强度刚度、精度稳定的铸铁、优质合金铸铁或铸铝合金制造而成。

5. 汽缸与汽缸套

汽缸体内引导活塞作往复运动的圆柱形空腔称为汽缸。汽缸工作表面承受燃气的高温、高压作用,且活塞在其中作高速运动,因此,要求其耐高温、耐高压、耐磨损和耐腐蚀。为了提高耐磨性,有时在铸铁中加入了一些合金元素如镍、铂、铬和磷等。如果汽缸体全部采用优质耐磨材料,则成本太高,因为除与活塞配合的汽缸壁表面外,其他部分对耐磨性要求并不高,所以现代汽车发动机广泛采用在汽缸体内镶入

_____,形成汽缸工作表面。这样,汽缸套可用耐磨性较好的合金铸铁或合金钢制造,而汽缸体则用价格较低的普通铸铁或铝合金等材料制造。根据汽缸套是否直接与_____接触,汽缸套有两种结构,即_____和_____,如图4-28所示。

干式汽缸套不直接与冷却水接触,干式缸套是被压入缸体孔中的,由于缸套自上而下都支撑在缸体上,所以可以加工得很薄,壁厚一般为1~3mm。干式汽缸套的优点是不会引起漏水、漏气现象,汽缸体_____、_____,_____。

湿式汽缸套与冷却水直接接触压入缸体。冷却水接触到缸套的中部,由于它只在上部和下部有支撑,所以必须比干式缸套厚一点,一般壁厚为5~9mm。以微小的装配间隙放入汽缸体中。大多数湿式缸套压入缸体后,其顶面高出汽缸体上平面0.05~0.15mm。当紧固汽缸盖螺栓时,可将汽缸盖衬垫压得更紧,以保证汽缸更好地_____和汽缸套更好地_____。水冷式汽缸周围和汽缸盖中均有用以充冷却液的空腔,称为_____。汽缸体和汽缸盖上的水套是相互连通的,利用水套中的冷却液流过高温零件的周围而将_____带走。

6. 汽缸磨损的规律

汽缸正常磨损的特征是_____磨损。如图4-29所示,汽缸孔沿高度方向磨损成_____,最大磨损部位是活塞处于上止点时第一道活塞环对应的汽缸壁位置,而该位置以上几乎无磨损形成明显的"缸肩"。汽缸沿圆周方向的磨损形成_____,其最大磨损部位一般是前后或左右方向。

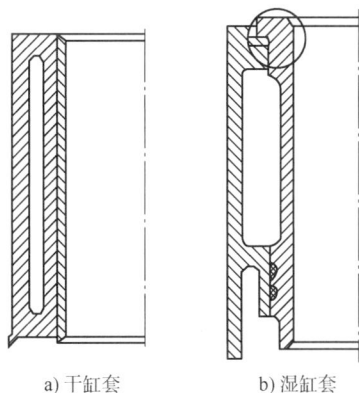

图4-28 缸套

a) 干缸套 b) 湿缸套

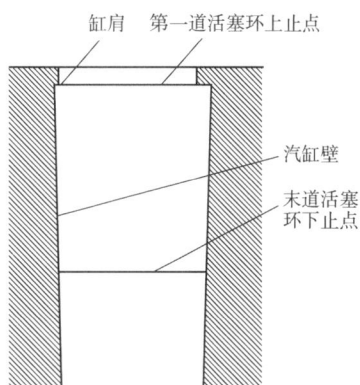

图4-29 汽缸的轴向磨损

（1）_____是指同一截面上磨损的不均匀性,用同一横截面上不同方向测得的最大直径与最小直径差值之半作为圆度误差。

（2）_____是指沿汽缸轴线的轴向截面上磨损的不均匀性,用被测汽缸表面任意方向所测得的最大直径与最小直径差值之半作为圆柱度误差。

7. 汽缸体常见损伤形式及成因

汽缸体损伤形式有:汽缸体裂纹、汽缸体腐蚀、汽缸体螺纹孔损坏、汽缸体平面变形、汽缸磨损和汽缸体其他损伤,部分损伤如图4-30所示。

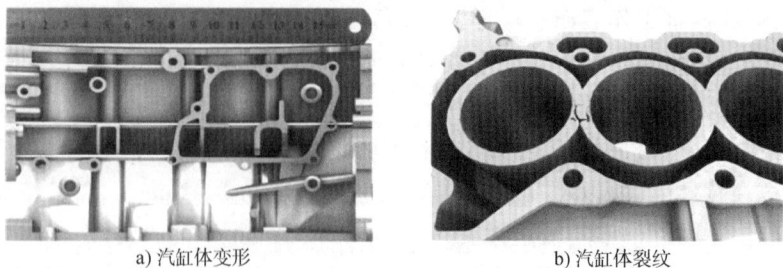

a) 汽缸体变形　　　　　　　　　　b) 汽缸体裂纹

图 4-30　汽缸体损伤形式

（1）汽缸体裂纹产生原因。

①汽缸体铸造时受残余应力的影响以及汽缸体在生产中_____，_____。

②汽缸体承受动载荷的冲击，超负荷工作形成的_____。

③汽缸体主油道堵头一般是用锥形螺纹，_____使汽缸体形成裂纹。

（2）汽缸体腐蚀原因。

汽缸体腐蚀的主要原因是使用了不符合要求的_____。被腐蚀的部位一般是从冷却液孔向四周呈_____，最终导致发动机_____、相邻汽缸发生_____、压力较高的润滑油进入水道、冷却水进入曲轴箱等故障发生，使发动机无法正常工作。

（3）汽缸体翘曲变形原因。

①发动机经常出现_____，汽缸体受热_____。

②装配时汽缸盖螺栓拧紧力_____，拧紧顺序不符合规定。

③螺纹孔污物未清理干净。

（4）汽缸体螺纹孔损坏原因。

①装配时螺栓没有拧紧。

②使用了螺纹已经损坏的螺栓。

③螺栓的拧紧力矩过大。

（二）制订工作方案

1. 任务分工（表 4-16）

学生任务分配表　　　　　　　　　表 4-16

班级		组号		指导老师	
组长		任务分工			
组员 1		任务分工			
组员 2		任务分工			
组员 3		任务分工			
组员 4		任务分工			
组员 5		任务分工			
组员 6		任务分工			

2.工量具、仪器设备与耗材准备

(1)使用的工量具有：_____。

(2)使用的仪器设备有：_____。

(3)使用的耗材有：_____。

3.具体方案描述

_____

_____

_____

_____

_____

三、计划实施

(一)安全注意事项及技能要点

1.安全注意事项

(1)进入车间应穿工鞋、戴工帽;工作服应整洁,无破损;操作时不可佩戴手表等金属饰品,以防划伤车辆表面。

(2)举升车辆时,应严格按照举升机使用方法进行操作,并通知其他人员远离举升设备。

(3)更换油液或配件时,应处理好油液和配件的回收清理工作,以免对工作环境造成污染。

2.技能要点

(1)正确使用测量工具。

(2)选择合适工具,按照维修手册要求进行拆装。

(3)正确操纵举升机。

(二)汽缸体的检测

1.汽缸体的检测(表4-17)

汽缸体的检测   表4-17

步骤	操作方法及说明	质量标准及记录
1.操作前 准备工作	(1)准备汽缸体检测所需要的工具: ①检查车用七件套。 ②万用表。 ③汽车故障诊断仪(KT600)。 ④世达工具。	□安装车轮挡块,接排气烟道 □拉起驻车制动杆,降下驾驶人侧车窗玻璃,拉发动机舱盖释放杆

步骤	操作方法及说明	质量标准及记录
1. 操作前准备工作	⑤百分表。 ⑥轮旋测微仪。 ⑦手套、工作布、泡沫清洁剂等劳保用品。 (2)安装车轮挡块,接排气烟道。 (3)拉起驻车制动杆,降下驾驶人侧车窗玻璃,拉发动机舱盖释放杆。 (4)打开发动机舱盖,安装翼子板布和前格栅布 	□打开发动机舱盖,安装翼子板布和前格栅布
2. 连接汽车故障诊断仪	(1)正确连接汽车故障诊断仪,打开点火开关进入汽车诊断系统。 (2)进行故障自诊断,检查有无故障码,按照故障码和数据流查找故障原因,起动发动机,打开电脑诊断仪,选择电脑诊断仪的功能菜单选项,与维修手册规定范围比对 	□按照故障码和数据流查找故障原因
3. 汽缸磨损的维修	(1)使用10mm套筒、接杆、棘轮扳手按从两边到中间的顺序,均匀地拧松并拆下汽缸盖。 (2)清洁汽缸体各汽缸表面(清除水垢、积炭和锈蚀等),检查汽缸表面是否有刮痕和拉伤。 (3)清洁、检查和校准游标卡尺、外径千分尺、量缸表等量具。	□正确使用拆装工具 □根据规定力矩拆卸紧固螺栓

步骤	操作方法及说明	质量标准及记录
3. 汽缸磨损的维修	 （4）用游标卡尺测量汽缸上口直径，确定汽缸修理级别。 （5）将外径千分尺装入支架，调整千分尺至汽缸标准直径80.50mm并锁紧。 （6）根据汽缸标准尺寸，选择合适的固定测量杆，并装入量缸表的下端。 （7）根据汽缸标准直径，在外径千分尺上，校正量缸表。 （8）将百分表装入量缸表把手上端的孔内，并使其小指针对准零位，然后锁紧，推动松量缸表的活动测量杆，每次百分表的指针应能回到同一位置。 （9）在外径千分尺上调整量缸表固定测量杆的长度，使百分表继续压缩1.0~1.5mm。（小指针指示1.5~2.0mm） （10）在外径千分尺上，上下左右旋轻微摆动量缸表，使百分表的大指针顺时针摆动到最大位置，然后转百分表表盘，使其零位与大指针对齐。 	□根据汽缸标准尺寸，选择合适的固定测量杆

续上表

步骤	操作方法及说明	质量标准及记录
3. 汽缸磨损的维修	(11)将量缸表测杆伸入汽缸测量,测量时应在测杆与汽缸轴线保持垂直位置时,读取测量值。 (12)根据汽缸磨损规律,在汽缸的上部、中部和下部的三个截面上,进行横向和纵向的直径测量,记录相关数据。 (13)根据汽缸测量值计算圆度和圆柱度误差,判断汽缸技术状况	□正常测量汽缸内径 □根据汽缸测量值计算圆度和圆柱度误差,判断汽缸技术状况
4. 车辆复位	(1)发动机熄火,取下排气烟道。 (2)取下车内外防护用品。 (3)车辆复位、清洁车身。 (4)清洁并整理工具	□按"8S"管理要求整理

四、评价反馈(表4-18)

评价表 表4-18

评分项目	评分标准	分值(分)	得分(分)
学习目标	能明确本任务的知识、技能、素养目标,理解任务在工作中的重要程度	5	
工作任务分析	能清晰描述完成本次工作任务内容	2	
	能清晰描述完成本次工作任务需必备的技能与知识点	2	
有效信息获取	能按照要求正确使用组装量缸表	5	
	能按照要求正确使用量缸表测量汽缸圆度和圆柱度	5	
实施方案制订	能清晰地制订并填写本次发动机汽缸体的检测的准备作业计划	5	
	能组织或协同工作小组成员,明确本次任务所需仪器设备、工具、材料,并准备记录	5	
	能组织或协同工作小组成员交流,优化检查方案并记录	5	
任务实施	能打开使用工具,正确拆装汽缸,并检查汽缸的外观;能正确判断汽缸是否正常	10	
	能够正确使用量缸表,测量汽缸内径,完成后能够进行清洁	10	
	能根据测量汽缸内径仪,计算汽缸圆度和圆柱度	10	
	能正确计算汽缸圆度和圆柱度,判断汽缸体的修理等级	10	
	能够安全放置工具,设备使用方法安全可靠;能够正确并完整佩戴防护用品	10	

评分项目	评分标准	分值(分)	得分(分)
任务评价	能通过本次任务实施,结合自己在实训过程中的表现,进行自我评价及自我反思并记录	3	
职业素养	按规定时间完成项目作业	2	
	遵守实训室管理规定、劳动纪律	2	
	积极参与课堂活动、回答问题	2	
	能够按时出勤	2	
思政要求	本任务要求分组训练,各小组必须按照规范的操作方式准确快速地进行汽缸的基本检查,优化操作流程,对零部件的检测精度做到精益求精,弘扬大国工匠精神;各小组在实训过程中必须团结一致、相互合作,操作过程中注意安全,要求全程实现"8S"管理	5	
总分		100	

改进建议:

教师签字:

日期:

学习活动 7　活塞和活塞环的检测

一、明确任务

根据任务描述,汽车在行驶过程中,抖动明显,发动机有明显异响,发动机警告灯亮,加速无力。经班组长初步检查,判断可能是活塞密封不严,需要对发动机活塞的结构及功能进行检测,并对相关部件进行检查与更换,使其恢复正常使用性能。

二、工作准备与计划制订

(一)知识准备

1.活塞的构造

活塞的作用是_____,承受气体压力,并将此力通过活塞销传给连杆,以_____。活塞是在高温、高压、高速、润滑不良和散热困难的条件下工作的,活塞连杆组如图4-31所示。

由于活塞顶部直接与高温燃气接触,燃气的最高温度可达_____以上。因此,活塞的温度也很高,其顶部的温度通常高达_____。高温一方面使活塞材料的机械强度_____,另一方面会使活塞的热膨胀量增大,容易破坏活塞与其相关零件的配合。活塞顶部在作功行程时,承受着燃气的带有冲击性的高压力。对于汽油机活塞,瞬时的压力最大值可达_____。对于柴油机活塞,其最大值可达_____,采用增压时则更高。高压还将导致活塞的侧压力更大,从而加速活塞外表面的磨损,增加_____。

活塞的工作条件要求是,活塞具有足够的刚度和强度,良好的_____和_____,质量要_____,以保持最小的惯性力,热膨胀系数_____,活塞与缸壁间较小的摩擦系数等。活塞的基本结构由_____、_____和_____三部分组成,如图4-32所示。

图4-31 活塞连杆组

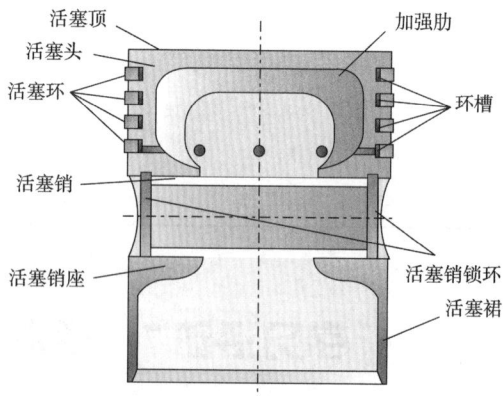

图4-32 活塞基本结构

(1)活塞顶部是燃烧室的组成部分,其形状与燃烧室形式有关,一般有_____、_____、_____三种,如图4-33所示。

活塞顶部是燃烧室的组成部分,其形状与选用的燃烧室型式有关。活塞顶部标有一定的记号,如箭头、三角、缺口、"A"字等,安装时应将记号_____;有的活塞顶部还刻有缸号和加大尺寸等。

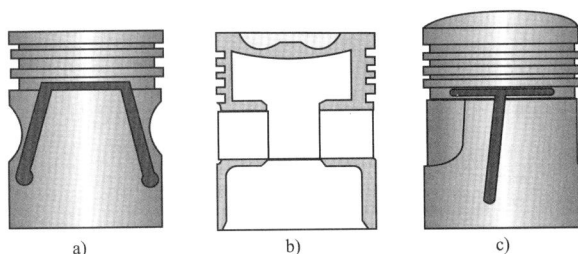

图 4-33　活塞顶部形状

（2）活塞头部是活塞环槽以上的部分。其主要作用为：_____，并传给连杆；
_____;将活塞顶所吸收的热量_____。头
部切有若干道用以安装活塞环的环槽。汽油机一般有_____道环槽，上面_____
道用以安装气环，下面 1 道用以安放_____。在油环槽底面上钻有许多径向小孔，
使被油环从汽缸壁上刮下来的多余机油，得以经过这些小孔流回油底壳。活塞头部一
般做得比较厚，以便于热量从活塞顶经活塞环传给汽缸的_____上，从而防止活塞
顶部的温度过高。_____常常是影响活塞使用寿命的一个重要因素。在
热负荷较高的发动机中，由于活塞的第一道环槽温度较高，铝合金材料硬度的下降，再
加上活塞环与环槽的相对运动，更加速了环槽的磨损。采用奥氏体铸铁护圈后，环槽
的寿命可以提高_____倍，如图 4-34 所示。

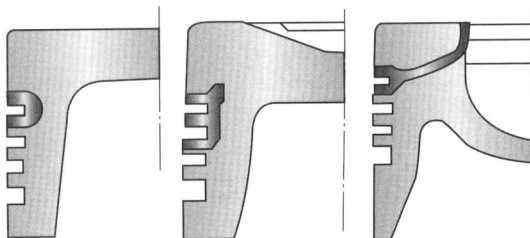

图 4-34　活塞环槽护圈

（3）活塞裙部是指油环槽下端以下部分。其作用是为活塞在汽缸内做_____
_____。因而，裙部要有一定的长度和足够的面积，以保证可靠_____。

裙部的基本形状为一薄壁圆筒，若该圆筒为完整
的称为_____。许多高速发动机为了减小活塞质
量，在活塞不受作用力的两侧，即沿销座孔轴线方向的
裙部切去一部分，形成拖板式裙部。这种结构的活塞
裙部_____，可以减小活塞与汽缸的装配间隙，如
图 4-35 所示。

活塞工作时，燃烧气体压力均作用在活塞顶部，而
活塞销给予的反力则作用在活塞头部的_____，由
此而产生的变形是裙部直径沿活塞销座轴线方向增
大。侧压力作用也使活塞裙部直径在同一方向上增

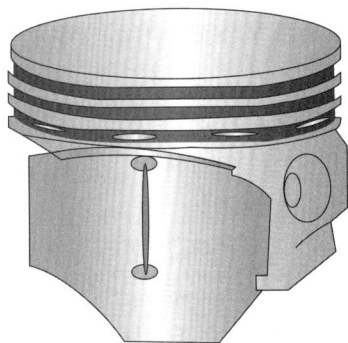

图 4-35　拖板式活塞

大。此外,活塞销座附近的金属堆积,受热后膨胀量大,致使裙部在受热变形时,在沿活塞销座轴线方向的直径增量大于其他方向。所以,活塞工作时产生的_____和_____,使得其裙部断面变成长轴在活塞销方向上的椭圆,如图 4-35 所示

2. 活塞常见损伤

活塞常见损伤及成因活塞的常见损伤形式主要是_____、_____、_____、_____以及_____等。

（1）活塞环槽磨损。

活塞环槽的磨损是活塞的最大磨损部位,其中_____环槽的磨损最为严重。活塞在高速往复运动中,由于气体压力的作用,使活塞环对环槽的冲击很大,加上高温的影响使环槽的_____,_____,并呈现_____。

（2）活塞裙部磨损。

活塞裙部磨损一般较小,当活塞裙部与缸壁间隙过大时,发动机易出现敲缸,并有严重的_____。

（3）活塞销座孔磨损。

活塞在工作时,由于气体压力和交变惯性力的作用,使_____之间发生磨损,其最大磨损发生在座孔的上下方,_____的方向。

（4）活塞顶烧蚀。

活塞顶烧蚀的主要原因是_____或_____条件下长时间工作,若某一机型容易出现烧顶时,一般还与活塞的材料和设计有关。

（5）活塞刮伤。

活塞刮伤主要是由于活塞与汽缸壁的_____而使润滑条件变差,以及汽缸内壁严重不清洁,有较多和较大的机械杂质进入摩擦表面而引起的。

3. 活塞环的构造

活塞与汽缸有两类密封问题:_____和_____。窜气是指燃烧气体通过_____泄漏至曲轴箱,这将导致功率损失;窜油指润滑油上行至_____,造成烧机油,影响发动机性能,因此必须通过_____来密封。

（1）活塞环的作用。

活塞环按作用不同分为_____和_____两种,两者配合使用。气环的作用是保证_____的密封,防止汽缸中的气体漏入曲轴箱,同时将活塞顶部的大部分热量传导到_____（活塞环槽部不和汽缸壁直接接触）,再由冷却液或空气带走。另外,还起到_____、_____的辅助作用。油环用来刮除汽缸壁上_____,并在汽缸壁上_____,这样既可以防止润滑油窜入汽缸燃烧,又可_____活塞、活塞环与汽缸壁的_____。此外,油环也起到辅助封气的作用,如图 4-36 所示。活塞上共有 3 道环,_____,_____。

（2）活塞环的材料。

①气环材料:一般由耐磨性很好的_____制成。因为该材料很脆,所以很容易

折断,拆装时要特别注意。为了提高抗断裂性,某些高质量的气环外侧镀有_____或_____。由于镀铬或镀铂层能够降低_____的磨损,从而大大地延长了气环的使用寿命。某些发动机使用韧性铁作为气环的材料,这种材料强度较大,抗断裂性能好,但成本较高。

②油环材料:普通油环一般用_____制成。

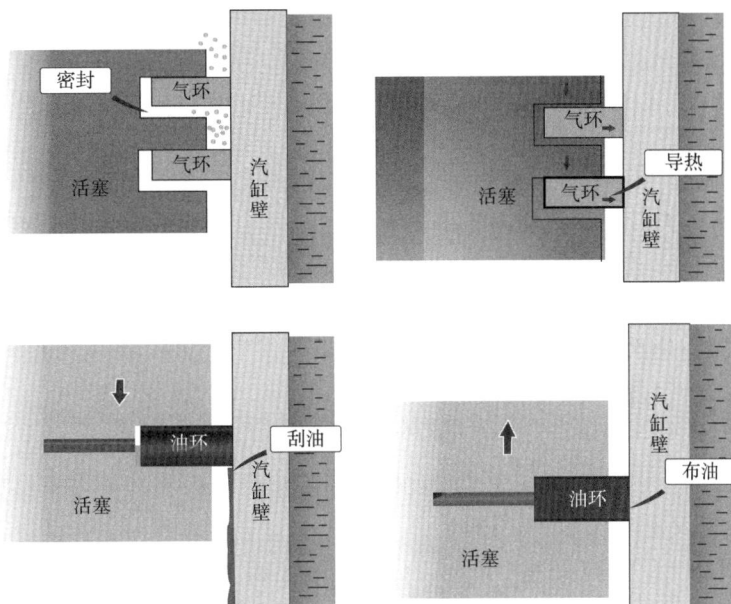

活塞环3D
结构展示

图4-36 活塞环作用

4.活塞环的作用

由于气环和油环的作用不同,其结构形式也不一样,图4-37所示。

a) 气环和油环的位置分布　　　b) 油环的结构

图4-37 活塞环

(1)气环。

气环为一带有切口的弹性片状圆环。在自由状态下,气环的_____略大于汽缸的直径。当环装入汽缸后,产生弹力使环紧压在汽缸壁上,其切口处具有一定的端隙。汽油机气环一般为_____道,柴油机气环一般为_____道。随着发动机转速的不断提高,活塞环的数量在不断减少。

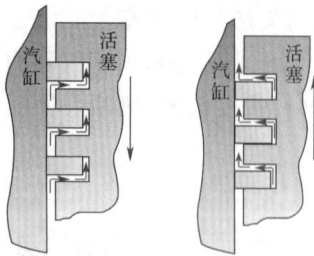

图4-38　活塞环的泵油作用

由于活塞环_____的存在，发动机工作时，活塞环便产生了_____。具体地说，当活塞带着活塞环下行时，在惯性力和摩擦阻力的作用下，活塞环紧贴于环槽的上端面上，于是从缸壁上刮下来的润滑油便会充满_____处；当活塞带动活塞环上行时，活塞环又紧贴在环槽的下端面上，将润滑油挤到环槽的上方。如此反复进行，使油泵将润滑油不断压入燃烧室，这种现象称为_____，如图4-38所示。

（2）油环。

油环按结构分为_____和_____2种。整体式油环其外柱面的中部切有一道凹槽，凹槽底部开有若干个回油用的小孔或窄槽，有的在其背面加装弹性衬垫，既可保证对汽缸壁的弹力，又可有较好的柔性，延长其使用寿命。组合式油环由_____和_____组成。活塞的油环由上下两片相互独立的刮油钢片和一个弹性良好的钢丝衬簧组成，刮油钢片刮油作用很强，刮油效果好。

5.活塞环的"三隙"

发动机工作时，活塞、活塞环等都会发生热膨胀。因此，活塞环在安装时，应留有_____、_____、_____三处间隙，以防止活塞环卡死在环槽和汽缸中，确保其密封性能。端隙又称_____，一般为_____mm；第1道环因工作温度高，故其端隙比其余几道环大。侧隙又称_____，第1道环因工作温度高，取值为_____mm；其他气环一般为_____mm；普通油环的侧隙较小，一般为_____mm；_____没有侧隙。背隙一般为_____mm，普通油环的背隙比较大。为了便于测量，维修中以环的厚度与环槽的深度差来表示背隙，此值比理论值小。

6.活塞环常见损伤及成因

活塞环的常见损伤形式主要是活塞环的磨损、弹性减弱和折断等，如图4-39所示。

图4-39　活塞环的磨损

（1）活塞环磨损。

活塞环的磨损主要是活塞环_____的作用，活塞环往复运动的冲击和润滑不良所致。

（2）活塞环折断。

在使用中受_____的影响，活塞环的_____逐渐减弱，造成活塞环对于汽缸壁的压力降低,汽缸的密封性变差,出现漏气和窜机油现象,使发动机的动力性下降,经济性变坏。由于活塞环的_____或_____,发动机在高温、大负荷条件下工作时,端隙抵死而卡滞在汽缸内,在活塞的冲击负荷作用下而断裂。

(二)制订工作方案

1.任务分工(表4-19)

学生任务分配表 表4-19

班级		组号		指导老师	
组长		任务分工			
组员1		任务分工			
组员2		任务分工			
组员3		任务分工			
组员4		任务分工			
组员5		任务分工			
组员6		任务分工			

2.工量具、仪器设备与耗材准备

(1)使用的工量具有:_____。

(2)使用的仪器设备有:_____。

(3)使用的耗材有:_____。

3.具体方案描述

_____

_____

_____

_____

_____

⚙ 三、计划实施

(一)安全注意事项及技能要点

1.安全注意事项

(1)进入车间应穿工鞋、戴工帽;工作服应整洁,无破损;操作时不可佩戴手表等金属饰品,以防划伤车辆表面。

(2)举升车辆时,应严格按照举升机使用方法进行操作,并通知其他人员远离举升设备。

（3）更换油液或配件时，应处理好油液和配件的回收清理工作，以免对工作环境造成污染。

2. 技能要点

（1）正确使用测量工具。

（2）选择合适工具，按照维修手册要求进行拆装。

（3）正确操纵举升机。

（二）活塞三隙的检测

1. 活塞三隙的检测（表4-20）

活塞三隙的检测

表4-20

步骤	操作方法及说明	质量标准及记录
1. 操作前准备工作	（1）准备检测活塞三隙时所需要的工具： ①检查车用七件套。 ②万用表。 ③汽车故障诊断仪（KT600）。 ④世达工具。 ⑤百分表。 ⑥轮旋测微仪。 ⑦手套、工作布、泡沫清洁剂等劳保用品。 （2）安装车轮挡块，接排气烟道。 （3）拉起驻车制动杆，降下驾驶员侧车窗玻璃，拉发动机舱盖释放杆。 （4）打开发动机舱盖，安装翼子板布和前格栅布 	□安装车轮挡块，接排气烟道 □拉起驻车制动杆，降下驾驶人侧车窗玻璃，拉发动机舱盖释放杆 □打开发动机舱盖，安装翼子板布和前格栅布
2. 连接汽车故障诊断仪	（1）正确连接汽车故障诊断仪，打开点火开关进入汽车诊断系统。 （2）进行故障自诊断，检查有无故障码，按照故障码和数据流查找故障原因，起动发动机，打开电脑诊断仪，选择电脑诊断仪的功能菜单选项，与维修手册规定范围比对 	□按照故障码和数据流查找故障原因

续上表

步骤	操作方法及说明	质量标准及记录
3. 清洁活塞环槽	（1）选用铲刀或折断的活塞环清除活塞环槽内的积炭、油污。 （2）使用压缩空气吹净活塞环槽。 （3）清除活塞环上的积炭和油污	□按照要求对活塞环槽进行清洁
4. 测量活塞直径	用外径千分尺测量活塞直径在距离活塞裙部 12.6mm 处与活塞销孔成直角的活塞直径,如果活塞直径不符合规定,则更换活塞	□正确测量活塞直径
5. 测量检查活塞环三隙	（1）选择塞尺,测量 1 号活塞环槽间隙,把 1 号环放在 1 号环槽内,轻轻转动一周后活塞环应能自由转动无阻滞现象。 （2）选用合适的塞尺进行测量,如果环槽间隙不符合规定则更换活塞。 （3）用同样的方法测量 2 号环槽间隙以及油环槽间隙,如果不符合规定则更换活塞。	□正确测量活塞三隙 □根据要求检查活塞直径 □根据要求计算活塞三隙

步骤	操作方法及说明	质量标准及记录
5.测量检查 活塞环三隙	 （4）测量活塞环端隙。 （5）压缩空气吹净汽缸壁，用清洁布清洁塞尺。 （6）将第1道压缩环放入相对应的汽缸内。 （7）用未装活塞环的活塞从汽缸体顶部将活塞环推至活塞底部使其行程超过50mm。 （8）用塞尺测量第1道活塞环的端隙，若端隙大于最大值，则更换活塞环；如果新的活塞环仍大于最大值，则应按修理尺寸法或镶套法修复汽缸体	
6.车辆复位	（1）发动机熄火，取下排气烟道。 （2）取下车内外防护用品。 （3）车辆复位、清洁车身。 （4）清洁并整理工具	□按"8S"管理要求整理

四、评价反馈（表4-21）

评价表　　　　　　　　　　　　　　　　　　　　　　表4-21

评分项目	评分标准	分值（分）	得分（分）
学习目标	能明确本任务的知识、技能、素养目标，理解任务在工作中的重要程度	5	
工作任务分析	能清晰描述完成本次工作任务内容	2	
	能清晰描述完成本次工作任务需必备的技能与知识点	2	
有效信息获取	能按照要求正确使用塞尺	5	
	能按照要求正确使用测量活塞三隙	5	

续上表

评分项目	评分标准	分值(分)	得分(分)
实施方案制订	能清晰地制订并填写本次发动机活塞和活塞环的检测的准备作业计划	5	
	能组织或协同工作小组成员,明确本次任务所需仪器设备、工具、材料,并准备记录	5	
	能组织或协同工作小组成员交流,优化检查方案并记录	5	
任务实施	能打开使用工具,正确拆装活塞,并检查活塞的外观;能正确判断活塞是否正常	10	
	能够正确使用塞尺,测量活塞三隙,完成后能够进行清洁	10	
	能根据测量活塞三隙,计算是否符合标准	10	
	能够正确使用螺旋测微仪,测量活塞直径,完成后能够进行清洁	10	
	能够安全放置工具,设备使用方法安全可靠;能够正确并完整佩戴防护用品	10	
任务评价	通过本次任务实施,结合自己在实训过程中的表现,进行自我评价及自我反思并记录	3	
职业素养	按规定时间完成项目作业	2	
	遵守实训室管理规定、劳动纪律	2	
	积极参与课堂活动、回答问题	2	
	能够按时出勤	2	
思政要求	本任务要求分组训练,各小组必须按照规范的操作方式准确快速地进行活塞的基本检查,优化操作流程,对零部件的检测精度做到精益求精,弘扬大国工匠精神;各小组在实训过程中必须团结一致、相互合作,操作过程中注意安全,要求全程实现"8S"管理	5	
总分		100	

改进建议:

教师签字:

日期:

学习活动 8 连杆的检修

一、明确任务

根据任务描述,汽车无法起动,抖动明显,发动机有明显异响,发动机警告灯亮。经班组长初步检查,判断可能是连杆故障,并对相关部件进行检查与更换,使其恢复正常使用性能。

二、工作准备与计划制订

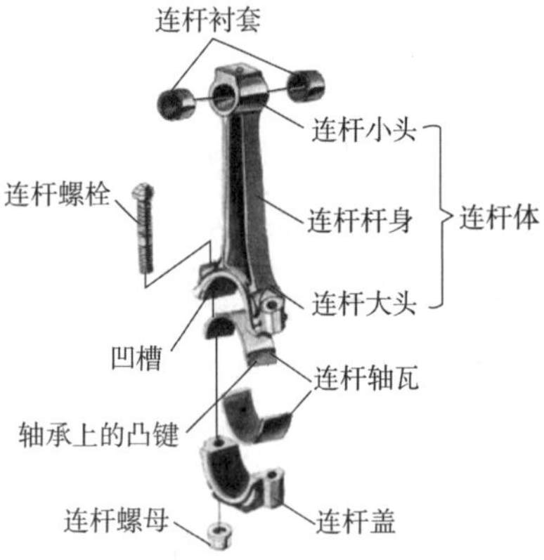

图 4-40 连杆组的基本结构

（标注：连杆衬套、连杆螺栓、凹槽、轴承上的凸键、连杆螺母、连杆小头、连杆杆身、连杆大头、连杆体、连杆轴瓦、连杆盖）

（一）知识准备

1.连杆的作用

连杆组包括_____、_____、_____和_____等零件,如图 4-40 所示。连杆的作用是将活塞承受的燃气压力_____,使活塞的_____转变为曲轴的_____。连杆体和连杆盖采用_____或_____材料制造而成。连杆螺栓通常用优质合金钢制造。连杆轴承通常由_____mm 的钢背加_____mm 的减磨合金层制成。

2.连杆的结构

（1）发动机连杆。

①直列形发动机连杆

连杆体的基本结构可分为_____、_____和_____三部分。

连杆小头孔内装有减磨的连杆衬套,一般为青铜衬套或铁基粉末冶金衬套。连杆衬套和活塞销之间存在运动,必须进行润滑。其润滑方式有两种:一种是在连杆小头和衬套上开_____,靠收集曲轴旋转时_____来润滑;另一种是在连杆杆身内_____,通过连杆轴颈的油道得到有压力的润滑油进行润滑 2 杆身连杆杆身通常做成"工"字形断面,以求在满足强度和刚度要求的前提下尽量减轻其质量。

连杆大头与曲轴的_____相连,为便于安装,连杆大头一般做成剖分式的,被分开的部分称为_____,借特制的连杆螺栓紧固在连杆大头上。连杆盖与连杆大头是组合篷孔的,为了防止_____,在同一侧刻有配对记号。大头孔表面有很高的光洁度,以便与连杆轴瓦(或滚动轴承)紧密贴合。连杆大头上还铣有连杆轴瓦的定位凹坑。有的连杆大头连同轴瓦还钻有直径_____的小油孔,从中喷出润滑油以加强配气凸轮与汽缸壁的_____。

平切口的连杆盖与连杆的定位,是利用连杆螺栓上精加工的圆柱凸台或光圆柱部分,与经过精加工的螺栓孔来保证的。斜切口连杆在工作中受到_____的拉伸,在切口方向也有一个较大的横向分力,因此,在斜切口连杆上必须采用可靠的定位措施,如图4-40所示,切口连杆常用的定位方法有:

a._____。优点是工艺简单,缺点是定位不大可靠,只能单向定位,对连杆盖止口向外变形或连杆大头止口向内变形均无法防止。

b.套筒定位。_____是在连杆盖的每一个螺栓孔中压配一个刚度大,而且剪切强度高的短套头,连杆大头有精度很高的配合间隙,故拆装连杆盖时也很方便。它的缺点是定位套筒孔的工艺要求高,若孔距不够准确,则可能因过定位(定位干涉)而造成大头孔严重失圆,此外,连杆大头的横向尺寸也必然因此而加大。

c.锯齿定位这种定位方式的优点是锯齿_____,_____,_____,_____。缺点是对齿节距公差要求严格,否则连杆盖装在连杆大头上时,中间会有几个齿脱空,不仅影响连杆组件的刚度,并且连杆大头孔也会立即失圆。

②V形发动机连杆。

V形发动机左右两侧对应两汽缸的连杆是同置于一个连杆轴颈上的,有三种布置形式。

a._____。对应的2个连杆完全相同,一前一后并列地安装在同一个连杆轴颈上。其优点是前后连杆可以通用,左右两列汽缸的活塞运动规律相同。缺点是两列汽缸沿曲轴纵向须相互错开一段距离,从而_____。

b._____。一个主连杆、一个副连杆组成主副连杆。副连杆通过销轴铰接在主连杆体或主连杆盖上。一列汽缸装主连杆,另一列汽缸装副连杆,主连杆大头安装在曲轴的连杆轴颈上。主副连杆_____,且副连杆对主连杆有附加弯矩。两列汽缸中活塞的运动规律和上止点位置均不相同。采用主副连杆的V形发动机,其两列汽缸不需要相互错开,因而也就_____。

c._____。指一列汽缸中的连杆大头为叉形,另一列汽缸中的连杆与普通连杆相似,只是大头的宽度较小,一般称其为_____。叉形连杆安装在曲轴的连杆轴颈上,内连杆则插在叉形连杆大头中。内连杆轴承套在叉形连杆轴承的外圆面上,并绕其摆动。叉形连杆的优点是两列汽缸中活塞的运动规律相同,两列汽缸无需错开。缺点是叉形连杆大头结构复杂,制造比较困难,维修也不方便,且大头刚度较差。

(2)连杆轴承。

连杆大头与曲轴连接,大头内孔装有剖成两半的薄壁滑动轴承,称为_____。有些连杆轴承的内表面加工有_____,与连杆轴颈的圆柱面形成_____;有些连杆轴承加工有径向润滑油孔,与连杆大头的油孔相通,从油孔中喷出的润滑油可使汽

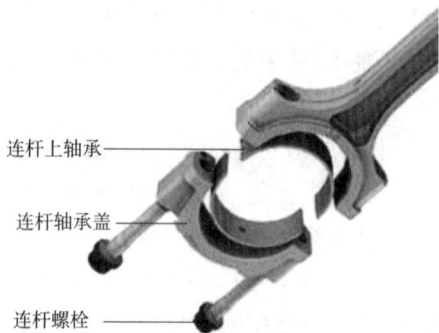

连杆上轴承

连杆轴承盖

连杆螺栓

图 4-41　连杆轴瓦的结构

缸壁得到＿＿＿＿＿。

　　轴瓦在自由状态下的曲率半径＿＿＿＿＿孔座的半径,且轴瓦的背面应具有较高的表面粗糙度,以保证轴瓦装入座孔后靠自身产生的张紧力紧贴座孔。为了防止工作中轴瓦在座孔内发生＿＿＿＿＿,分别在轴瓦的剖分面和座孔的结合端制有定位凸椎和定位槽,以确保装配中＿＿＿＿＿,如图 4-41 所示。

　　(3)连杆螺栓。

用于将连杆体与连杆盖紧固在一起必须按＿＿＿＿＿拧紧。

　　3.连杆组件常见损伤

连杆组件常见损伤形式有:＿＿＿＿＿＿＿＿、＿＿＿＿＿＿＿＿、＿＿＿＿＿＿等,如图 4-42 所示。

　　(1)连杆的变形与断裂。

　　发动机工作中,由于超负荷工作等原因而产生＿＿＿＿＿,将会使连杆杆身发生弯曲、扭曲等变形,严重时可导致连杆断裂。连杆的弯曲是指连杆小端轴线与连杆大端轴线在轴线平面内的＿＿＿＿＿;连杆的扭曲是指连杆小端轴线与连杆大端轴线在轴线平面法向上的＿＿＿＿＿。连杆变形后,使活塞在汽缸中歪斜,引起活塞与汽缸、连杆轴承与连杆轴颈偏磨将对曲柄连杆机构的工作产生很大的影响。因此在发动机修理过程中应对连杆的弯扭变形进行检验和校正。

　　(2)连杆轴承和连杆小头衬套磨损。

　　连杆轴承的主要损伤形式是＿＿＿＿＿、＿＿＿＿＿及＿＿＿＿＿等,如图 4-43 所示。当连杆轴承与轴颈的径向＿＿＿＿＿,轴承对润滑油＿＿＿＿＿＿＿,＿＿＿＿＿,从而使连杆轴承与轴颈之间的油膜不易建立,破坏了轴承的正常润滑:加之引起的冲击载荷,又造成轴承疲劳应力剧增,使轴承疲劳而导致＿＿＿＿＿,发动机将丧失工作能力。因此,行车之前应注意发动机润滑油压力变化,听察异响,发现异常应立即停车维修。

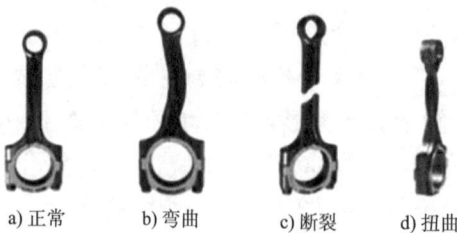

a) 正常　　b) 弯曲　　c) 断裂　　d) 扭曲

图 4-42　连杆常见损伤

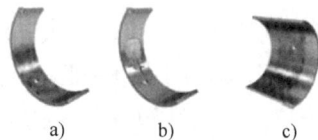

a)　　b)　　c)

图 4-43　连杆轴承和连杆小头衬套磨损

　　(3)连杆螺栓损伤。

　　如图 4-44 所示,连杆螺栓与螺母在工作中,由于受很大的交变载荷作用,会发生

_____、_____、_____等损伤,严重时甚至断裂,造成严重事故。

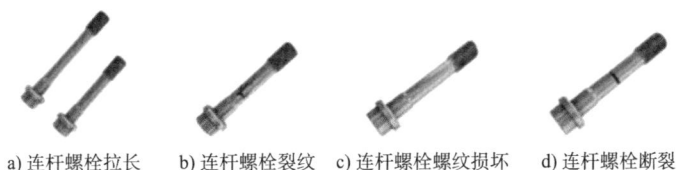

a) 连杆螺栓拉长   b) 连杆螺栓裂纹   c) 连杆螺栓螺纹损坏   d) 连杆螺栓断裂

图 4-44 连杆螺栓的损伤形式

4.活塞连杆组件的常见损伤形式

活塞的常见损伤形式主要是_____、_____、_____

_____等;活塞环的常见损伤形式主要是活塞环的_____、_____和_____等。

由于活塞销在发动机工作时,承受较大的冲击载荷,当活塞销与活塞销座和连杆衬套的配合间隙超过一定数值时,就会由于配合的松弛而发生异响。连杆组件常见损伤形式有:_____、_____、_____等。

5.活塞连杆组件的维修

(1)清洁活塞连杆组。

(2)检测活塞环侧隙、端隙。

(3)检测活塞销和活塞孔的配合间隙。

(4)检测连杆轴承盖紧固螺栓。

(5)检测连杆轴承轴向间隙。

(6)检测连杆轴承油膜间隙。

(二)制订工作方案

1.任务分工(表 4-22)

学生任务分配表   表 4-22

班级		组号		指导老师	
组长		任务分工			
组员 1		任务分工			
组员 2		任务分工			
组员 3		任务分工			
组员 4		任务分工			
组员 5		任务分工			
组员 6		任务分工			

2.工量具、仪器设备与耗材准备

(1)使用的工量具有:_____。

(2)使用的仪器设备有:_____。

(3)使用的耗材有:_____。

3.具体方案描述

_____

_____

_____

_____

_____

三、计划实施

(一)安全注意事项及技能要点

1.安全注意事项

(1)进入车间应穿工鞋、戴工帽;工作服应整洁,无破损;操作时不可佩戴手表等金属饰品,以防划伤车辆表面。

(2)举升车辆时,应严格按照举升机使用方法进行操作,并通知其他人员远离举升设备。

(3)更换油液或配件时,应处理好油液和配件的回收清理工作,以免对工作环境造成污染。

2.技能要点

(1)正确使用测量工具。

(2)选择合适工具,按照维修手册要求进行拆装。

(3)正确操纵举升机。

(二)活塞连杆组的检测

1.连杆的检修(表4-23)

连杆的检修   表4-23

步骤	操作方法及说明	质量标准及记录
1.操作前准备工作	(1)准备连杆检修时所需要的工具: ①检查车用七件套。 ②万用表。 ③汽车故障诊断仪(KT600)。 ④世达工具。 ⑤百分表。 ⑥轮旋测微仪。 ⑦手套、工作布、泡沫清洁剂等劳保用品。 (2)安装车轮挡块,接排气烟道。	□安装车轮挡块,接排气烟道

续上表

步骤	操作方法及说明	质量标准及记录
1.操作前准备工作	（3）拉起驻车制动杆,降下驾驶员侧车窗玻璃,拉发动机舱盖释放杆。 （4）打开发动机舱盖,安装翼子板布和前格栅布 	□拉起驻车制动杆,降下驾驶人侧车窗玻璃,拉发动机舱盖释放杆 □打开发动机舱盖,安装翼子板布和前格栅布
2.连接汽车故障诊断仪	（1）正确连接汽车故障诊断仪,打开点火开关进入汽车诊断系统。 （2）进行故障自诊断,检查有无故障码,按照故障码和数据流查找故障原因,起动发动机,打开电脑诊断仪,选择电脑诊断仪的功能菜单选项,与维修手册规定范围比对	□按照故障码和数据流查找故障原因
3.清洁连杆组零部件	（1）选用铲刀清除连杆环槽的积炭、油污。 （2）用清洁布清洁连杆轴颈、下轴承并用压缩空气吹净。 （3）用清洁布清洁连杆轴承盖外表面并用压缩空气吹净	□按照要求对连杆进行清洁

步骤	操作方法及说明	质量标准及记录
4.检查连杆	(1)检查连杆外观有无裂纹、断裂、缺口。 (2)使用轮锭、螺旋测微仪测量活塞裙部直径。 (3)如果连杆直径不符合规定，则更换连杆 	☐正确检查连杆外观 ☐正确测量连杆直径
5.车辆复位	(1)发动机熄火，取下排气烟道。 (2)取下车内外防护用品。 (3)车辆复位、清洁车身。 (4)清洁并整理工具	☐按"8S"管理要求整理

四、评价反馈（表4-24）

评价表　　　　　　　　　　　　　　表4-24

评分项目	评分标准	分值(分)	得分(分)
学习目标	能明确本任务的知识、技能、素养目标，理解任务在工作中的重要程度	5	
工作任务分析	能清晰描述完成本次工作任务内容	2	
	能清晰描述完成本次工作任务需必备的技能与知识点	2	
有效信息获取	能按照要求正确使用螺旋测微仪	5	
	能按照要求正确使用测量连杆直径	5	
实施方案制订	能清晰地制订并填写本次发动机连杆的基本检查的准备作业计划	5	
	能组织或协同工作小组成员，明确本次任务所需仪器设备、工具、材料，并准备记录	5	
	能组织或协同工作小组成员交流，优化检查方案并记录	5	

评分项目	评分标准	分值(分)	得分(分)
任务实施	能打开使用工具,正确拆装连杆,并检查连杆的外观;能正确判断活塞是否正常	10	
	能够正确使用螺旋测微仪,测量连杆直径,完成后能够进行清洁	20	
	能够根据要求正确检查连杆	10	
	能够安全放置工具,设备使用方法安全可靠;能够正确并完整佩戴防护用品	10	
任务评价	通过本次任务实施,结合自己在实训过程中的表现,进行自我评价及自我反思并记录	3	
职业素养	按规定时间完成项目作业	2	
	遵守实训室管理规定、劳动纪律	2	
	积极参与课堂活动、回答问题	2	
	能够按时出勤	2	
思政要求	本任务要求分组训练,各小组必须按照规范的操作方式准确快速地进行连杆的基本检查,优化操作流程,对零部件的检测精度做到精益求精,弘扬大国工匠精神;各小组在实训过程中必须团结一致、相互合作,操作过程中注意安全,要求全程实现"8S"管理	5	
总分		100	

改进建议:

教师签字:

日期:

学习活动 9　曲轴的检测

⚙ 一、明确任务

根据任务描述,汽车无法起动,抖动明显,发动机有明显异响,发动机警告灯亮。

经班组长初步检查,判断可能是曲轴故障,需要对发动机曲轴的结构及功能进行检测,并对相关部件进行检查与更换,使其恢复正常使用性能。

二、工作准备与计划制订

(一)知识准备

曲轴的作用是把活塞连杆组传来的气体压力转变为_____并对外输出,同时,还驱动发动机的配气机构和其他辅助装置(如发电机、水泵和转向油泵等)。曲轴工作时,承受周期性变化的气体压力及活塞连杆等运动件的_____作用,这些力及其力矩使曲轴产生弯曲和扭转变形,弯曲和扭转作用还会使曲轴产生振动,因此要求曲轴必须要有足够的刚度、强度、耐磨性和很高的平衡性。

1. 曲轴的结构

曲轴一般采用优质_____或_____模锻,其主轴颈和连杆轴颈表面上均径高频淬火或氮化,以提高耐磨性。也有发动机采用_____铸造曲轴。多缸发动机曲轴一般做成整体式。某些小型汽油机或采用滚动轴承为曲轴主轴承的发动机,采用组合式曲轴,即将曲轴分段加工后组合成整个曲轴。曲轴的基本结构包括前端轴、主轴颈、连杆轴颈、曲柄、平衡重以及后端凸缘等,如图 4-45 所示。

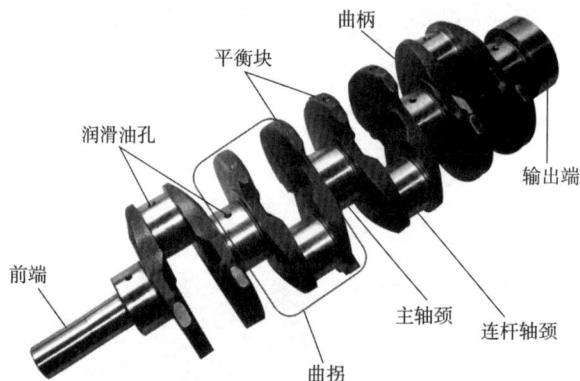

曲轴 3D 结构展示

图 4-45　整体式曲轴的构造

2. 主轴颈

主轴颈是曲轴的_____。按曲轴主轴颈的数目,可以把曲轴分为全支承曲轴和非全支承曲轴两种。在每个连杆轴颈两边都有一个主轴颈的,称为_____,否则为_____。

显然,全支承曲轴的主轴颈数比非全支承式曲轴连杆轴颈数多一个,这种支承方式曲轴_____,_____,如图 4-46a)所示。由此可见,直列发动机全支承曲轴的主轴颈数比汽缸数多一个;V 形发动机全支承曲轴的主轴颈数是汽缸数的一半加一个。

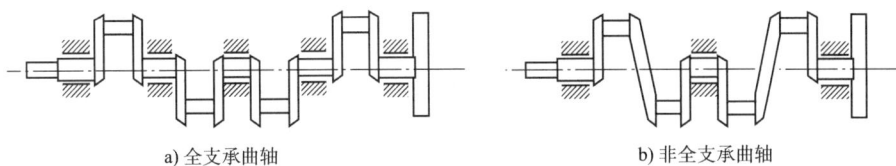

a) 全支承曲轴   b) 非全支承曲轴

图 4-46   曲轴的支承形式

3.连杆轴颈

连杆轴颈是曲轴和连杆相连的部分,连杆大头安装在曲轴的连杆轴颈也叫＿＿＿＿＿＿。在直列式发动机上,＿＿＿＿＿＿与＿＿＿＿＿＿相同。在 V 形发动机上,1 个连杆轴颈上安装 2 个连杆,故连杆轴颈数为汽缸数的一半。连杆轴颈一般制成实心,有时为减轻质量,也采用空心轴方式。曲轴上钻有贯穿主轴颈、曲柄和连杆轴颈的油道,以使汽缸体上的主油道内的润滑油能够润滑＿＿＿＿＿＿和＿＿＿＿＿＿,如图 4-47 所示。在维修中,对曲轴上的油道要彻底疏通并清洁干净,以免造成事故。

4.曲柄

曲柄是连接主轴颈和连杆轴颈的部分,如图 4-48 所示。其长度取决于＿＿＿＿＿＿。曲柄截面形状大多为＿＿＿＿＿＿,因为这种结构金属利用率高,抗弯、抗扭刚度强。曲柄是曲轴最薄弱的部分,曲柄断裂是曲轴常见的损坏形式。曲柄与轴颈的过渡圆角对应力集中影响很大,在维修时要特别注意。

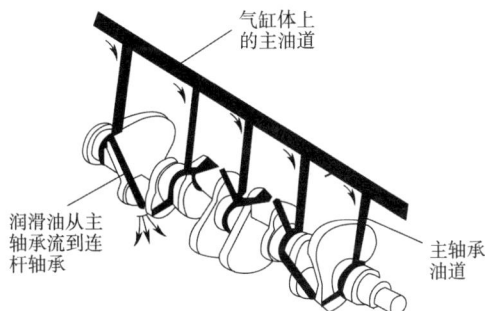

气缸体上的主油道

润滑油从主轴承流到连杆轴承

主轴承油道

图 4-47   曲轴上的润滑油道

曲柄

图 4-48   曲拐

5.曲轴主轴承

曲轴主轴承(俗称大瓦),装于＿＿＿＿＿＿中,将曲轴支承在发动机的机体上。主轴承的结构与连杆轴承相同,如图 4-49 所示。为了向连杆轴承输送润滑油,在主轴承上都开有＿＿＿＿＿＿。有些负荷不大的发动机,为了通用化起见,上、下两半轴瓦上都开有油槽,有些发动机只在上轴瓦开油槽和通油孔,而负荷较重的下轴瓦不开油槽。在相应的主轴颈上开径向通孔,这样,主轴承便能不间断地向连杆轴承供给润滑油。

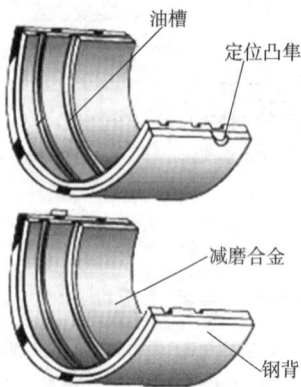

图4-49　主轴承结构

曲轴主轴承的选配：曲轴主轴承在工作中会发生_____、_____和_____等损伤；轴承的径向间隙的使用限度超限后，因轴承对润滑油流动阻尼能力减弱，可使主油道压力降低而破坏轴承的正常润滑；发生上述情况应_____。发动机总成修理时，也应更换_____。轴承的选配包括选择合适内径的轴承，以及检验轴承的高出量、自由弹开量、定位凸点和轴承钢背表面质量等内容。

（1）选择轴承内径：根据曲轴轴承的直径和规定的径向间隙选择合适内径的轴承。现代发动机曲轴轴承制造时，根据选配的需要，其内径直径已制成一个尺寸系列。

（2）检验轴承钢背质量：要求定位凸点完整，轴承钢背_____。

（3）检验轴承自由弹开量：要求轴承在自由状态下的曲率半径大于座孔的曲率半径，保证轴承压入座孔后，可借轴承自身的弹力作用_____。

（4）检验轴承的高出量：轴承装入座孔内，上、下两片的每端均应高出轴承座平面_____mm，称为高出量。轴承高出座孔，以保证轴承与座孔紧密贴合，_____。

6. 曲轴平衡重

曲轴平衡重是用来平衡旋转惯性力及其力矩，以减轻_____、_____，平衡重位置如图4-50所示。

7. 曲轴后端

曲轴后端是最后一道主轴颈之后的部分。有安装飞轮用的凸缘，为防止润滑油从后端泄漏，后端也安装有油封装置，如图4-51所示。

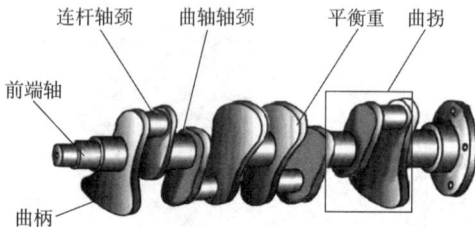

图4-50　曲轴平衡重

图4-51　曲轴后端

8. 曲拐

曲拐由一个连杆轴颈和它两端的曲柄及相邻两个主轴颈构成，如图4-52所示。曲轴的曲拐数取决于发动机汽缸的_____。直列式发动机曲拐数等于汽缸数；V形发动机曲拐数等于汽缸数的一半。曲拐的布置（即曲拐的相对位置）除了与汽缸数、汽缸排列方式有关外，还与发动机的_____有关。在安排发动机工作顺序时，应注意使连续做功的两缸相距尽可能远些，以减轻主轴承的载荷，同时避免进气干涉而影响_____；做功间隔力求均匀在发动机完成一个工作循环的曲轴转角内，每个汽缸应做功一次,以保证发动机运转平稳;曲拐布置尽可能对称、均匀。

9. 曲轴的轴向定位

曲轴作为传动件,必须与其固定件之间有一定的_____。曲轴的轴向定位是通过止推装置实现的止推装置有翻边_____、_____、_____等多种形式。

10. 曲轴的磨损

由于曲轴高速旋转运动,轴颈表面承受较大交变载荷的冲击作用,而且有很高的滑动速度,散热条件差,很容易造成磨损,如图 4-53 所示。主轴颈和连杆轴颈的磨损是不均匀的,且磨损部位具有一定规律。主轴颈和连杆轴颈向最大磨损部位相互对应,即各主轴颈的最大磨损部位靠近_____;连杆轴颈的最大磨损部位在_____一侧。

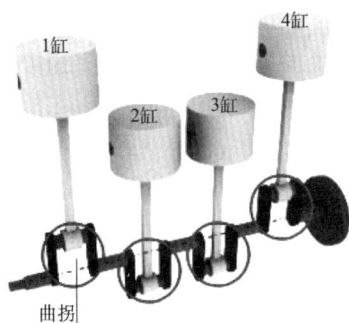

图 4-52 曲拐

图 4-53 曲轴的磨损

(1)连杆轴颈的磨损特点及原因。

连杆轴颈的径向不均匀磨损,是由于发动机工作时,作用在连杆轴颈上的力沿圆周方向分布不均匀造成的。发动机工作时,连杆轴颈承受着由连杆传来的周期性变化的气体压力、活塞连杆组往复运动的惯性力及连杆大端回转运动_____作用,这些力的合力作用在连杆轴颈内侧,方向始终沿曲柄半径向外,使连杆大头始终压紧在连杆轴内侧,从而导致连杆轴颈的内侧磨损最大连杆轴颈轴向也呈_____,由于通往连杆轴颈的油道是倾斜的,曲轴旋转时在离心力的作用下,与油流相背的一侧的轴承间隙形成涡流,使机械杂质偏积在连杆轴颈的这端,因而加速了这一端轴颈的磨损,使连杆轴颈磨损呈_____。此外,连杆弯曲、连杆大头不对称结构等原因,造成轴颈_____都会使轴颈沿轴向呈不均匀磨损。

(2)主轴颈的磨损特点及原因。

主轴颈径向的不均匀的磨损主要是受连杆、连杆轴颈及曲柄壁_____的影响,使靠近连杆轴颈一侧的轴颈与轴承间发生的相对磨损较大。实践证明,在直列式发动机中,连杆轴颈的磨损比主轴颈的磨损严重,这主要是由于连杆轴颈的负荷较大、润滑较差等原因所造成的;在 V 形发动机中,主轴颈的磨损比连杆轴颈的磨损严重。在发动机使用中,主轴颈的不均匀磨损后果也相当严重,各轴颈不同方向的磨损,导致主轴颈同轴度的破坏,这往往是某些曲轴断裂的原因。

11.曲轴弯曲与扭曲变形

曲轴产生弯曲变形,是由于_____和_____等原因造成的。如:发动机在爆燃和_____等情况下工作,个别汽缸_____,各道主轴承_____不一致,主轴承承孔同轴度偏差增大等,都会造成_____。当变形逾限后,将加剧活塞连杆组和汽缸的磨损,以及曲轴和轴承的磨损,严重时,会使曲轴疲劳折断。曲轴扭曲变形主要是_____和个别_____(涨缸)造成的。当个别汽缸壁_____或_____,活塞运动阻力将增大,曲轴运转不均匀。发展到活塞卡缸,未及时发现以及超速、超载等,都会引起曲轴的扭曲变形及其他耗损。曲轴产生扭曲变形后,将使连杆轴颈分配角改变,影响发动机的配气正时和点火正时,并造成发动机振动。

12.曲轴的裂纹与断裂

曲轴的裂纹多发生在曲柄与轴颈之间的过渡_____处,以及油孔处。前者是横向裂纹、危害极大,严重时造成曲轴断裂。后者多为轴向裂纹,沿斜置油孔的锐边沿轴向发展。曲轴的横向,轴向裂纹主要是由应力集中引起的,曲轴变形和修磨不慎也会使过渡区的应力陡增,加剧曲轴的疲劳断裂。

连杆轴
主轴
图4-54 曲轴的烧伤

13.曲轴的其他损伤形式

曲轴轴颈表面还可能出现_____。擦伤主要是机油不清洁,其中较大的机械杂质在轴颈表面刮成沟痕。烧瓦后,轴颈表面会出现严重的擦伤刮痕,轴颈表面烧灼变成_____,如图4-54所示。

(二)制订工作方案

1.任务分工(表4-25)

学生任务分配表　　　　　　　　　　　　表4-25

班级		组号		指导老师	
组长		任务分工			
组员1		任务分工			
组员2		任务分工			
组员3		任务分工			
组员4		任务分工			
组员5		任务分工			
组员6		任务分工			

2.工量具、仪器设备与耗材准备

(1)使用的工量具有:_____。

（2）使用的仪器设备有：_____。

（3）使用的耗材有：_____。

3.具体方案描述

_____

_____

_____

_____

_____

三、计划实施

（一）安全注意事项及技能要点

1.安全注意事项

（1）进入车间应穿工鞋、戴工帽；工作服应整洁，无破损；操作时不可佩戴手表等金属饰品，以防划伤车辆表面。

（2）举升车辆时，应严格按照举升机使用方法进行操作，并通知其他人员远离举升设备。

（3）更换油液或配件时，应处理好油液和配件的回收清理工作，以免对工作环境造成污染。

2.技能要点

（1）正确使用磁性百分表。

（2）选择合适工具，按照维修手册要求进行拆装。

（3）正确操纵举升机。

（二）曲轴轴向间隙的检测

1.曲轴轴向间隙（表4-26）

曲轴轴向间隙 　　　　　　　　　　　　　　　　　　　表4-26

步骤	操作方法及说明	质量标准及记录
1.操作前准备工作	（1）准备测量曲轴轴向间隙时： ①检查车用七件套。 ②万用表。 ③汽车故障诊断仪（KT600）。 ④世达工具。 ⑤百分表。 ⑥轮旋测微仪。	□安装车轮挡块，接排气烟道

步骤	操作方法及说明	质量标准及记录
1.操作前准备工作	⑦手套、工作布、泡沫清洁剂等劳保用品。 (2)安装车轮挡块,接排气烟道。 (3)拉起驻车制动杆,降下驾驶人侧车窗玻璃,拉发动机舱盖释放杆。 (4)打开发动机舱盖,安装翼子板布和前格栅布 	□拉起驻车制动杆,降下驾驶人侧车窗玻璃,拉发动机舱盖释放杆 □打开发动机舱盖,安装翼子板布和前格栅布
2.连接汽车故障诊断仪	(1)正确连接汽车故障诊断仪,打开点火开关进入汽车诊断系统。 (2)进行故障自诊断,检查有无故障码,按照故障码和数据流查找故障原因起动发动机,打开电脑诊断仪,选择电脑诊断仪的功能菜单选项,与维修手册规定范围比对 	□按照故障码和数据流查找故障原因
3.拆装清洁曲轴零部件	(1)选用铲刀清除连杆环槽的积炭、油污。 (2)用清洁布清洁曲轴主轴颈、下轴承并用压缩空气吹净。 	□按照要求对连杆进行清洁

续上表

步骤	操作方法及说明	质量标准及记录
3. 拆装清洁曲轴零部件	(3)用清洁布清洁曲轴主轴承盖外表面并用压缩空气吹净 	
4. 测量检查曲轴主轴颈	(1)目视检查主轴颈,用外径千分尺测量连杆直径。 (2)安装曲轴,使曲轴轴向止推片安装在第三道主轴承盖处,止推片的合金层应朝向曲柄臂。 (3)将磁性表座吸附在曲轴前端汽缸体上,使百分表测量头沿曲轴轴向抵在曲轴上,对百分表预压(1mm)、调零。 	□正确检查曲轴外观 □正确测量曲轴直径

步骤	操作方法及说明	质量标准及记录
4.测量检查曲轴主轴颈	(4)用头部缠有黑胶带的螺丝刀前后撬动曲轴,观察百分表长指针的摆差,即为曲轴轴向间隙。 (技术标准:标准曲轴轴向间隙:0.04~0.14mm;最大曲轴轴向间隙:0.18mm) (5)若轴向间隙大于最大值,则成套更换止推垫圈,并重新检测	□正确检查曲轴轴向间隙
5.车辆复位	(1)发动机熄火,取下排气烟道。 (2)取下车内外防护用品。 (3)车辆复位、清洁车身。 (4)清洁并整理工具	□按"8S"管理要求整理

四、评价反馈(表4-27)

评价表   表4-27

评分项目	评分标准	分值(分)	得分(分)
学习目标	能明确本任务的知识、技能、素养目标,理解任务在工作中的重要程度	5	
工作任务分析	能清晰描述完成本次工作任务内容	2	
	能清晰描述完成本次工作任务需必备的技能与知识点	2	
有效信息获取	能按照要求正确使用磁性表座及百分表	5	
	能按照要求正确使用轴向间隙	5	
实施方案制订	能清晰地制订并填写本次发动机曲轴的基本检查的准备作业计划	5	
	能组织或协同工作小组成员,明确本次任务所需仪器设备、工具、材料,并准备记录	5	
	能组织或协同工作小组成员交流,优化检查方案并记录	5	
任务实施	能打开使用工具,正确拆装曲轴,并检查曲轴的外观;能正确判断活塞是否正常	10	
	能够正确使用螺旋测微仪,测量曲轴主直径,完成后能够进行清洁	10	
	能正确使用百分表,正确检查曲轴轴向间隙	10	
	能根据要求正确检查连杆	10	

评分项目	评分标准	分值(分)	得分(分)
任务实施	能够安全放置工具,设备使用方法安全可靠;能够正确并完整佩戴防护用品	10	
任务评价	能通过本次任务实施,结合自己在实训过程中的表现,进行自我评价及自我反思并记录	3	
职业素养	按规定时间完成项目作业	2	
	遵守实训室管理规定、劳动纪律	2	
	积极参与课堂活动、回答问题	2	
	能够按时出勤	2	
思政要求	本任务要求分组训练,各小组必须按照规范的操作方式准确快速地进行连杆的基本检查,优化操作流程,对零部件的检测精度做到精益求精,弘扬大国工匠精神;各小组在实训过程中必须团结一致、相互合作,操作过程中注意安全,要求全程实现"8S"管理	5	
总分		100	

改进建议:

教师签字:

日期:

任务习题 >>>

一、单选题

1.发动机使用性能的好坏,大多是以____、经济性能等指标来衡量。(   )

  A.爬坡度   B.最大转弯半径   C.百公里加速   D.动力性能

2.密封性、点火性能及空燃比的好坏是影响其动力性能的三大因素,其中发动机的_____影响尤为突出。(   )

  A.密封性   B.点火性能   C.空燃比   D.过量空气系数

3.活塞环的侧隙、_____,或气环开口安装位置发生改变,会造成汽缸的密封性

变差。（　　）

    A. 活塞连杆扭曲   B. 火花塞间隙过大

    C. 空气滤芯破损   D. 开口端隙过大

4. 曲轴的作用是把活塞连杆组传来的气体压力转变为转矩并对外输出，同时，还驱动发动机的配气机构和其他辅助装置如_____。（　　）

    A. 发电机、废气涡轮增压器、启动机   B. 机油泵、燃油泵、水泵

    C. 空调压缩机、真空泵、鼓风机   D. 发电机、水泵、转向油泵

5. 曲轴的基本结构包括_____等组成。（　　）

    A. 前端轴、连杆轴颈、曲柄、活塞销、平衡重以及后端凸缘

    B. 前端轴、主轴颈、曲柄、连杆小头、平衡重以及后端凸缘

    C. 前端轴、主轴颈、连杆轴颈、轴承盖、平衡重以及后端凸缘

    D. 前端轴、主轴颈、连杆轴颈、曲柄、平衡重以及后端凸缘

6. 主轴颈和连杆轴颈向最大磨损部位相互对应，即各主轴颈的最大磨损部位_____；连杆轴颈的最大磨损部位在主轴颈一侧。（　　）

    A. 主轴颈一侧   B. 连杆颈一侧

    C. 曲轴颈一侧   D. 凸轮轴轴颈一侧

7. 活塞达到_____时点火系统向火花塞提供高压火花以点燃汽缸内的压缩混合气做功，这个时间就是点火正时。（　　）

    A. 行程的低点   B. 行程的顶点   C. 行程的下止点   D. 行程的一半

8. 为使点火能量最大化，点火正时一般要提前一定的量，所以是在活塞即将到达上止点的那一刻点火，而不是正好达到上止点时才点火，这个提前量叫_____。（　　）

    A. 气门正时   B. 点火提前角   C. 配气相位   D. 点火正时

9. 发动机采用可变气门正时技术可以提高_____，使充量系数增加，发动机的扭矩和功率可以得到进一步的提高。（　　）

    A. 可燃混合气   B. 排气充量   C. 进气充量   D. 发动机动力

10. 变气门正时技术可以根据不同的工况来调整气门的开启和关闭_____，从而使发动机在不同的负荷和转速下都能够达到最佳的进气和排气效果。（　　）

    A. 时间   B. 升程   C. 角度   D. 节气门

11. VVT 系统结构图主要由 VVT 电磁阀、发动机控制电脑、VVT 相位器、_____、油道等组成。（　　）

    A. 传感器   B. 执行器   C. ECM   D. VTEC

12. 如果凸轮轴刚度不足，工作时将发生弯曲变形这会影响_____。（　　）

    A. 配气定时   B. 点火正时   C. 进气量   D. 排气量

13. 曲轴定时齿轮用_____制造，凸轮轴定时齿轮采用铸铁或夹布胶木。（　　）

    A. 中碳钢   B. 高碳钢   C. 低碳钢   D. 球墨铸铁

14. 水冷式发动机通常将汽缸体与上曲轴箱铸成一体，简称_____。（　　）

A. 汽缸盖　　　　　B. 燃烧室　　　　　C. 汽缸体　　　　　D. 油底壳

15. 汽缸体的下半部为支承曲轴的_____,其内腔为曲轴运动的空间。(　　　)

A. 曲轴箱　　　　　B. 燃烧室　　　　　C. 进气管道　　　　　D. 排气管道

二、判断题

1. 汽缸压缩压力达不到要求,则发动机的所有性能指标也都将不会达到标准,导致汽车行驶无力、燃耗上升、发动机抖动、起动困难、严重者会造成发动机重大机械故障等。　　　　　　　　　　　　　　　　　　　　　　　　(　　　)

2. 汽缸压力是指发动机排气冲程终了时燃烧室内的气体压力。　　　(　　　)

3. 各缸压力普遍高于规定值,表明各缸气门漏气,或汽缸、活塞环磨损过大。(　　　)

4. 汽缸压力表主要用于汽缸排气冲程压力的检测之中,具有较高的专业性。
　　　　　　　　　　　　　　　　　　　　　　　　　　　　　　(　　　)

5. 在每个连杆轴颈两边都有一个主轴颈的,称为全支承曲轴,否则为非全支承。
　　　　　　　　　　　　　　　　　　　　　　　　　　　　　　(　　　)

6. 曲轴一般采用优质高碳钢或高碳合金钢模锻,其主轴颈和连杆轴颈表面上均高频淬火或氮化,以提高耐磨性。　　　　　　　　　　　　　　　(　　　)

7. 曲轴产生弯曲变形,是由于使用不当和维修、装配不当造成的。　(　　　)

8. 主轴颈和连杆轴颈向最大磨损部位相互对应,即各主轴颈的最大磨损部位靠近主轴颈一侧;连杆轴颈的最大磨损部位在主轴颈一侧。　　　　　　(　　　)

9. 点火过迟,不会导致发动机动力不足,不会出现排气管放炮。　　(　　　)

10. 点火时刻即点火提前角的大小直接影响缸内最高燃烧压力、压力升高率及最高燃烧温度等,进而改变整机宏观性能。　　　　　　　　　　　　(　　　)

11. 点火正时失准通常表现为点火正时过于提前或点火正时过迟。　(　　　)

12. 点火正时随辛烷值的变化,是在静态情况下通过获得最佳初始点火提前角,亦即获得最佳分电器壳固定位置得到的。　　　　　　　　　　　　(　　　)

13. 可变气门正时技术还可以使发动机在低转速下提供更多的扭矩输出,从而提高发动机的驾驶感受和舒适性。　　　　　　　　　　　　　　　(　　　)

14. 可变气门正时技术的作用主要有以下几个方面:提高发动机的效率,提高发动机的性能,提高发动机的噪声和振动,提高发动机的可靠性。　　　(　　　)

15. 发动机的配气相位对其动力性、经济性及排气污染都没有的影响。(　　　)

三、实操练习题

1. 正确使用汽缸压力表测量3缸压力值,并与维修手册对比。

2. 正确使用按维修手册按步骤拆卸曲轴并检查记录,并测量曲轴轴向间隙与维修手册对比。

3. 正确使用按维修手册按步骤拆卸汽缸并检查记录,测量汽缸圆度、圆柱度,并与维修手册对比。

学习任务五

汽车发动机机油警告灯亮故障检修

学习目标 〉〉〉

1. 知识目标

（1）能通过情景模拟，对照发动机实物，准确描述发动机润滑系统、机油冷却系统的基本构造、部件功能及基本工作原理，并能列举润滑系统常见故障及其原因。

（2）能查阅相关资料，说明发动机润滑系统的润滑方式，以及润滑油路的类型和组成。

（3）能查找相关资料，对互联网资源进行检索，并准确描述机油滤清器、机油泵的结构、工作原理以及拆装更换的安全操作规程。

2. 技能目标

（1）能正确选用工量具与仪器，对机油压力进行检测。

（2）能在规定时间内完成润滑系统零部件拆卸、解体、清洗、装配等步骤的具体操作。

（3）能实施润滑系统零部件的检查和维修，完成数据计算及记录。

（4）能在实施过程中记录拆装、检测与维修步骤等重要内容，完成维修工单、工作页的填写。

3. 素养目标

（1）培养良好的工作习惯。

（2）培养严谨的工作态度，贯彻严格的质量要求。

（3）培养热爱劳动的生活习惯。

参考学时 〉〉〉

40 学时。

任务描述 〉〉〉

一辆汽车进厂维修，客户反映汽车在行驶过程中，发动机机油警告灯亮。经班组长初步检查,判断可能是润滑系统出现故障,需要对发动机润滑系统进行检修。

学习活动 1　机油的检查与更换

⚙ 一、明确任务

根据任务描述,汽车在行驶过程中,机油警告灯亮,经班组长初步检查,判断可能是润滑系统的机油出现了问题,需要对机油进行检查与更换,使其恢复正常使用性能。

⚙ 二、工作准备与计划制订

(一)知识准备

1.机油的作用(图5-1)

(1)润滑作用。润滑_____(如曲轴与主轴承、活塞与汽缸壁、正时齿轮副),减小_____和磨损,减小发动机的功率消耗。

(2)清洗作用。机油在润滑系内不断循环,清洗_____,带走磨屑和其他异物。

(3)冷却作用。机油在润滑系内循环还可带走摩擦产生的热量(6%~14%的热量),维持零件正常的工作温度。

图5-1　机油的功用

(4)密封作用。在运动零件之间(如活塞环、活塞裙部表面与汽缸壁之间的环形间隙)形成油膜,提高它们的密封性,有利于防止漏气或漏油。

(5)防锈蚀作用。在零件表面形成油膜,对零件表面起保护作用,防止腐蚀生锈。

2.机油的分类

机油除了最基本的润滑作用外,还具有冷却、清洗、密封和防锈等功能。机油的分类,国际上广泛采用SAE(美国工程师学会)黏度分类法和API(美国石油学会)使用性能分类法。

SAE按照不同的黏度等级,将机油分为_____和_____两类。冬季用机油有6种牌号:SAE0W、SAE5W、SAE10W、SAE15W、SAE20W和SAE25W;非冬季用机油有4种牌号:SAE20、SAE30、SAE40和SAE50,如图5-2所示。

API根据机油的性能及其适合使用的场合,将机油分为_____和_____两类。S系列为汽油机油,目前有SA~SJ、SL共10个级别;C系列为_____,目前有

CA～CD、CD-Ⅱ、CE、CF-4、CF、CF-Ⅱ和CG-4共10个级别。目前常用的API等级机油,如图5-2所示。

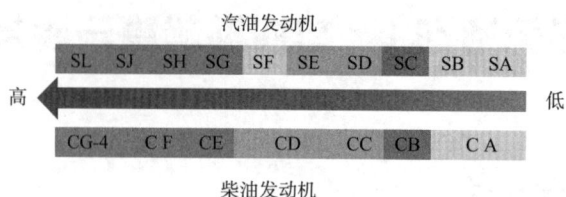

汽油发动机

| SL | SJ | SH | SG | SF | SE | SD | SC | SB | SA |

高 ← 低

| CG-4 | C F | CE | CD | CC | CB | C A |

柴油发动机

图5-2 机油的分级

3.机油的检查

(1)机油黏度。_____是评价机油品质的主要指标,它随温度的变化而变化,温度高则_____,温度低则_____。夏季气温高,要用黏度大的机油,否则将因机油过稀而不能使发动机得到可靠的润滑。冬季气温低,要用_____的机油,否则机油将因黏度过大而流动性差,不能及时被送到机件的摩擦间隙中。因此,机油黏度应满足_____和_____的要求。

(2)机油油位。机油油位通过_____进行检测。油底壳内的机油量应保持在机油尺的上限与下限之间。通常添加机油时,应加至机油尺的上限,以防止因_____而使油位快速降低至下限以下。

(3)机油质量。在检查机油油位的同时,需要观察机油是否_____。如果机油是黑褐色或墨黑色,以至于机油尺上的标记模糊不清,或机油中有_____,以及_____、_____等情况,均需及时更换。

4.机油换油期的确定

合理使用机油的关键是正确选择_____,换油周期过长,会增加_____;换油周期过短,则会造成_____。

在实际使用中,通常可以根据汽车维修养护手册中规定的周期换油。厂家规定的换油周期指的是在正常行驶条件下的换油周期,即轻负荷、长距离、高速行驶。但由于实际使用环境、条件不同,换油周期也会与厂家的规定有所差异,确定换油周期还应考虑以下因素。

(1)发动机工况。

即使是同一辆车,在不同的路况行驶,在不同的使用阶段,其换油行驶里程也会有所差别。新车发动机内部清洁,很少有积炭等杂质,因而换油周期可以_____。但也不应过长,再好的机油使用一定里程后,其_____也会发生变化,尤其是其中的添加剂成分会逐渐失效,起不到_____。旧发动机内部积炭、胶质较多,新机油加入后很容易被污染,引起色变和质变,因此换油周期应_____。

(2)所使用机油的质量等级。

现代汽车尤其是乘用车多为高转速发动机,对机油品质的要求较高。一般来讲,SF级以前的机油具有良好的_____、_____、_____和高温剪切下的

_____,品质稳定,可长时间不变,能对发动机提供可靠的保护,换油周期可长些。SF以后低级别的机油,在苛刻工况下的稳定性较差。

(3)使用环境的影响。

使用环境对机油也有一定的影响,在灰尘大的环境下行驶,容易加快机油的变质。因为空气滤清器不可能100%起作用,灰尘会磨损发动机的机件表面,并与油混合成油泥。在苛刻的高温行驶条件下,油品更容易_____。客户不仅应针对环境选用_____、_____的机油,还应当缩短换油周期,具体要求视情况而定。

(4)运行条件的影响。

经常行驶于车流量较大、交通拥挤的城市中,由于车速变化大,走停频繁,则换油周期应相对短一些。经常短途行驶的车比高速行驶的长途车的换油周期也应相对短一些。

对于货车,如果经常满负荷使用,机油老化的速度会明显加快,它的换油周期一定要缩短。

(二)制订工作方案

1. 任务分工(表5-1)

学生任务分配表 表5-1

班级		组号		指导老师	
组长		任务分工			
组员1		任务分工			
组员2		任务分工			
组员3		任务分工			
组员4		任务分工			
组员5		任务分工			
组员6		任务分工			

2. 工量具、仪器设备与耗材准备

(1)使用的工量具有:_____。

(2)使用的仪器设备有:_____。

(3)使用的耗材有:_____。

3. 具体方案描述

_____

_____

_____

_____

_____

三、计划实施

(一)安全注意事项及技能要点

1. 安全注意事项

(1)进入车间应穿工鞋、戴工帽;工作服应整洁,无破损;操作时不可佩戴手表等金属饰品,以防划伤车辆表面。

(2)举升车辆时,应严格按照举升机使用方法进行操作,并通知其他人员远离举升设备。

(3)更换油液或配件时,应处理好油液和配件的回收清理工作,以免对工作环境造成污染。

2. 技能要点

(1)正确识读机油尺刻度。

(2)选择合适工具,按照维修手册要求拆装放油螺栓。

(3)正确操纵举升机,注意举升机提升臂的角度和长度。

3. 基本检查准备工作

(1)汽车进入工位前,将工位清理干净,准备好相关的器材。

(2)将汽车停驻在举升机中央位置。

(3)拉紧驻车制动器操纵杆,并将变速杆置于空挡位置。

(4)套上转向盘护套、变速杆手柄套和座位套,铺设脚垫。

(5)在车内拉动发动机舱盖手柄。

(6)在车外打开并支撑发动机舱盖。

(7)粘贴翼子板和前格栅磁力护裙。

(二)机油的检查与更换

机油的检查与更换见表5-2。

机油的检查与更换操作方法及说明   表5-2

步骤	操作方法及说明	质量标准及记录
1. 发动机起动预热及安全防护	(1)打开发动机舱盖,铺好翼子板布和三件套;起动发动机并怠速运转3~5min(冷却水温度达到60~70℃),停止发动机运转2~3min。	□正确实施安全防护 □正确完成发动机预热工作

步骤	操作方法及说明	质量标准及记录
2. 检查机油尺	(2)拔出机油尺用抹布擦拭后,重新将机油尺完全插入,再次拔出机油尺观察。如果机油处于上限(MAX 或 F 标记)、下限(MIN 或 L 标记)之间。说明不缺少机油;如果机油在下限左右,说明机油有异常消耗,应查明原因并解决 	□正确判断机油刻度线
3. 调整举升机举升汽车	(1)调整举升机。 (2)操纵举升机,将汽车升到适当高度。确认汽车可靠固定后,方可进入车下作业 	□正确调整举升机提升臂的角度和长度 □正确使用举升机举升汽车
4. 回收废机油	将机油回收盆放在油底壳放油螺塞的正下方,用扳手拧松放油螺塞,然后用手缓缓旋出放油螺塞,让废机油流入回收盆 (注意事项:排放时,注意机油不要流到手上,以免烫伤手;废机油中有很多种有害物质,不要长时间接触)	□正确回收废机油

步骤	操作方法及说明	质量标准及记录
5.安装放油螺栓加注机油	（1）先用手拧入放油螺塞,然后用梅花扳手将放油螺塞拧至规定力矩。 （2）操纵举升机,将汽车平稳降至地面。 （3）擦净机油加注口盖周围,旋下加注口盖,利用漏斗加注机油 	□正确使用工具安装放油螺栓 □正确使用举升机下降汽车 □正确使用工具加注机油
6.检查加注机油量	（1）当加注量接近油桶容量的3/4时,停止加注机油。2～3min后,拔出机油尺,擦净机油尺后重新将其插入到位,再次拔出机油尺,机油液面高度应位于机油尺上、下限之间,边检查液面高度,边加注机油,但不允许液面高于机油尺上限。 （2）检查油面高度及有无渗漏,并完成场地"8S"工作 	□正确判断机油加注量是否合适 □按照"8S"管理要求整理

四、评价反馈(表5-3)

评价表 表5-3

评分项目	评分标准	分值(分)	得分(分)
学习目标	能明确本任务的知识、技能、素养目标,理解任务在工作中的重要程度	5	
工作任务分析	能清晰描述完成本次工作任务内容	2	
	能清晰描述完成本次工作任务需必备的技能与知识点	2	
有效信息获取	能清晰描述机油分类标准	10	
	能清晰描述机油检查及更换方法	10	
	能清晰描述举升机使用方法	10	
实施方案制订	能清晰地制订并填写本次发动机润滑系统机油的认知准备作业计划	5	
	能组织或协同工作小组成员,明确本次任务所需仪器设备、工具、材料,并准备记录	5	
	能组织或协同工作小组成员交流,优化检查方案并记录	5	
任务实施	能正确完成安全防护和准备工作	5	
	能正确操纵举升机	5	
	能合理拆装放油螺栓	5	
	能正确利用机油尺检查机油量	10	
	能正确使用工具加注机油并检查	5	
任务评价	能通过本次任务实施,结合自己在实训过程中的表现,进行自我评价及自我反思并记录	3	
职业素养	按规定时间完成项目作业	2	
	遵守实训室管理规定、劳动纪律	2	
	积极参与课堂活动、回答问题	2	
	能够按时出勤	2	
思政要求	各小组能够按照规范的操作方式完成任务,同时任务过程做到精益求精,弘扬大国工匠精神;实训过程中必须团结一致、相互合作,热爱劳动,操作过程中注意安全,实现"8S"管理	5	
总分		100	
改进建议:			

教师签字:

日期:

学习活动2　机油渗漏的检修

一、明确任务

根据任务描述,汽车在行驶过程中,发动机机油警告灯亮,经班组长初步检查,判断可能是润滑系统机油出现渗漏问题,需要对发动机润滑系统的机油渗漏问题进行检查,使其恢复正常使用性能。

二、工作准备与计划制订

(一)知识准备

1.润滑系统的结构

发动机润滑系统的功用就是在发动机工作时,会连续不断地将数量、压力足够的润滑油输送到各传动件的摩擦表面,从而减小摩擦阻力、降低功率消耗,以提高发动机工作的可靠性和耐久性。

润滑系统一般由_____、_____、_____、_____、_____、_____等组成。如图5-3所示。

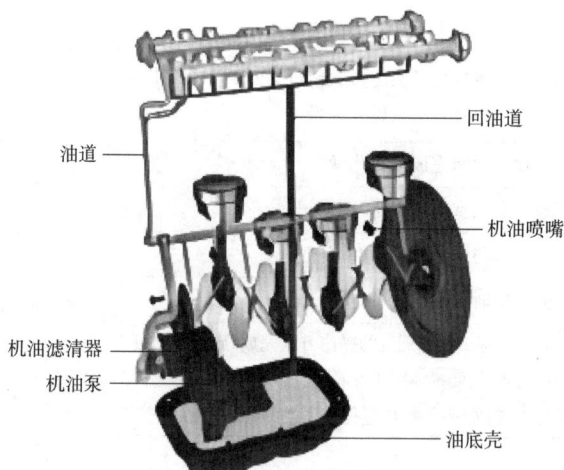

图5-3　润滑系统的组成

2.发动机的润滑方式

由于发动机各运动零件的工作条件不同,对润滑强度的要求也就不同,因而要相应地采取不同的润滑方式。

(1)压力润滑。

压力式润滑是依靠_____实现的,机油泵将具有一定压力的润滑油源源不断地送到零件的摩擦面上,形成具有一定厚度并能承受一定机械负荷的_____,尽量将两摩擦零件完全隔开,实现可靠的润滑。

(2)飞溅润滑。

利用发动机工作时,运动零件_____的油滴或油雾来润滑摩擦表面的润滑方式称为_____。这种润滑方式可使汽缸壁、相对滑动速度较小的活塞销、以及配气机构的凸轮表面、挺柱等得到润滑。

(3)润滑脂润滑。

对一些不太重要、分散的部位,采用定期加入_____的方式进行润滑,如发动机水泵轴承、发电机、起动机和分电器等总成的润滑均采用这种润滑方式。

3.机油的选用

机油的选用,首先根据车辆使用说明书或发动机的工作条件确定发动机机油的质量等级;其次,根据车辆使用地区的_____选择合适的机油黏度等级。

(1)质量等级的选用。

机油质量等级的选用必须严格按照汽车使用说明书的规定。在无车辆使用说明书的情况下,可根据_____的苛刻程度,选用合适质量等级的润滑油。

(2)黏度等级的选用。

黏度等级的选用是根据车辆的_____和_____来选择的,我国发动机润滑油黏度等级与适用温度范围如图5-4所示。由于单级油不可能同时满足低温及高温的要求,因此只能根据当地季节气温适当选用;而多级油的优越性是它的黏温性能好、适用温度范围宽,特别是在严寒地区以及短途运输、低温起动较多的情况下,其优越性更为明显,故应尽量选用多级油。

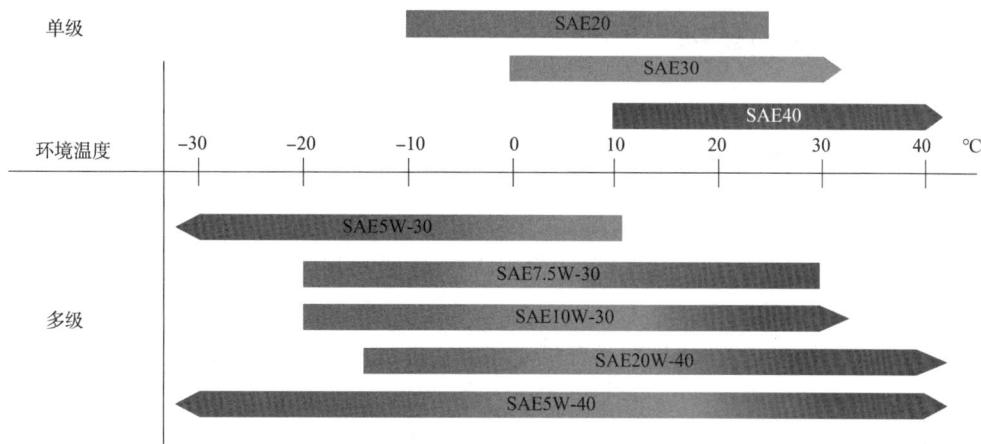

图5-4 黏度等级表

(二)制订工作方案

1.任务分工(表5-4)

学生任务分配表　　　　　　　　　　　　　　　表5-4

班级		组号		指导老师	
组长		任务分工			
组员1		任务分工			
组员2		任务分工			
组员3		任务分工			
组员4		任务分工			
组员5		任务分工			
组员6		任务分工			

2.工量具、仪器设备与耗材准备

(1)使用的工量具有:＿＿＿＿＿＿＿＿＿＿＿＿＿＿＿＿＿＿＿＿＿＿＿。

(2)使用的仪器设备有:＿＿＿＿＿＿＿＿＿＿＿＿＿＿＿＿＿＿＿＿＿。

(3)使用的耗材有:＿＿＿＿＿＿＿＿＿＿＿＿＿＿＿＿＿＿＿＿＿＿＿＿。

3.具体方案描述

＿＿＿＿＿＿＿＿＿＿＿＿＿＿＿＿＿＿＿＿＿＿＿＿＿＿＿＿＿＿＿＿＿＿＿

＿＿＿＿＿＿＿＿＿＿＿＿＿＿＿＿＿＿＿＿＿＿＿＿＿＿＿＿＿＿＿＿＿＿＿

＿＿＿＿＿＿＿＿＿＿＿＿＿＿＿＿＿＿＿＿＿＿＿＿＿＿＿＿＿＿＿＿＿＿＿

＿＿＿＿＿＿＿＿＿＿＿＿＿＿＿＿＿＿＿＿＿＿＿＿＿＿＿＿＿＿＿＿＿＿＿

＿＿＿＿＿＿＿＿＿＿＿＿＿＿＿＿＿＿＿＿＿＿＿＿＿＿＿＿＿＿＿＿＿＿＿

三、计划实施

(一)安全注意事项及技能要点

1.安全注意事项

(1)进入车间应穿工鞋、戴工帽;工作服应整洁,无破损;操作时不可佩戴手表等金属饰品,以防划伤车辆表面。

(2)举升车辆时,应严格按照举升机使用方法进行操作,并通知其他人员远离举升设备。

(3)更换油液或配件时,应处理好油液和配件的回收清理工作,以免对工作环境造成污染。

2.技能要点

(1)正确识读机油尺刻度。

(2)选择合适工具,按照维修手册要求拆装放油螺栓。

(3)正确操纵举升机,注意举升机提升臂的角度和长度。

(4)正确使用目视检查法查找泄漏点。

3.基本检查准备工作

(1)汽车进入工位前,将工位清理干净,准备好相关的器材。

(2)将汽车停驻在举升机中央位置。

(3)拉紧驻车制动器操纵杆,并将变速杆置于空挡位置。

(4)套上转向盘护套、变速杆手柄套和座位套,铺设脚垫。

(5)在车内拉动发动机舱盖手柄。

(6)在车外打开并支撑发动机舱盖。

(7)粘贴翼子板和前格栅磁力护裙。

(二)机油渗漏的检修

机油渗漏的检修见表5-5。

机油渗漏的检修操作方法及说明　　　　　　　　表5-5

步骤	操作方法及说明	质量标准及记录
1.发动机起动预热及安全防护	打开发动机舱盖,铺好翼子板布和三件套;起动发动机并急速运转3～5min(冷却水温度达到60～70℃),停止发动机运转2～3min 	□正确实施安全防护 □正确完成发动机预热工作
2.检查机油尺	拔出机油尺用抹布擦拭后,重新将机油尺完全插入,再次拔出机油尺观察。如果机油处于上限(MAX 或 F 标记)、下限(MIN 或 L 标记)之间,说明不缺少机油;如果机油在下限左右,说明机油有异常消耗,应查明原因并解决 	□正确判断机油刻度线

步骤	操作方法及说明	质量标准及记录
3.调整举升机举升汽车	(1)调整举升机。 (2)操纵举升机,将汽车升到适当高度,确认汽车可靠固定后,方可进入车下作业 	□正确调整举升机提升臂的角度和长度 □正确使用举升机举升汽车
4.目视检查	检查曲轴前、后油封和放油螺塞、油底壳衬垫等处是否有机油泄漏现象,油底壳是否存在变形现象 	□正确检查常规泄漏点和是否出现变形现象
5.检查泄漏	(1)汽车空挡状态下起动发动机,轻踩油门。 (2)用干净的抹布擦拭放油螺塞和机油滤清器与发动机连接的缝隙处,查看是否存在机油泄漏现象。 (3)复查机油液位 	□正确检查连接的缝隙处是否存在机油泄漏现象 □正确复查机油液位

步骤	操作方法及说明	质量标准及记录
6.查找机油泄漏点	在油底壳下面铺上浅色的纸,观察几分钟,如果有渗漏,根据油滴在纸上的位置,可以找到泄漏的部位 	□正确找出机油泄漏点
7.场地整理	完成场地"8S"工作	□按照"8S"管理要求整理

四、评价反馈(表5-6)

评价表   表5-6

评分项目	评分标准	分值(分)	得分(分)
学习目标	能明确本任务的知识、技能、素养目标,理解任务在工作中的重要程度	5	
工作任务分析	能清晰描述完成本次工作任务内容	2	
	能清晰描述完成本次工作任务需必备的技能与知识点	2	
有效信息获取	能清晰描述机油选用标准	10	
	能清晰描述机油渗漏的检查方法	10	
实施方案制订	能清晰地制订并填写本次发动机润滑系统机油渗漏检修的准备作业计划	5	
	能组织或协同工作小组成员,明确本次任务所需仪器设备、工具、材料,并准备记录	5	
	能组织或协同工作小组成员交流,优化检查方案并记录	5	
任务实施	能正确完成发动机起动预热和安全防护作业	5	
	能正确检查机油尺并举升汽车	10	
	能正确目视检查油底壳及常规泄漏点	10	
	能正确查找润滑油泄漏点	10	
	能正确完成场地"8S"工作	5	
任务评价	能通过本次任务实施,结合自己在实训过程中的表现,进行自我评价及自我反思并记录	3	

续上表

评分项目	评分标准	分值(分)	得分(分)
职业素养	按规定时间完成项目作业	2	
	遵守实训室管理规定、劳动纪律	2	
	积极参与课堂活动、回答问题	2	
	能够按时出勤	2	
思政要求	各小组能够按照规范的操作方式完成任务,同时任务过程做到精益求精,弘扬大国工匠精神;实训过程中必须团结一致、相互合作,热爱劳动,操作过程中注意安全,实现"8S"管理	5	
总分		100	

改进建议:

教师签字:

日期:

学习活动 3　机油滤清器的检查与更换

一、明确任务

根据任务描述,汽车在行驶过程中,发动机机油警告灯亮。经班组长初步检查,判断可能是润滑系统中机油滤清器出现问题,需要对发动机的机油滤清器进行检查与更换,使其恢复正常使用性能。

二、工作准备与计划制订

(一)知识准备

为了保证机油的清洁度,延长机油的使用寿命,在润滑系统中安装了机油过滤装置。机油过滤装置根据过滤效果的不同分为_____和_____。

1. 机油滤清器的作用

机油滤清器的作用是保证机油的_____,滤除机油中的金属磨屑、机械杂质和机油氧化物,保持机油的清洁。

2. 机油滤清器的分类

按过滤能力分为集滤器、粗滤器、细滤器。

(1)集滤器。

机油集滤器用以防止较大的机械杂质进入机油泵。机油集滤器也称"滤网",安装在机油泵进油口的前面,如图5-5所示。

(2)粗滤器。

粗滤器用以滤去机油中直径为0.05mm以上的较大杂质。它对机油的流动阻力较小,故可串联于_____与_____中间,属于全流式滤清器,如图5-6所示。

(3)细滤器。

细滤器用以清除直径在0.001mm以上的细小杂质。由于这种滤清器对机油的流动阻力较大,故多做成_____,即与_____并联,只有少量机油通过细滤器,如图5-7所示。

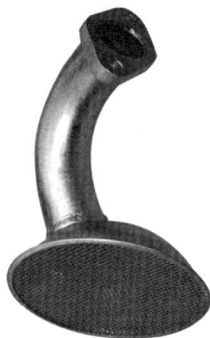  

图5-5 集滤器 　　　　图5-6 粗滤器 　　　　图5-7 细滤器

3. 机油滤清器的结构

机油滤清器安装在正时链条盖下部,主要由上盖、壳体、滤芯、内孔管、安全阀等组成,如图5-8所示。

4. 机油滤清器的工作原理

机油滤清器可以滤除机油中的杂物、胶油和水分,向各润滑部件输送洁净的机油。当带有杂质的机油从纸滤芯的外围进入滤清器中心时,杂质被过滤在滤芯上,当滤芯严重堵塞时,旁通阀开启,机油不经过滤芯过滤直接进入主油道,防止机油断供现象的发生,具体如图5-9所示。

5. 机油滤清器的特性

机油滤清器不仅要具备排除有害杂质的能力,而且作为润滑系统中的一个部件,必须满足主机运转的要求,因此,机油滤清器有它自己的工作特性。

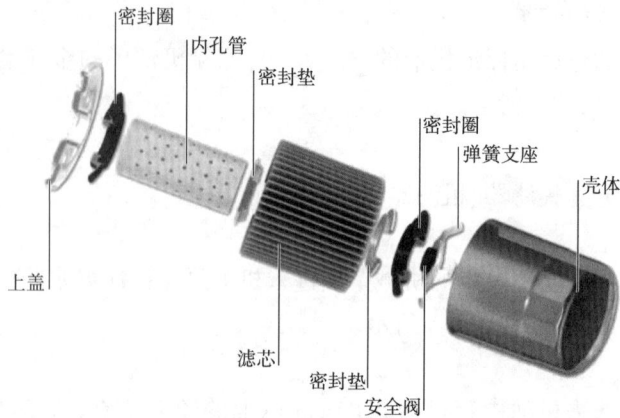

图 5-8　机油滤清器的组成

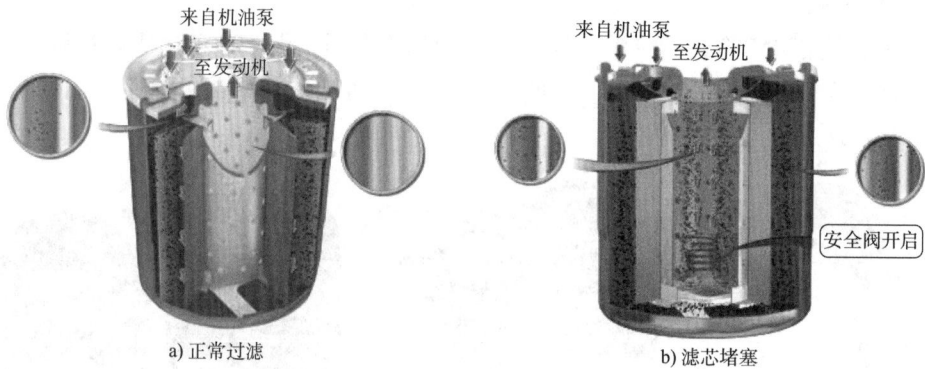

a) 正常过滤　　　　　　　　　　　　b) 滤芯堵塞

图 5-9　机油滤清器工作原理

（1）流量阻力特性,在一定的流量下滤清器前后产生的压差,这个压力差即_____,也是压力损失值,它的数值应尽可能小。滤清器的流量阻力特性可在试验台上测定。

（2）原始滤清效率特性,滤清器必须能滤出一定尺寸一定数量的杂质粒子。对新滤芯测定的过滤效率,称为_____,(一般地说,在使用中由于滤芯表面上逐渐堆积起来杂质层,过滤效率愈来愈低。所以,滤芯在整个使用寿命期内的平均效率要比原始效率低)。测定原始滤清效率时,把含有一定数量一定尺寸粒子的油料,以一定流量一次通过_____,分析过滤后油料中杂质含量,便可计算出原始过滤效率,若用多种规格的粒子进行测试,便可得出不同的效率数据。

（3）寿命特性,一个新滤芯从开始使用到堵塞,即滤芯的前后压力差达到滤清器旁通阀开启压力的数值,或与此相应的发动机运转小时数或车辆行驶里程数,被称为_____(一次使用寿命)。在试验台上测定这个特性时,需在试验油中不断加入堵塞杂质,使滤芯在实际使用条件下更快地堵塞。在试验过程中,定时记录滤清器的前后压力差,当压力差达到_____时,试验即告终止。到这时为止的小时数或已加入的试验杂质总量,即作为评价滤清器寿命的指标,在寿命试验中,还可以定时测定滤清器的滤清效率,称为_____,代表滤清器在堵塞过程中过滤效率的变化。理想的机油滤清器应该是流量大,阻力小,过滤效率高,寿命长。但实际上各个特性是相互制约的,如流量大时阻力便上升;过滤效率很高常常伴随着阻力上升快,使用寿命短等缺点。

(二)制订工作方案

1.任务分工(表5-7)

学生任务分配表 表5-7

班级		组号		指导老师	
组长		任务分工			
组员1		任务分工			
组员2		任务分工			
组员3		任务分工			
组员4		任务分工			
组员5		任务分工			
组员6		任务分工			

2.工量具、仪器设备与耗材准备

(1)使用的工量具有:_____。

(2)使用的仪器设备有:_____。

(3)使用的耗材有:_____。

3.具体方案描述

_____

_____

_____

_____

三、计划实施

(一)安全注意事项及技能要点

1.安全注意事项

(1)进入车间应穿工鞋、戴工帽;工作服应整洁,无破损;操作时不可佩戴手表等金属饰品,以防划伤车辆表面。

（2）举升车辆时,应严格按照举升机使用方法进行操作,并通知其他人员远离举升设备。

（3）更换油液或配件时,应处理好油液和配件的回收清理工作,以免对工作环境造成污染。

（4）不要让机油溅出回收盆,并小心被烫伤。

（5）选择合适工具,规范操作,避免因工具使用不当受伤。

2. 技能要点

（1）正确识读机油尺刻度。

（2）选择合适工具,按照维修手册要求拆装放油螺栓。

（3）正确操纵举升机,注意举升机提升臂的角度和长度。

（4）正确选用工具拆装机油滤清器。

3. 基本检查准备工作

（1）汽车进入工位前,将工位清理干净,准备好相关的器材。

（2）将汽车停驻在举升机中央位置。

（3）拉紧驻车制动器操纵杆,并将变速杆置于空挡位置。

（4）套上转向盘护套、变速杆手柄套和座位套,铺设脚垫。

（5）在车内拉动发动机舱盖手柄。

（6）在车外打开并支撑发动机舱盖。

（7）粘贴翼子板和前格栅磁力护裙。

（二）机油滤清器的检查与更换

机油滤清器的检查与更换见表5-8。

机油滤清器的检查与更换操作方法及说明　　　　　　　　表5-8

步骤	操作方法及说明	质量标准及记录
1. 发动机起动预热及安全防护	打开发动机舱盖,铺好翼子板布和三件套;起动发动机并急速运转3～5min(冷却水温度达到60～70℃),停止发动机运转2～3min	□正确实施安全防护 □正确完成发动机预热工作

步骤	操作方法及说明	质量标准及记录
2.检查机油尺	拔出机油尺用抹布擦拭后,重新将机油尺完全插入,再次拔出机油尺观察。如果机油处于上限(MAX 或 F 标记)、下限(MIN 或 L 标记)之间。说明不缺少机油;如果机油在下限左右,说明机油有异常消耗,应查明原因并解决 	□正确判断机油刻度线
3.调整举升机举升汽车	(1)调整举升机。 (2)操纵举升机,将汽车升到适当高度,确认汽车可靠固定后,方可进入车下作业 	□正确调整举升机提升臂的角度和长度 □正确使用举升机举升汽车
4.拆装机油滤清器	(1)用机油滤清器专用扳手拆下旧的机油滤清器,将残存在机油滤清器的机油倒入回收盆中。 (**注意**:拆卸机油滤清器时,必须佩戴防护手套,操作时,注意机油不要流到手上,以免烫伤) (2)检查并清洁机油滤清器的安装面,在新的机油滤清器 O 形圈上涂抹一层干净的机油。	□正确使用工具拆装机油滤清器 □正确检查并清洁机油滤清器的安装面

步骤	操作方法及说明	质量标准及记录
4.拆装机油滤清器	 （3）安装机油滤清器，用手将机油滤清器轻轻地旋到位并拧紧，直到衬垫开始接触机油滤清器底座。 （4）紧固机油滤清器，使用定扭扳手和机油滤清器专用工具按照规定转矩紧固机油滤清器。转矩为18N·m （**注意**：安装好机油滤清器之后，要注意清洁其表面，要对机油收集容器中的机油进行环保处理）	
5.安装放油螺栓	检查放油螺塞垫片是否损坏，如有断裂应进行更换，用棉纱擦净放油螺塞上吸附的金属屑，先用手拧入放油螺塞，然后用梅花扳手将放油螺塞拧至规定力矩 	□正确检查安装放油螺塞及垫片

步骤	操作方法及说明	质量标准及记录
6. 场地"8S"安全检查	检查油面高度及有无渗漏,并完成场地"8S"工作 	□按照"8S"管理要求整理

四、评价反馈(表5-9)

评价表　　　　　　　　　　　　　　　　　　　　　　　　表5-9

评分项目	评分标准	分值(分)	得分(分)
学习目标	能明确本任务的知识、技能、素养目标,理解任务在工作中的重要程度	5	
工作任务分析	能清晰描述完成本次工作任务内容	2	
	能清晰描述完成本次工作任务需必备的技能与知识点	2	
有效信息获取	能清晰描述机油滤清器作用	10	
	能清晰描述机油滤清器分类	10	
	能清晰描述机油滤清器拆装步骤	10	
实施方案制订	能清晰地制订并填写本次发动机润滑系统机油滤清器检查与更换的准备作业计划	5	
	能组织或协同工作小组成员,明确本次任务所需仪器设备、工具、材料,并准备记录	5	
	能组织或协同工作小组成员交流,优化检查方案并记录	5	
任务实施	能完成发动机起动预热及安全防护作业	5	
	能正确举升汽车至指定位置	5	
	能正确拆装机油滤清器	10	
	能正确安装放油螺栓	10	
	能正确完成场地"8S"工作	5	
任务评价	能通过本次任务实施,结合自己在实训过程中的表现,进行自我评价及自我反思并记录	3	

续上表

评分项目	评分标准	分值(分)	得分(分)
职业素养	按规定时间完成项目作业	2	
	遵守实训室管理规定、劳动纪律	2	
	积极参与课堂活动、回答问题	2	
	能够按时出勤	2	
思政要求	各小组能够按照规范的操作方式完成任务,同时任务过程做到精益求精,弘扬大国工匠精神;实训过程中必须团结一致、相互合作,热爱劳动,操作过程中注意安全,实现"8S"管理	5	
总分		100	

改进建议:

教师签字:

日期:

学习活动4　机油压力及压力开关的检测

一、明确任务

根据任务描述,汽车在行驶过程中,发动机机油警告灯亮。经班组长初步检查,判断可能是润滑系统的机油压力及压力开关出现问题,需要对发动机的机油压力及压力开关进行检查与零部件更换,使其恢复正常使用性能。

二、工作准备与计划制订

(一)知识准备

1. 油压报警装置

如图5-10所示,油压报警装置由_____和_____组成,该装置用以指示发动机工作时润滑系中_____的大小,是否正常地输送到了发动机的各个部位。

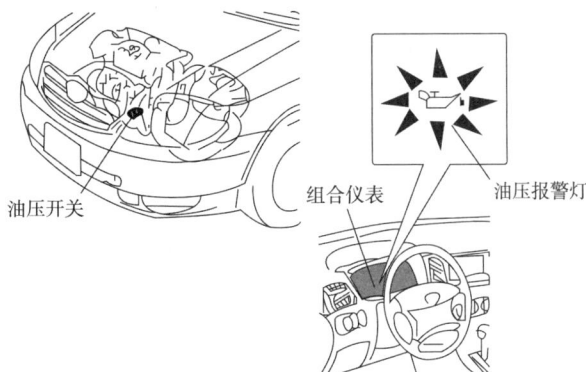

图 5-10　油压报警装置

油压报警灯安装在组合仪表上,通常打开点火开关后,报警灯点亮。当发动机起动后,_____在润滑油道内建立油压。油压将_____推开,报警灯熄灭。

机油压力开关通常为一常闭的压力开关,安装在发动机的润滑油道中,有些车型根据安装的位置不同和所需打开的压力的不同分为_____和_____,一只安装在缸体油道上,一只安装在缸盖油道上。

2.机油压力传感器

双金属片有两种膨胀系数不同的金属制成,受热时,_____的一面向_____的一面弯曲。当电路中有电流通过时,绕在双金属片上的线圈产生热量,造成传感器双金属片_____,_____,_____;而指示表双金属片受热弯曲,使指针偏转,指示机油压力的大小,如图 5-11 所示。

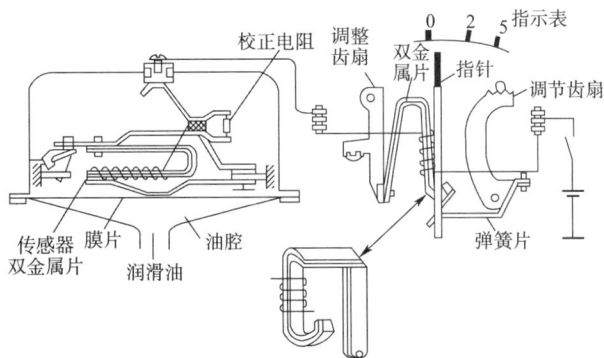

图 5-11　机油压力传感器

当机油压力很低时,则传感器膜片变形很小,作用在触点上的压力也很小,通电时,温度略有上升,传感器双金属片稍有变形,就会使_____,_____;冷却后_____,循环工作。因触点压力小,分开时长,接触时短,平均电流小,压力表内双金属片变形小,指针偏转量小,指示低油压。

当机油压力升高时,则传感器膜片变形增大,作用在触点上的压力也增大,传感器内双金属片被压,向上弯曲,需要通电时间长,双金属片变形量大,才能使触点分开,切断电路;稍一冷却触点又接通电路,循环工作。因此,机油压力升高时,触点分开时短,接触时长,平均电流大,压力表内双金属片变形大,指针偏转量大,指示高油压。

为使机油压力的指示值不受外界温度的影响,双金属片制成倒"U"形,其上绕有电热线圈的一边称为工作臂,另一边称为补偿臂。当外界温度变化时,工作臂的附加变形被补偿臂的相应变形所补偿,使指示表的读数不变。

在安装传感器时,箭头向上,保证工作臂位于补偿臂上方,避免工作臂产生热影响补偿臂。

发动机正常工作时,机油压力正常值为:低速不小于 0. 15MPa;高速不大于 0.5MPa。

(二)制订工作方案

1. 任务分工(表 5-10)

学生任务分配表

表 5-10

班级		组号		指导老师	
组长		任务分工			
组员 1		任务分工			
组员 2		任务分工			
组员 3		任务分工			
组员 4		任务分工			
组员 5		任务分工			
组员 6		任务分工			

2. 工量具、仪器设备与耗材准备

(1)使用的工量具有:_____。

(2)使用的仪器设备有:_____。

(3)使用的耗材有:_____。

3. 具体方案描述

_____

_____

_____

_____

_____

⚙ 三、计划实施

(一)安全注意事项及技能要点

1. 安全注意事项

(1)进入车间应穿工鞋、戴工帽;工作服应整洁,无破损;操作时不可佩戴手表等金属饰品,以防划伤车辆表面。

(2)举升车辆时,应严格按照举升机使用方法进行操作,并通知其他人员远离举升设备。

(3)更换油液或配件时,应处理好油液和配件的回收清理工作,以免对工作环境造成污染。

(4)不要让机油溅出回收盆,并小心被烫伤。

(5)选择合适工具,规范操作,避免因工具使用不当受伤。

2. 技能要点

(1)正确识读机油尺刻度。

(2)选择合适工具,按照维修手册要求拆装放油螺栓。

(3)正确操纵举升机,注意举升机提升臂的角度和长度。

(4)正确选用工具拆装机油压力开关。

(5)正确选用工具检测机油压力开关。

3. 基本检查准备工作

(1)汽车进入工位前,将工位清理干净,准备好相关的器材。

(2)将汽车停驻在举升机中央位置。

(3)拉紧驻车制动器操纵杆,并将变速杆置于空挡位置。

(4)套上转向盘护套、变速杆手柄套和座位套,铺设脚垫。

(5)在车内拉动发动机舱盖手柄。

(6)在车外打开并支撑发动机舱盖。

(7)粘贴翼子板和前格栅磁力护裙。

(二)机油压力及压力开关的检测

机油压力及压力开关的检测见表5-11。

机油压力及压力开关的检测操作方法及说明　　　　表5-11

步骤	操作方法及说明	质量标准及记录
1. 发动机起动预热及安全防护	打开发动机舱盖,铺好翼子板布和三件套;起动发动机并急速运转3~5min(冷却水温度达到60~70℃),停止发动机运转2~3min	□正确实施安全防护 □正确完成发动机预热工作

步骤	操作方法及说明	质量标准及记录
1.发动机起动预热及安全防护		
2.检查机油尺	拔出机油尺用抹布擦拭后,重新将机油尺完全插入,再次拔出机油尺观察,如果机油处于上限(MAX 或 F 标记)、下限(MIN 或 L 标记)之间,说明不缺少机油;如果机油在下限左右,说明机油有异常消耗,应查明原因并解决	□正确判断机油刻度线
3.调整举升机举升汽车	(1)调整举升机。 (2)操纵举升机,将汽车升到适当高度,确认汽车可靠固定后,方可进入车下作业	□正确调整举升机提升臂的角度和长度 □正确使用举升机举升汽车
4.拆卸机油压力开关	(1)拆卸右前轮。	□正确使用工具拆卸右前轮

续上表

步骤	操作方法及说明	质量标准及记录
4. 拆卸机油压力开关	(2)断开机油压力开关的连接线。 (3)用长套筒扳手拆下机油压力开关 	□正确使用工具断开机油压力开关的连接线 □正确使用工具拆卸机油压力开关
5. 检查机油压力开关	(1)断开机油压力开关连接器。 (2)起动发动机。 (3)测量电阻:急速运转时 10kΩ 或更大,发动机停止时小于 1Ω 	□正确使用工具断开机油压力开关的连接器 □正确使用工具测量电阻

步骤	操作方法及说明	质量标准及记录
6. 机油压力的检测	(1) 安装机油压力表。 (2) 使发动机暖机。 (3) 检查机油压力,如果油压不符合规定,检查机油泵,要求急速时25kPa或更高,3000rpm时150～550kPa 	□正确使用工具安装机油压力表 □正确检查机油压力,急速时25kPa或更高;3000rpm时150～550kPa
7. 安装机油压力开关	(1) 机油压力开关的2或3个螺纹上涂抹黏合剂。 (2) 用24mm长套筒扳手,安装机油压力开关,力矩为15N·m 	□正确使用工具安装机油压力开关
8. 场地"8S"安全检查	完成场地"8S"工作	□按照"8S"管理要求整理

四、评价反馈(表5-12)

评价表 　　　　　　　　　　　　　　　　　　　表5-12

评分项目	评分标准	分值(分)	得分(分)
学习目标	能明确本任务的知识、技能、素养目标,理解任务在工作中的重要程度	5	
工作任务分析	能清晰描述完成本次工作任务内容	2	
	能清晰描述完成本次工作任务需必备的技能与知识点	2	
有效信息获取	能清晰描述油压报警装置组成	10	
	能清晰描述油压报警装置拆装方法步骤	10	
	能清晰描述油压报警装置检测方法步骤	10	

评分项目	评分标准	分值(分)	得分(分)
实施方案制订	能清晰地制订并填写本次发动机润滑系统机油压力及压力开关的检测准备作业计划	5	
	能组织或协同工作小组成员,明确本次任务所需仪器设备、工具、材料,并准备记录	5	
	能组织或协同工作小组成员交流,优化检查方案并记录	5	
任务实施	完成发动机起动预热及安全防护作业	5	
	正确举升汽车至指定位置	5	
	正确检测机油压力开关	10	
	正确拆装机油压力开关	5	
	完成场地"8S"安全检查	5	
任务评价	通过本次任务实施,结合自己在实训过程中的表现,进行自我评价及自我反思并记录	3	
职业素养	按规定时间完成项目作业	2	
	遵守实训室管理规定、劳动纪律	2	
	积极参与课堂活动、回答问题	2	
	能够按时出勤	2	
思政要求	各小组能够按照规范的操作方式完成任务,同时任务过程做到精益求精,弘扬大国工匠精神;实训过程中必须团结一致、相互合作,热爱劳动,操作过程中注意安全,实现"8S"管理	5	
总分		100	

改进建议:

教师签字:

日期:

学习活动 5 机油泵的检查与更换

一、明确任务

根据任务描述,汽车在行驶过程中,发动机机油警告灯亮。经班组长初步检查,判断可能是润滑系统的机油泵出现问题,需要对发动机润滑系统的机油泵进行检查与更换,使其恢复正常使用性能。

二、工作准备与计划制订

(一)知识准备

1. 机油泵

机油泵把一定量的机油压力升高,强制性地将机油压送到发动机各摩擦表面上去。机油泵有_____和_____两种,如图 5-12 所示。

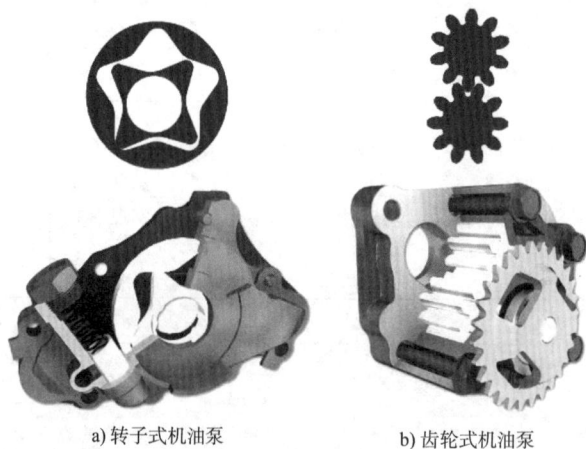

a)转子式机油泵   b)齿轮式机油泵

图 5-12 机油泵

(1)转子式机油泵。

转子式机油泵结构如图 5-13 所示,转子泵的_____与_____偏心安装,由_____驱动。外转子在油泵壳体内可自由转动,内转子驱动外转子。由于内外转子的齿数不同,转速也不等。当内转子转动,其齿脱离与外转子的啮合时,就产生了_____将油吸入油泵;当内转子的齿与外转子朝着啮合的方向转动,油压升高,此处就是机油泵的出油口。

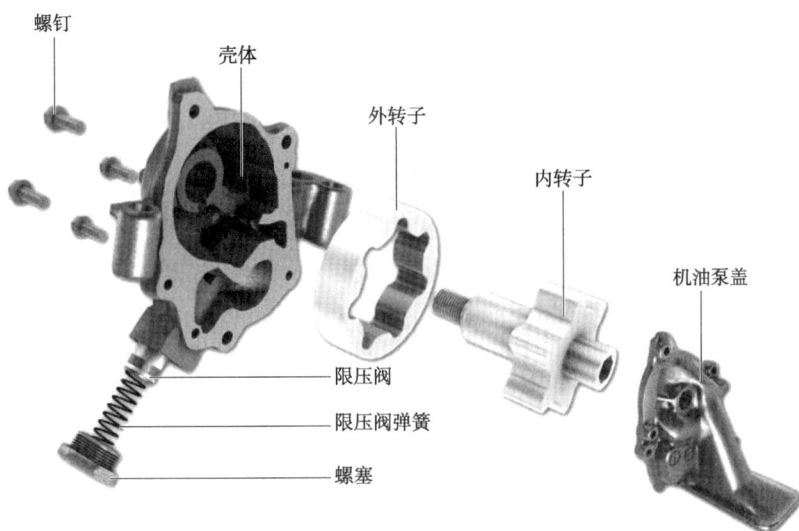

图 5-13　转子式机油泵

（2）齿轮式机油泵。

齿轮式机油泵如图 5-14 所示,齿轮上的各齿朝脱离的方向运转时,产生真空,机油被吸入;随着齿轮的继续转动,_____被送到另一侧;齿轮各齿朝_____的方向转时,机油从轮齿的_____压出,油压升高。

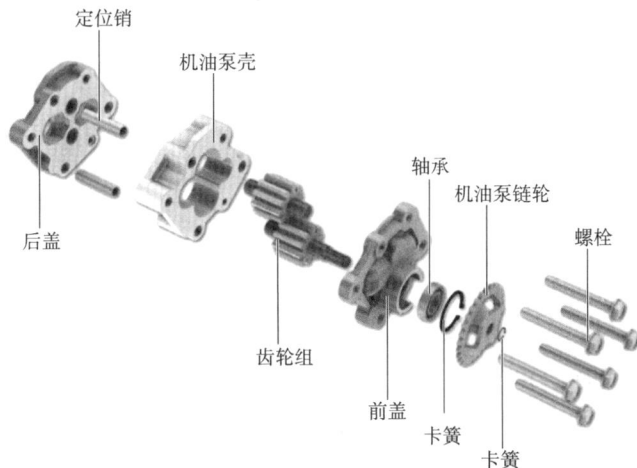

图 5-14　齿轮式机油泵

机油泵上常设有_____,用来保持油道内油压使其稳定在规定的范围。在泵盖上对应啮合齿处有一条卸压槽与出油腔相连,以降低啮合齿间的机油压力。

（3）机油泵常见损伤形式及成因。

机油泵的主要损伤形式是零件的磨损所造成的泄漏,使泵油压力降低和泵油量减少。机油泵的端面间隙、啮合间隙以及外转子与泵壳之间间隙的增大,各处密封性和限压阀的调整都将影响泵油量和泵油压力。由于机油泵工作时,润滑条件好,零件磨损速度慢,使用寿命长,故可以根据它的工作性能确定是否需要拆检和修理。如图5-15所示。

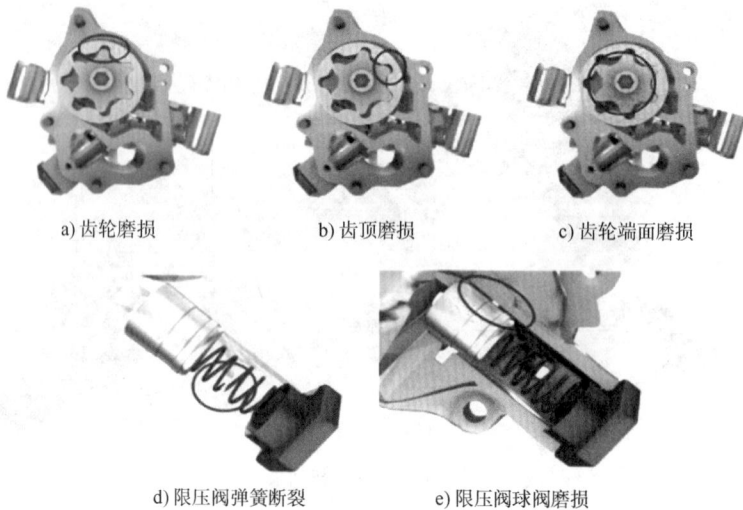

a) 齿轮磨损   b) 齿顶磨损   c) 齿轮端面磨损

d) 限压阀弹簧断裂   e) 限压阀球阀磨损

图5-15　机油泵的常见损伤形式

2. 机油散热器和冷却器

发动机运转时,由于＿＿＿＿＿＿＿随温度的升高而变稀,降低了＿＿＿＿＿＿＿。因此,有些发动机装用了机油散热器或机油冷却器。其作用是降低机油温度,保持润滑油一定的黏度。

(1)机油散热器。

机油散热器由散热管、限压阀、开关、进出水管等组成。其结构与冷却水散热器相似,如图5-16所示。机油散热器一般安装在冷却水散热器的前面,与主油道并联。机油泵工作时,一方面将机油供给主油道,另一方面经限压阀、机油散热器开关、进油管进入机油散热器内,冷却后从出油管流回机油盘,如此循环流动。

(2)机油冷却器。

机油冷却器由铝合金铸成的＿＿＿＿＿＿＿、＿＿＿＿＿＿＿、＿＿＿＿＿＿＿和铜芯管组成。如图5-17所示。将机油冷却器置于＿＿＿＿＿＿＿中,利用冷却水的温度来控制润滑油的温度。为了加强冷却,管外又套装了＿＿＿＿＿＿＿。冷却水在＿＿＿＿＿＿＿流动,润滑油在＿＿＿＿＿＿＿流动,两者进行热量交换。也有使油在管外流动,而水在管内流动的结构。

图5-16　机油散热器   图5-17　机油冷却器

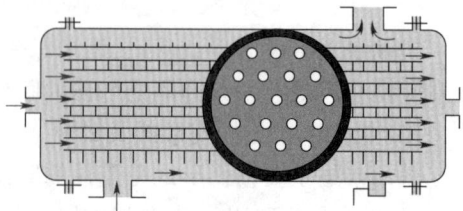

(二)制订工作方案

1. 任务分工(表5-13)

学生任务分配表

表5-13

班级		组号		指导老师	
组长		任务分工			
组员1		任务分工			
组员2		任务分工			
组员3		任务分工			
组员4		任务分工			
组员5		任务分工			
组员6		任务分工			

2. 工量具、仪器设备与耗材准备

(1)使用的工量具有：_____。

(2)使用的仪器设备有：_____。

(3)使用的耗材有：_____。

3. 具体方案描述

_____

_____

_____

_____

_____

三、计划实施

(一)安全注意事项及技能要点

1. 安全注意事项

(1)进入车间应穿工鞋、戴工帽；工作服应整洁，无破损；操作时不可佩戴手表等金属饰品，以防划伤车辆表面。

(2)举升车辆时，应严格按照举升机使用方法进行操作，并通知其他人员远离举升设备。

(3)更换油液或配件时，应处理好油液和配件的回收清理工作，以免对工作环境造成污染。

（4）不要让机油溅出回收盆，并小心被烫伤。

（5）选择合适工具，规范操作，避免因工具使用不当受伤。

（6）清除接触面的所有机油；涂抹密封胶后3分钟内安装油底壳；安装油底壳后，2小时内不允许起动发动机。

2.技能要点

（1）正确拆卸油底壳分总成。

（2）正确拆卸机油泵。

（3）正确检查机油泵减压阀。

（4）正确检查机油泵转子。

（5）正确安装机油泵盖总成和机油泵减压阀。

（6）正确安装机油泵总成

3.基本检查准备工作

（1）汽车进入工位前，将工位清理干净，准备好相关的器材。

（2）将汽车停驻在举升机中央位置。

（3）拉紧驻车制动器操纵杆，并将变速杆置于空挡位置。

（4）套上转向盘护套、变速杆手柄套和座位套，铺设脚垫。

（5）在车内拉动发动机舱盖手柄。

（6）在车外打开并支撑发动机舱盖。

（7）粘贴翼子板和前格栅磁力护裙。

（二）机油泵的检查与更换

机油泵的检查与更换见表5-14。

机油泵的检查与更换操作方法及说明　　　　　　　表5-14

步骤	操作方法及说明	质量标准及记录
1.拆卸 发动机总成	（1）拆卸带传动桥的发动机总成并安装在发动机拆装架上。 （2）参照发动机机体组的拆装方法，依次按要求拆卸发动机到拆下曲轴正时链轮，拆卸链条总成；拆卸曲轴位置信号盘	□正确拆卸发动机总成的曲轴正时链轮、链条总成和曲轴位置信号盘

续上表

步骤	操作方法及说明	质量标准及记录
2. 拆卸油底壳分总成	（1）拆卸油底壳分总成,拆下 10 个螺栓和 2 个螺母。用专用工具 SST 的刀片插入曲轴箱和油底壳之间。切开密封胶并拆下油底壳。 （2）拆下螺栓和机油泵总成 	□正确拆卸油底壳分总成 10 个螺栓和 2 个螺母
3. 拆卸机油泵	（1）拆卸机油泵减压阀,用套筒扳手拆下螺塞;拆下阀弹簧和减压阀。 （2）拆卸机油泵盖总成,拆下 5 个螺栓和机油泵盖;从机油泵上拆下机油泵主动转子和从动转子 	□正确拆卸机油泵减压阀和机油泵盖总成
4. 检查机油泵减压阀	在机油泵减压阀上涂抹一层机油,检查并确认该阀能依靠自身重量顺畅地滑入阀孔中,如果达不到要求,则更换机油泵	□正确检查机油泵减压阀,阀体能顺畅地滑入阀孔中

步骤	操作方法及说明	质量标准及记录
5.检查机油泵转子	（1）用测隙规测量主动转子和从动转子的顶部间隙（标准顶部间隙：0.08~0.160mm，最大顶部间隙：0.35mm），如果顶部间隙大于最大值，则更换机油泵。 （2）用测隙规和精密直尺，测量2个转子和精密直尺间的间隙（标准侧隙：0.030~0.080mm；最大侧隙：0.16mm），如果侧隙大于最大值，则更换机油泵。 （3）用测隙规测量从动转子和机油泵体间的间隙（标准泵体间隙：0.12~0.19mm；最大泵体间隙：0.325mm），如果泵体间隙大于最大值，则更换机油泵 	□正确测量主动转子和从动转子的顶部间隙 □正确测量2个转子和精密直尺间的间隙 □正确测量从动转子和机油泵体间的间隙

步骤	操作方法及说明	质量标准及记录
6. 安装机油泵盖总成和机油泵减压阀	(1)用发动机机油涂抹机油泵主动转子和从动转子,并将其标记朝向机油泵盖侧放入机油泵。 (2)安装机油泵盖。 (3)在减压阀上涂抹发动机机油,将减压阀和弹簧插入机油泵体孔中,用套筒扳手安装螺塞 标记 	□正确安装机油泵盖总成 □正确安装机油泵减压阀
7. 安装机油泵总成	(1)用3个螺栓安装机油泵。 (2)安装油底壳总成,清除所有旧的填料,小心不要将油滴在汽缸体和油底壳的接触面上;在接合面上涂抹一层连续的密封胶(直径4.0mm),用10个螺栓和2个螺母安装2号油底壳。 (**注意**:清除接触面的所有机油;涂抹密封胶后3min内安装油底壳;安装油底壳后,至少2h内不要起动发动机) (3)按照机体组的装配方法,依次安装各零部件	□正确安装机油泵和油底壳总成
8. 场地"8S"安全检查	完成场地"8S"工作	□按照"8S"管理要求整理

四、评价反馈(表5-15)

评价表 表5-15

评分项目	评分标准	分值(分)	得分(分)
学习目标	能明确本任务的知识、技能、素养目标,理解任务在工作中的重要程度	5	
工作任务分析	能清晰描述完成本次工作任务内容	2	
	能清晰描述完成本次工作任务需必备的技能与知识点	2	
有效信息获取	能清晰描述机油泵种类	5	
	能清晰描述机油泵工作原理	5	
	能清晰描述机油散热器和冷却器	5	
实施方案制订	能清晰地制订并填写本次发动机润滑系统的机油泵的检查与更换准备作业计划	5	
	能组织或协同工作小组成员,明确本次任务所需仪器设备、工具、材料,并准备记录	5	
	能组织或协同工作小组成员交流,优化检查方案并记录	5	
任务实施	能正确拆卸油底壳分总成和机油泵	10	
	能正确检查机油泵减压阀	10	
	能正确检查机油泵转子	10	
	能正确安装机油泵盖总成和机油泵减压阀	10	
	能正确安装机油泵总成	5	
任务评价	能通过本次任务实施,结合自己在实训过程中的表现,进行自我评价及自我反思并记录	3	
职业素养	按规定时间完成项目作业	2	
	遵守实训室管理规定、劳动纪律	2	
	积极参与课堂活动、回答问题	2	
	能够按时出勤	2	
思政要求	各小组能够按照规范的操作方式完成任务,同时任务过程做到精益求精,弘扬大国工匠精神;实训过程中必须团结一致、相互合作,热爱劳动,操作过程中注意安全,实现"8S"管理	5	
总分		100	
改进建议:			

教师签字:

日期:

任务习题

一、判断题

1. 转子式机油泵内转子与泵壳偏心安装,内外转子齿轮不同,转速相同。（　　）

2. 由于机油泵不断地将机油从油底壳泵入主油道,所以,汽车行驶中要定期加机油。（　　）

3. 负荷大、相对运动速度高的摩擦面常采用压力润滑。（　　）

4. 机油细滤器能滤去机油中细小的杂质,所以经细滤器滤后的机油直接流向润滑表面。（　　）

5. 润滑油路中的机油压力不能过高,所以用旁通阀来限制油压。（　　）

6. 由于机油粗滤器串联于主油道中,所以一旦粗滤器堵塞,主油道中机油压力便会大大下降,甚至降为零。（　　）

7. 发动机中润滑油不需要冷却,所以没有对其进行冷却的装置。（　　）

8. 在冷却系统中控制大小循坏的装置是白叶窗。（　　）

9. 机油细滤器滤清能力强,经细滤器滤清后的机油直接流向润滑表面。（　　）

10. 由于离心式机油滤清器有效地解决了滤清能力与通过能力的矛盾,所以一般串联于主油道中。（　　）

11. 润滑油路中的油压越高越好。（　　）

12. 离心式机油细滤器对机油的滤清是由于喷嘴对金属杂质产生过滤作用而实现的。（　　）

13. 强制通风装置中装用的单向阀失效将会引起发动机怠速不稳。（　　）

14. 加注润滑油时,加入量越多,越有利于发动机的润滑。（　　）

15. 为既保证各润滑部位的润滑要求,又减少机油泵的功率消耗,机油泵实际供油量一般应与润滑系需要的循环油量相等。（　　）

二、选择题

1. 转子式机油泵工作时,（　　）。

　　A. 外转子转速低于内转子转速　　　　　B. 外转子转速高于内转子转速

　　C. 内、外转子转速相等　　　　　　　　D. 内、外转子转速不确定

2. 正常工作的发动机,其机油泵的限压阀应该是（　　）。

　　A. 经常处于关闭状态　　　　　　　　　B. 热机时开,冷机时关

　　C. 经常处于溢流状态　　　　　　　　　D. 热机时关,冷机时开

3. 新装的发动机,若曲轴主轴承间隙偏小,将会导致机油压力（　　）。

　　A. 过高　　　　　　B. 过低　　　　　　C. 略偏高　　　　　　D. 略偏低

4. 活塞与汽缸壁之间的润滑方式是（　　）。

　　A. 压力润滑　　　　　　　　　　　　　B. 飞溅润滑

　　C. 脂润滑　　　　　　　　　　　　　　D. 压力润滑和飞溅润滑同时进行

5. 发动机润滑系中润滑油的正常油温为(　　　)。

    A. 40～50℃　　　　　B. 50～70℃　　　　　C. 70～90℃　　　　　D. 大于100℃

6. 汽车发动机各零件最理想的摩擦形式是(　　　)。

    A. 干摩擦　　　　　B. 半干摩擦　　　　　C. 液体摩擦　　　　　D. 半液体摩擦

7. 机油细滤器上设置低压限制阀的作用是(　　　)。

    A. 机油泵出油压力高于一定值时,关闭通往细滤器油道

    B. 机油泵出油压力低于一定值时,关闭通往细滤器油道

    C. 使进入机油细滤器的机油保持较高压力

    D. 使进入机油细滤器的机油保持较低压力

8. 润滑系中旁通阀的作用是(　　　)。

    A. 保证主油道中的最小机油压力

    B. 防止主油道过大的机油压力

    C. 防止机油粗滤器滤芯损坏

    D. 在机油粗滤器滤芯堵塞后仍能使机油进入主油道内

9. 上海桑塔纳轿车发动机油路中分别设有两个报警装置,它们的作用是(　　　)。

    A. 低速油压不足时同时报警

    B. 高速油压不足时同时报警

    C. 低速油压不足和高速油压不足分别报警

    D. 低速油压过高和高速油压过高分别报警

10. 机油泵常用的形式有(　　　)。

    A. 齿轮式与膜片式　　　　　　　　B. 转子式和活塞式

    C. 转子式与齿轮式　　　　　　　　D. 柱塞式与膜片式

11. 曲轴箱通风的目的主要是(　　　)。

    A. 排出水和汽油

    B. 排出漏入曲轴箱内的可燃混合气与废气

    C. 冷却润滑油

    D. 向曲轴箱供给氧气

12. 单向流量控制阀的作用是(　　　)。

    A. 防止怠速时混合气被吸入曲轴箱

    B. 防止高速时混合气被吸入曲轴箱内

    C. 防止怠速时机油被吸入气

    D. 防止怠速时曲轴箱内气体吸入汽缸冲淡混合气

13. 机油粗滤器上装有旁通阀,当滤芯堵塞时,旁通阀打开(　　　)。

    A. 使机油流回机油泵

    B. 使机油直接进入机油细滤器

    C. 使机油直接进入主油道

D.使机油不经过滤芯,直接流回油底壳

14.发动机润滑系统中,润滑油的主要流向是(　　　)。

　　A.机油集滤器—机油泵—粗滤器—细滤器—主油道—油底壳

　　B.机油集滤器—机油泵—粗滤器—主油道—油底壳

　　C.机油集滤器—机油泵—细滤器—主油道—油底壳

　　D.机油集滤器—粗滤器—机油泵—主油道—油底壳

三、实操题

1.依据车型提供相应的技术维修资料,完成机油的检查,判断机油是否需要更换。

2.依据车型提供相应的技术维修资料,完成汽车机油滤清器的检查,判断机油滤清器是否需要更换。

3.依据车型提供相应的技术维修资料,完成汽车机油泵的检查,判断机油泵是否需要更换。

学习任务六
汽车发动机故障灯亮故障检修

学习目标 》》》

1. 知识目标

(1)能说出发动机电子控制系统的基本组成,控制功能和控制方式。

(2)能说出空气流量传感器,进气歧管压力传感器作用、结构原理;理解空气流量传感器对发动机性能的影响。

(3)能说出曲轴位置传感器、凸轮轴位置传感器的类型与原理。

(4)能说出故障诊断一般流程和排除方法。

2. 技能目标

(1)能够识别发动机电子控制系统主要部件,熟悉各部件的安装位置和作用。

(2)能找出发动机电子控制系统主要插座接线端子的位置。

(3)能够正确使用万用表对空气流量传感器,进气歧管压力传感器、曲轴位置传感器和凸轮轴位置传感器进行检测。

(4)能够使用故障诊断仪读取空气流量传感器故障码、数据流。

(5)能够正确使用故障诊断仪读取故障码、数据流并根据检测结果判定故障点并进行检修。

3. 素养目标

(1)培养学生的创新精神与实践能力。

(2)促进学生个性发展,培养学生分析问题与解决问题的能力。

(3)培养学生的团队合作精神。

(4)培养学生的学习能力。

参考学时 》》》

40 学时。

任务描述 》》》

一辆汽车进厂维修,客户反映汽车行驶过程中,发动机故障灯亮。经班组长初步检查后,诊断可能为发动机电控系统故障,需对发动机电控系统进行检修。

学习活动 1 电控发动机故障码的读取与清除

⚙ 一、明确任务

根据任务描述,发动机故障指示灯点亮,维修工作人员需读取故障码、进行故障分析、以进一步确定故障部位,使其恢复正常使用性能。

⚙ 二、工作准备与计划制订

(一)知识准备

1. 自诊断系统的概述

在发动机控制系统中,电子控制单元(ECU)都设有_____,对控制系统各部分的工作情况进行监测。当 ECU 检测到来自传感器或输送给执行元件的故障信号时,立即点亮仪表盘上的_____,以提示驾驶员发动机有故障;同时,系统将故障信息以设定的数码(故障码)形式储存在_____中,以便帮助维修人员确定故障类型和范围。对车辆进行维修时,维修人员可通过特定的操作程序(有些需借助专用设备)调取_____。故障排除后,必须通过特定的操作程序清除故障码,以免与新的故障信息混杂,给故障诊断带来困难。

2. 发动机故障诊断的基本步骤

利用发动机自诊断系统进行发动机故障诊断的基本步骤如图6-1所示。

3. 故障诊断的思路

准确找出故障的症状,根据症状推测故障原因,按照推测、验证、再推测、再验证的方法,找出真正的故障原因。

4. 发动机自诊断方式

(1)静态诊断,即发动机不运转。只闭合点火开关,不起动发动机,把 ECU 的故障码读出。

(2)动态诊断,即发动机在运转中,读取故障码并测取其他参数。

5. 进入故障自诊断状态的方法

通用方法,用汽车故障诊断仪法。所有车型的故障码读取均可采用汽车故障诊断仪进行。但是,有些车型只能用专用汽车故障诊断仪读取故障码。

6. 故障码的显示与读法

目前汽车维修实际中通用的方法用专用仪器显示读取故障码。现在的汽车均配有专用的故障码阅读接口。专用的解码器用专用接续器与阅读接口连接,通过操作汽车故障诊断仪,故障码便显示在专用仪器的屏上。

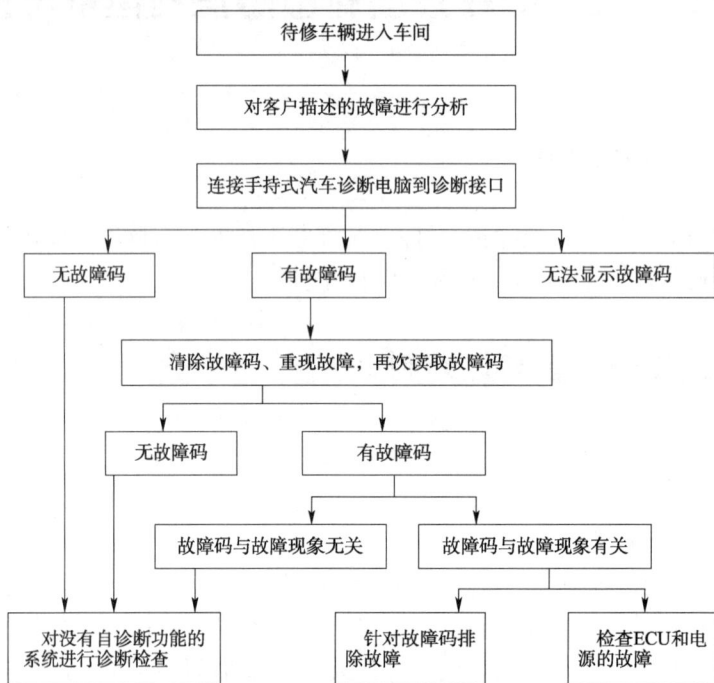

图 6-1   发动机故障诊断程序流程图

7.清除故障码的方法

车辆维修和处理故障后,一定要把存在 ECU 的_____,以便今后运转中记录、存储新的故障码。

如果不及时清除原有的故障码,当发动机再出现故障时,ECU 会把新、旧故障码一起输出,造成不必要的诊断错误。

切断发动机电子控制器 ECU 的_____是清除原有故障码的基本方法。维修实际中用专用仪器清除故障码是最简便的方法,运用专用故障诊断仪中的故障码清除功能键,按下清除故障码键清除故障码。

(二)制订工作方案

1.任务分工(表 6-1)

学生任务分配表   表 6-1

班级		组号		指导老师	
组长		任务分工			
组员 1		任务分工			
组员 2		任务分工			

班级		组号		指导老师	
组员 3		任务分工			
组员 4		任务分工			
组员 5		任务分工			
组员 6		任务分工			

2. 工量具、仪器设备与耗材准备

(1)使用的工量具有：_____。

(2)使用的仪器设备有：_____。

(3)使用的耗材有：_____。

3. 具体方案描述

_____

_____

_____

_____

_____

⚙ 三、计划实施

(一)安全注意事项及技能要点

1. 安全注意事项

(1)禁止使用大功率仪器,避免对电控单元产生无线电干扰。

(2)在拆除蓄电池的接地线前,先读取 ECU 中的故障码。

(3)在拆卸和插接线路或元件连接器之前,确保点火开关打开。

2. 技能要点

(1)知道自诊断系统的作用及重要性。

(2)人工读取、清除故障码。

(3)正确连接和使用手持式汽车故障诊断仪读取、清除故障码。

(4)借助维修资料,正确完成发动机故障的排除。

(二)发动机故障码的读取及清除

发动机故障码的读取及清除见表6-2。

发动机故障码的读取及清除操作方法及说明　　　　　　　　表 6-2

步骤	操作方法及说明	质量标准及记录
1. 记录待修车辆的基本情况	<table><tr><td>项目</td><td>内容</td></tr><tr><td>车辆型号 VIN</td><td></td></tr><tr><td>发动机型号</td><td></td></tr><tr><td>客户反映情况</td><td>故障指示灯亮</td></tr><tr><td>维修检查建议</td><td>需读取故障码进行检查</td></tr></table>	□车辆信息是否完整
2. 操作前准备工作	(1)安装车轮挡块,接排气烟道。 (2)放置车用七件套。 (3)连接汽车故障诊断仪(KT600) 	□安装车轮挡块,接排气烟道 □拉起驻车制动杆,降下驾驶人侧车窗玻璃,拉发动机舱盖释放杆 □打开发动机舱盖,安装翼子板布和前格栅布
3. 尝试人工读取	(1)尝试通过人工读码读取发动机的控制系统故障码,并记录在表中。 <table><tr><td>序号</td><td>故障码</td><td>故障部位</td></tr><tr><td></td><td></td><td></td></tr><tr><td></td><td></td><td></td></tr><tr><td></td><td></td><td></td></tr></table> ①用诊断导线短接 DLC3 的 13(TC)和 4(CG)端子,如图所示。 ②将点火开关拧至"ON"位置,但不起动发动机。 ③根据"CHECK ENG"指示灯闪烁次数的数字读取 DTC,如图所示。DTC"21"和"31",此外如系统正常,指示灯每秒闪 2 次,如图所示。	□正确连接汽车故障诊断仪,并进行使用 □短接按方法正确无误 □操作步骤严谨有序并正确 □设备完整无损坏 □人员安全,无危险行为

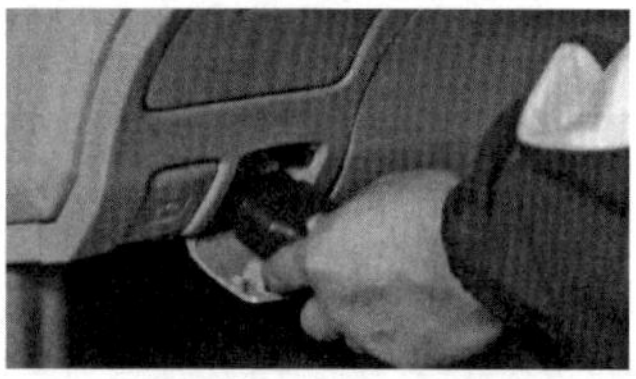

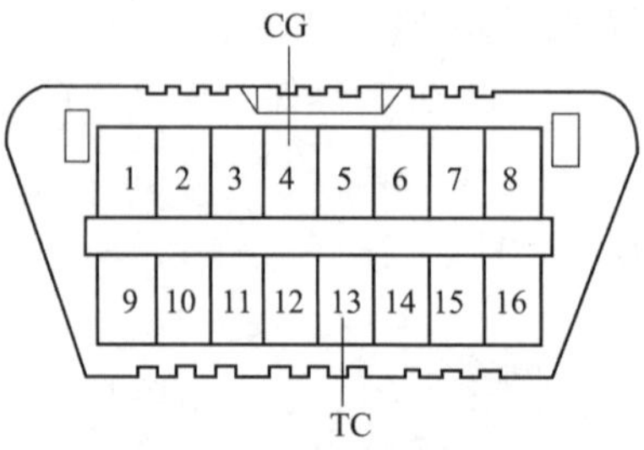

步骤	操作方法及说明	质量标准及记录
3.尝试人工读取	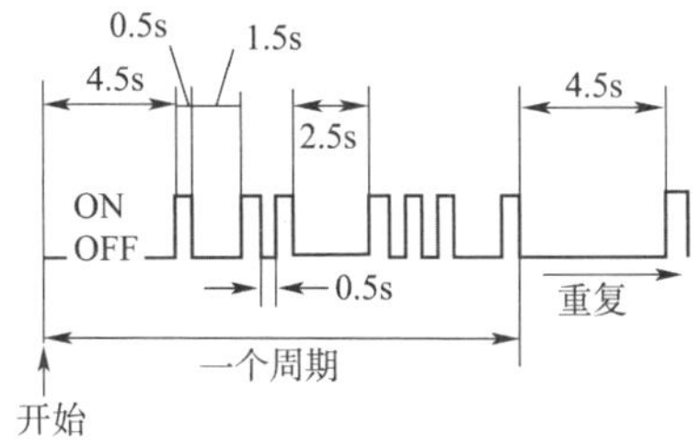 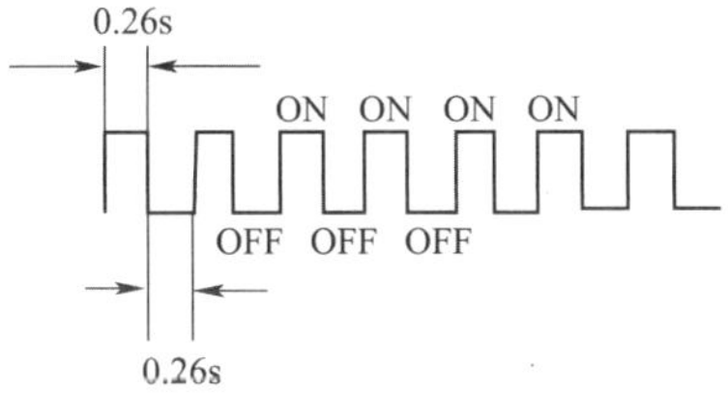 （2）查找维修手册找出故障码所代表的故障部位，并记录在表中。 （3）人工清除故障码。 　方法一：关闭点火开关，从熔断丝盒中拔下 EFI 熔断丝 10s 以上，如图所示。  　方法二：将蓄电池负极电缆拆开 10s 以上，但这种方法同时使时钟、音响等有用的存储信息丢失	
4.查阅丰田卡罗拉维修手册	请查阅丰田卡罗拉维修手册，并找到该车的自诊断插座，并在维修手册中查找出诊断插座中端子（1、3、8、11、12、13）的含义	□合理查阅维修手册 □查阅内容准确 插座中端子的含义： _____ _____

步骤	操作方法及说明	质量标准及记录
5. 用手持式汽车诊断电脑KT600读取和清除故障码	（1）读取故障码。 ①关闭发动机点火开关。 ②将故障诊断仪接入OBD-Ⅱ诊断座中，如图所示。 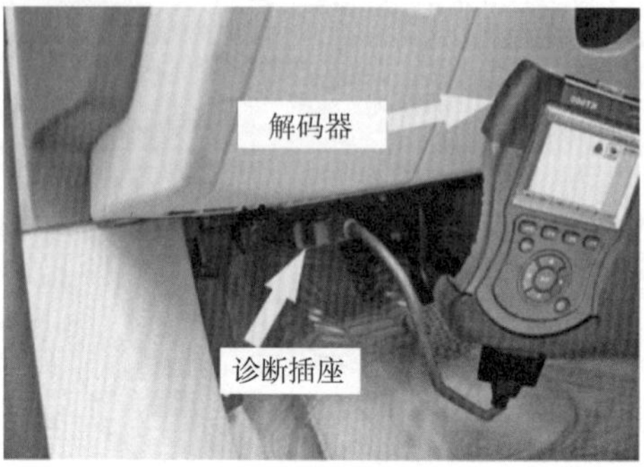 ③打开点火开关。 ④在手持式汽车诊断电脑开机界面选择汽车诊断，如图所示。  ⑤选择汽车品牌，如图所示。 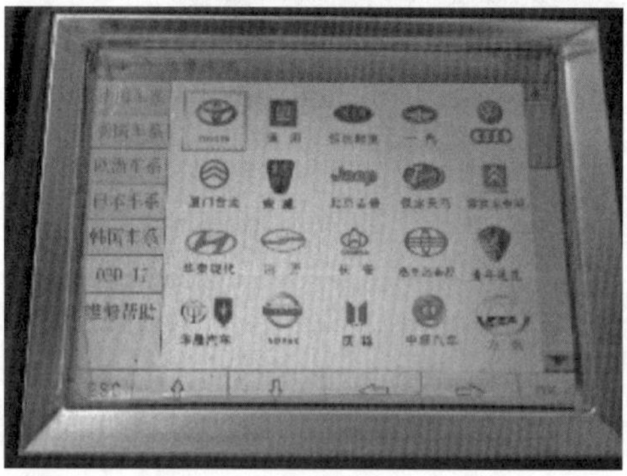 ⑥选择车款，如图所示。	□正确使用汽车故障诊断仪进行故障码读取 □车辆启动流程正确 □设备完整无损坏 □人员安全，无危险行为

续上表

<table>
<tr><th>步骤</th><th>操作方法及说明</th><th>质量标准及记录</th></tr>
<tr><td>5. 用手持式汽车诊断电脑 KT600 读取和清除故障码</td><td>
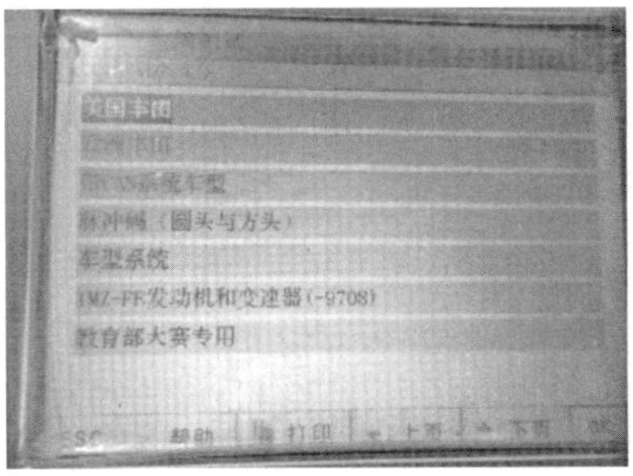

⑦选择车型，如图所示。

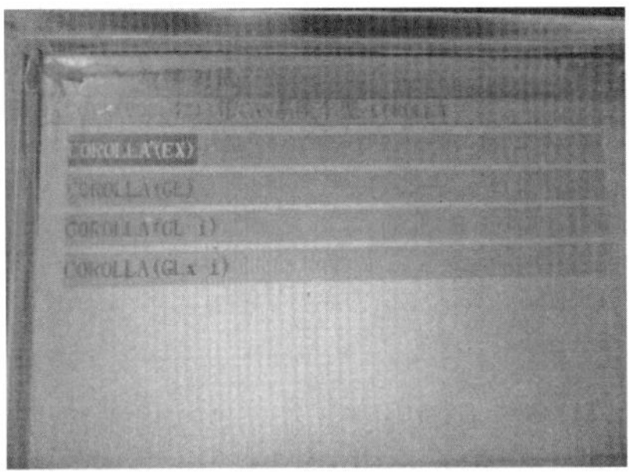

⑧选择进入发动机系统，如图所示。

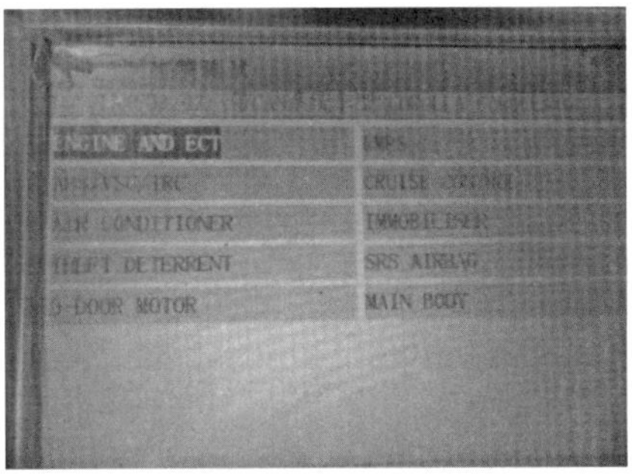

⑨读取故障码，如图所示。
⑩退出诊断程序，关闭点火开关。
⑪拔下诊断接头。

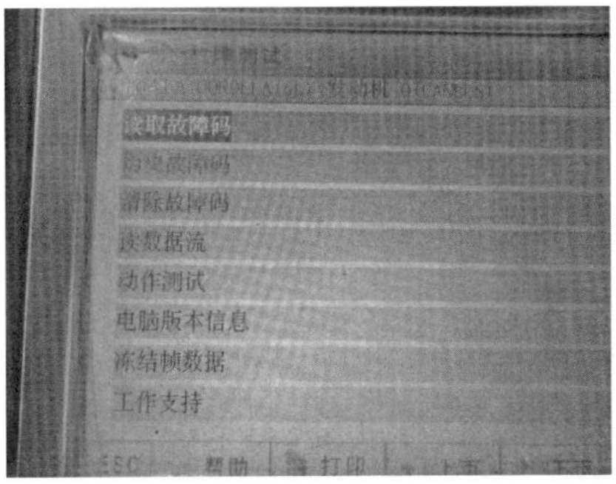

</td><td></td></tr>
</table>

续上表

步骤	操作方法及说明	质量标准及记录
5. 用手持式汽车诊断电脑 KT600 读取和清除故障码	(2)清除故障码。 ①关闭发动机点火开关。 ②将故障诊断仪接入 OBD-Ⅱ诊断座中。 ③打开点火开关。 ④在手持式汽车诊断电脑开机界面选择汽车诊断。 ⑤选择汽车品牌。 ⑥选择车款。 ⑦选择车型。 ⑧选择进入发动机系统。 ⑨清除故障码。 ⑩退出诊断程序,关闭点火开关。 ⑪拔下诊断接头	
6. 车辆复位	(1)发动机熄火,取下排气烟道。 (2)取下车内外防护用品。 (3)车辆复位、清洁车身。 (4)清洁并整理工具	□按"8S"管理要求整理

四、评价反馈(表6-3)

评价表   表6-3

评分项目	评分标准	分值(分)	得分(分)
学习目标	能明确本任务的知识、技能、素养目标,理解任务在工作中的重要程度	5	
工作任务分析	能清晰描述完成本次工作任务内容	2	
	能清晰描述完成本次工作任务需必备的技能与知识点	2	
有效信息获取	能按照要求正确使用汽车故障诊断仪	10	
实施方案制订	能清晰地制订并填写本次电控发动机故障码的读取与清除的准备作业计划	5	

评分项目	评分标准	分值(分)	得分(分)
实施方案制订	能组织或协同工作小组成员,明确本次任务所需仪器设备、工具、材料,并准备记录	5	
	能组织或协同工作小组成员交流,优化检查方案并记录	5	
任务实施	能打开发动机舱盖,使用汽车故障诊断仪;能正确通过使用汽车故障诊断仪判断车辆是否正常	10	
	能用连接汽车故障诊断仪读取故障码,正确读取数据流	10	
	能够正确读数,完成后能够进行清洁	20	
	能够安全放置工具,设备使用方法安全可靠;能够正确并完整佩戴防护用品	10	
任务评价	能通过本次任务实施,结合自己在实训过程中的表现,进行自我评价及自我反思并记录	3	
职业素养	按规定时间完成项目作业	2	
	遵守实训室管理规定、劳动纪律	2	
	积极参与课堂活动、回答问题	2	
	能够按时出勤	2	
思政要求	本任务要求分组训练,各小组必须按照规范地操作方式,准确快速地使用汽车故障诊断仪,优化操作流程,对零部件的检测精度做到精益求精,弘扬大国工匠精神;各小组在实训过程中必须团结一致、相互合作,操作过程中注意安全,要求全程实现"8S"管理	5	
总分		100	

改进建议:

教师签字:

日期:

学习活动2 传感器、执行器的认知

⚙ 一、明确任务

根据任务描述,发动机故障指示灯点亮,维修工作人员需读取故障码、进行故障分析、以进一步确定故障部位,需要对相关传感器进行检查与更换,使其恢复正常使用性能。

二、工作准备与计划制订

(一)知识准备

1.传感器

功用:是将汽车各部件运行的_____(各种非电信号)转换成电信号并输送到_____,用以监测各部件运行情况和环境条件。如图6-2所示。

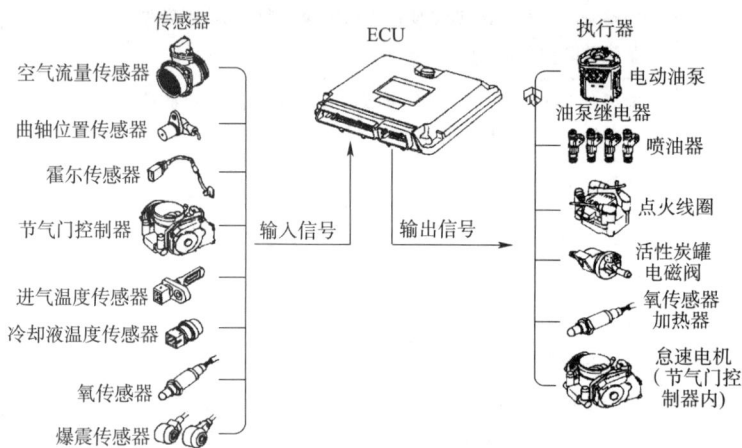

图6-2 传感器位置布置示意图

2.电子控制单元

给传感器提供参考(基准)电压(2V、5V、9V、12V);存储分析计算所用的程序、车型的特点参数,运算中的数据及故障信息。运算分析,即根据信息参数求出执行命令并输出给执行器,将输出的信息与标准值对比,查出故障并输出故障信息。自我修正(自适应功能),常用电子控制单元如图6-3所示。

图6-3 电子控制单元示意图

3.执行器

执行器是电子控制系统的_____,执行器接收电子控制单元发来的各种指令,完成具体的执行动作。执行器可被视为控制系统的肌肉。如电动燃油泵、电磁喷油

器、点火控制器、怠速控制阀、活性炭罐电磁阀等。发动机电子控制系统位置如图 6-4
和图 6-5 所示。

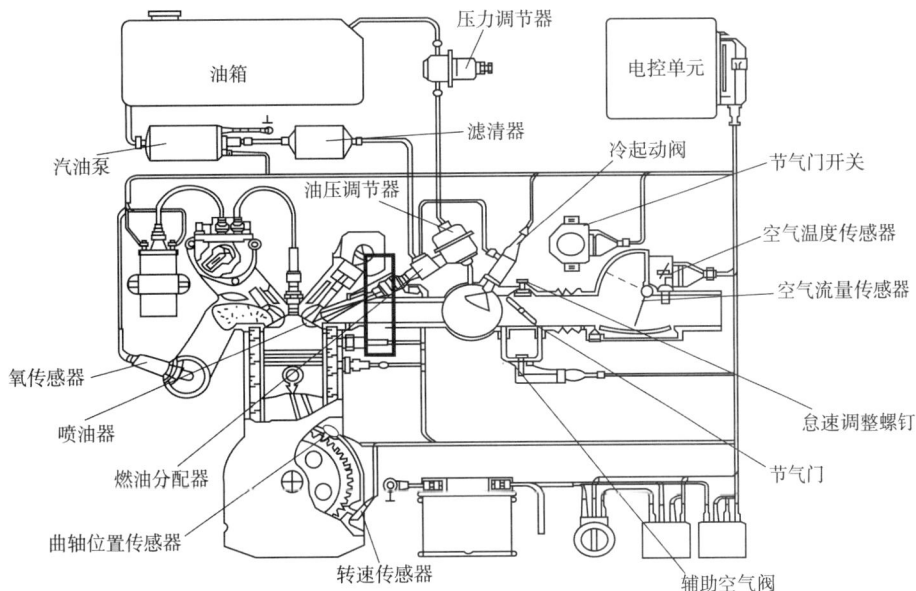

图 6-4 发动机电子控制系统位置布置图

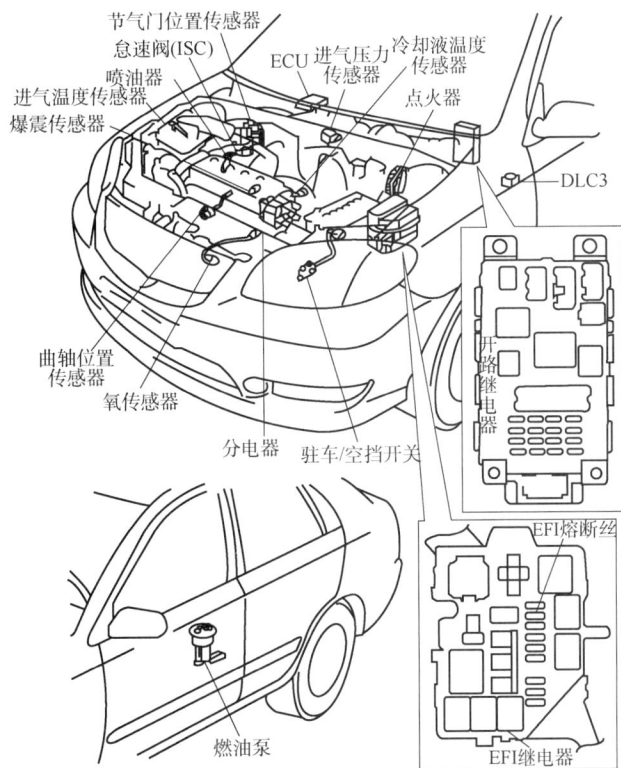

图 6-5 发动机电子控制系统位置布置图

（二）制订工作方案

1.任务分工（表6-4）

学生任务分配表　　　　表6-4

班级		组号		指导老师	
组长		任务分工			
组员1		任务分工			
组员2		任务分工			
组员3		任务分工			
组员4		任务分工			
组员5		任务分工			
组员6		任务分工			

2.工量具、仪器设备与耗材准备

（1）使用的工量具有：＿＿＿＿＿＿＿＿＿＿＿＿＿＿＿＿＿＿＿＿＿＿。

（2）使用的仪器设备有：＿＿＿＿＿＿＿＿＿＿＿＿＿＿＿＿＿＿＿＿。

（3）使用的耗材有：＿＿＿＿＿＿＿＿＿＿＿＿＿＿＿＿＿＿＿＿＿＿。

3.具体方案描述

＿＿＿＿＿＿＿＿＿＿＿＿＿＿＿＿＿＿＿＿＿＿＿＿＿＿＿＿＿＿＿＿

＿＿＿＿＿＿＿＿＿＿＿＿＿＿＿＿＿＿＿＿＿＿＿＿＿＿＿＿＿＿＿＿

＿＿＿＿＿＿＿＿＿＿＿＿＿＿＿＿＿＿＿＿＿＿＿＿＿＿＿＿＿＿＿＿

＿＿＿＿＿＿＿＿＿＿＿＿＿＿＿＿＿＿＿＿＿＿＿＿＿＿＿＿＿＿＿＿

＿＿＿＿＿＿＿＿＿＿＿＿＿＿＿＿＿＿＿＿＿＿＿＿＿＿＿＿＿＿＿＿

三、计划实施

（一）安全注意事项及技能要点

1.安全注意事项

（1）进入车间应穿工鞋、戴工帽；工作服应整洁，无破损；操作时不可佩戴手表等金属饰品，以防划伤车辆表面。

（2）举升车辆时，应严格按照举升机使用方法进行操作，并通知其他人员远离举升设备。

（3）更换油液或配件时，应处理好油液和配件的回收清理工作，以免对工作环境造成污染。

2.技能要点

（1）正确使用工具。

（2）选择合适工具，按照维修手册要求进行拆装。

（3）正确操纵举升机。

（二）对照车说出传感器、执行器的名称和作用（表6-5）

传感器、执行器的名称和作用   表6-5

步骤	操作方法及说明		质量标准及记录
1. 记录待修车辆的基本情况	项目	内容	□车辆信息是否完整
	车辆型号 VIN		
	发动机型号		
	客户反映情况	故障指示灯亮	
	维修检查建议	需读取故障码进行检查	
2. 操作前准备工作	（1）安装车轮挡块，接排气烟道。 （2）放置车用七件套。 （3）连接汽车故障诊断仪（KT600） 		□安装车轮挡块，接排气烟道 □拉起驻车制动杆，降下驾驶人侧车窗玻璃，拉发动机舱盖释放杆 □打开发动机舱盖，安装翼子板布和前格栅布
3. 传感器的识别与作用讲解	（1）对照车辆指出各传感器的位置。 （2）讲解发动机电控系统中传感器的作用。 （3）阐述传感器如失效将有哪些影响		□位置明确 □作用表述正确
4. 执行器的识别与作用讲解	（1）对照车辆指出各执行器的位置。 （2）讲解发动机电控系统中执行器的作用。 （3）阐述执行器如失效将有哪些影响		□位置明确 □作用表述正确
5. 车辆复位	（1）发动机熄火，取下排气烟道。 （2）取下车内外防护用品。 （3）车辆复位、清洁车身。 （4）清洁并整理工具		□按"8S"管理要求整理

四、评价反馈（表6-6）

评价表   表6-6

评分项目	评分标准	分值（分）	得分（分）
学习目标	能明确本任务的知识、技能、素养目标，理解任务在工作中的重要程度	5	
工作任务分析	能清晰描述完成本次工作任务内容	2	
	能清晰描述完成本次工作任务需必备的技能与知识点	2	

续上表

评分项目	评分标准	分值(分)	得分(分)
有效信息获取	能按照要求正确使用汽车故障诊断仪	10	
实施方案制订	能组织或协同工作小组成员,明确本次任务所需仪器设备、工具、材料,并准备记录	10	
	能组织或协同工作小组成员交流,优化检查方案并记录	5	
	能打开发动机舱盖;能正确讲解汽车发动机电控系统中传感器与执行器的位置及作用	5	
任务实施	能用连接汽车故障诊断仪读取故障码,正确读取数据流	10	
	能够正确读数,完成后能够进行清洁	5	
	能够正确放置车轮挡块,连接排气烟道	3	
	能够正确指出,各传感器的位置并讲解作用	10	
	能够正确指出各执行器的位置并讲解作用	10	
	能够将安全帽、手套正确处置归位	3	
	能够打扫好场地卫生	3	
	能够安全放置工具,设备使用方法安全可靠;能够正确并完整佩戴防护用品	10	
任务评价	能通过本次任务实施,结合自己在实训过程中的表现,进行自我评价及自我反思并记录	3	
职业素养	遵守实训室管理规定、劳动纪律	2	
	积极参与课堂活动、回答问题	2	
	能够按时出勤	2	
	本任务要求分组训练,各小组必须按照规范地操作方式,准确快速地使用汽车故障诊断仪,优化操作流程,对零部件的检测精度做到精益求精,弘扬大国工匠精神;各小组在实训过程中必须团结一致、相互合作,操作过程中注意安全,要求全程实现"8S"管理	2	
思政要求		5	
总分		100	

改进建议:

教师签字:

日期:

学习活动 3 空气流量传感器和进气压力传感器的检修

⚙ 一、明确任务

一辆汽车空挡滑行时发动机熄火,有时加速比较慢。检查无故障码;检查火花塞、高压线、进气管无异常;读取数据流,发现在 A/C 关闭时,MAP 的数据在 70～80kPa 之间波动,而正常情况下为 42kPa。需进行 MAP 行检查与更换,使其恢复正常使用性能。

⚙ 二、工作准备与计划制订

(一)知识准备

1. 空气流量传感器

1)空气流量传感器的作用

空气流量传感器也称空气流量计(Mass Air Flow Meter, MAF)是测量发动机_____的装置,它将吸入的空气量转换成_____送给发动机电脑,作为燃油喷射和点火控制的主要信号。如果空气流量传感器或其线路出现了故障,发动机电脑接收不到正确的进气量信号,就不能进行喷油量的正确控制,从而造成混合气过浓或过稀,使发动机运转不正常。空气流量传感器主要用于 L 型和 LH 型电控燃油喷射系统。

2)空气流量传感器的类型

按其结构型式和进气量的检测原理可以分为_____(或称翼板式)、_____、_____和_____空气流量传感器四种。

(1)叶片式空气流量传感器。

叶片式空气流量传感器的结构如图 6-6 所示,主要由检测部件、电位计、回位弹簧、接线插座和进气温度传感器五部分组成。

①检测部件的结构。

检测部件的结构如图 6-7 所示,由测量叶片和缓冲叶片组成。两块叶片用热模浇铸成一体,叶片总成固定在电位计转轴上。测量叶片在主进气道内随空气量的变化而偏转,缓冲叶片在缓冲室内偏转。缓冲室起到_____作用,其目的是当发动机吸入空气量急剧变化或气流脉动时,_____。叶片转轴一端装有螺旋复位弹簧。电动燃油泵控制触点受检测部件控制。当发动机运转,叶片稍微偏转后,油泵触点就会闭合,燃油泵电路_____。当发动机熄火后,叶片关闭,油泵触点被配重上的触臂顶开,油

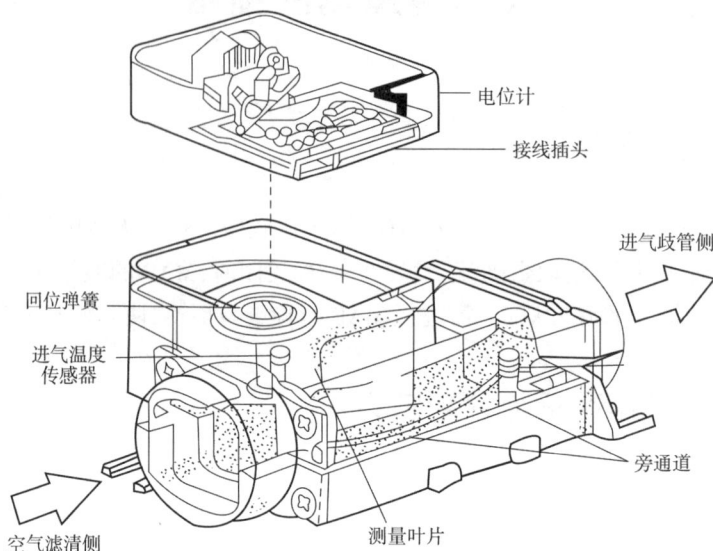
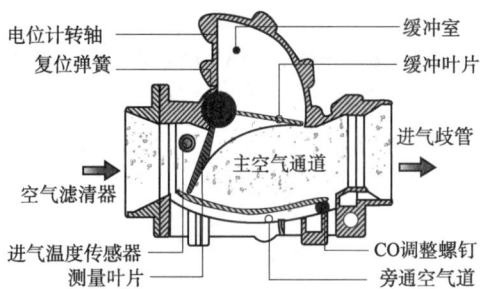

泵电路切断,此时即使点火开关处于接通位置,油泵也不会运转。这样,在汽车发动机翻车、撞车等事故,导致油管破裂而点火开关又未断开的情况下,可以防止油泵继续泵油,从而防止＿＿＿＿而发生火灾。

图 6-6　叶片式空气流量传感器的结构

图 6-7　检测部件的结构

②电位计部件的结构。

电位计安装在传感器壳体上部,如图 6-7 所示。电位计内设有调整齿扇和复位弹簧,一端固定在转轴上,另一端固定在调整齿扇上,其上有刻度标记,并用弹簧定位。改变齿扇的定位位置,可以调整复位弹簧的预紧力,从而调整传感器的输出特性。叶片转轴上端装有配重和滑臂,随叶片一起转动,同时滑臂也在镀膜电阻上滑动。配重起到平衡作用,使滑臂平稳偏摆。

主空气通道下方设有＿＿＿＿,其上设有改变旁通气道进气量的 CO 调整螺钉,用来调节发动机怠速时的＿＿＿＿。

③进气温度传感器。

进气温度传感器由＿＿＿＿热敏电阻构成,安装在主进气道的进气口上,电阻两端分别与接线插座上的搭铁端子和温度信号输出端子相连接。

④叶片式空气流量传感器的工作原理(图 6-8)。

当吸入发动机的空气流经传感器主空气道时,叶片受到空气气流产生的推力力矩和复位弹簧弹力力矩的作用。当空气流量增大时,气流压力大,叶片偏转角度大。与此同时,滑臂与叶片同轴转动,使得端子 V_c 与"V_s"之间的电阻阻值增大,两端子之间输出的信号电压 U_s 升高。

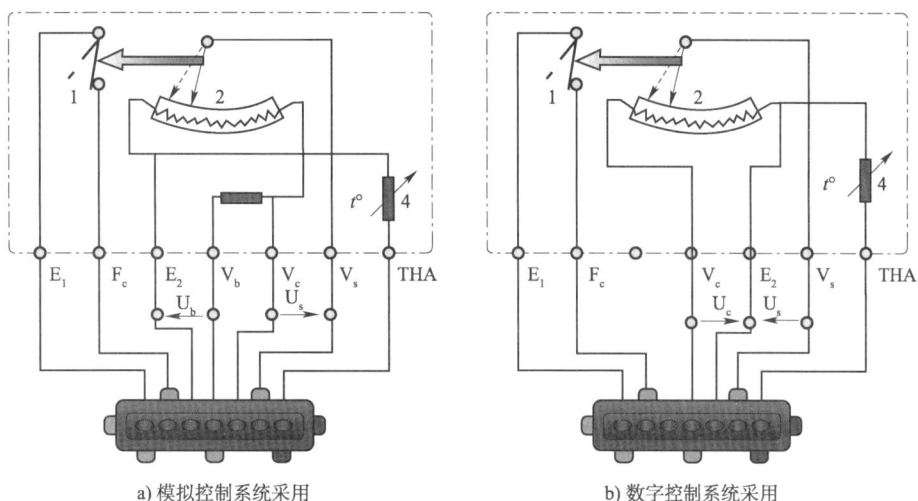

a) 模拟控制系统采用　　　　　　　　　　　b) 数字控制系统采用

图 6-8　叶片式空气流量传感器的工作原理图

THA-进气温度传感器信号；V_s-空气流量传感器输出信号；F_c-油泵开关；V_c-空气流量传感器输出信号；U_s-电源电压；E_2-接地；E_1-油泵开关接地

（2）卡门旋涡式空气流量传感器。

卡门旋涡空气流量传感器主要有反光镜式卡门旋涡空气流量传感器和超声波式卡门旋涡空气流量传感器。

①反光镜式卡门旋涡空气流量传感器。

a. 反光镜式卡门旋涡空气流量传感器的结构。反光镜式卡门旋涡空气流量传感器主要由镜片、发光二极管和光电晶体管等组成，如图 6-9 所示。其在气流通道中有一个锥状的涡流发生器（卡门旋涡发生器），气体通过时在涡流发生器后产生许多卡门旋涡，卡门旋涡的频率和空气流速之间存在一定的关系，测得卡门旋涡的频率就可以求出空气的流速，再乘以空气通道横截面积就可以计算出进气量的体积。

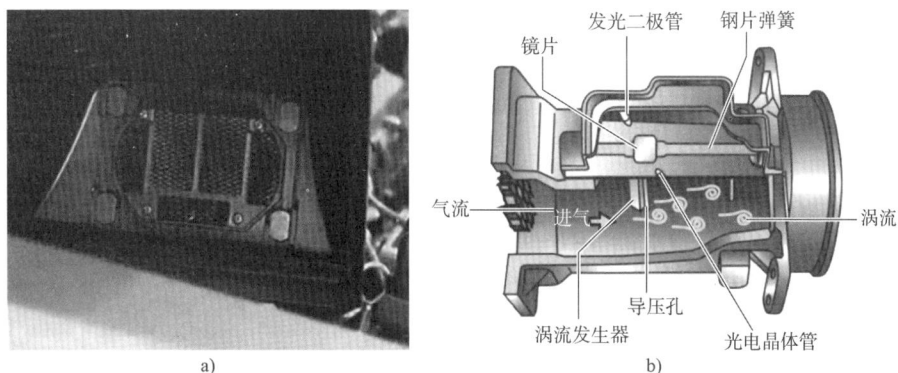

图 6-9　反光镜式卡门旋涡空气流量传感器的外形和内部结构

b. 反光镜式卡门旋涡空气流量传感器的工作原理。当空气经过发生器时，压力发生变化，经压力导向孔作用在反光镜上，使反光镜发生振动，从而将发光二极管投射的光发射给光电管,对反射光进行检测就可得到涡流的频率,如图 6-10 所示。频率高对应的进气量大。

图 6-10 反光镜式卡门旋涡空气流量传感器的工作原理

②超声波式卡门旋涡空气流量传感器。

a.超声波式卡门旋涡空气流量传感器的结构。超声波式卡门旋涡空气流量传感器由超声波信号发生器、超声波发射器、涡流稳定板、涡流发生器、超声波接收器和转换电路等组成,如图 6-11 所示。

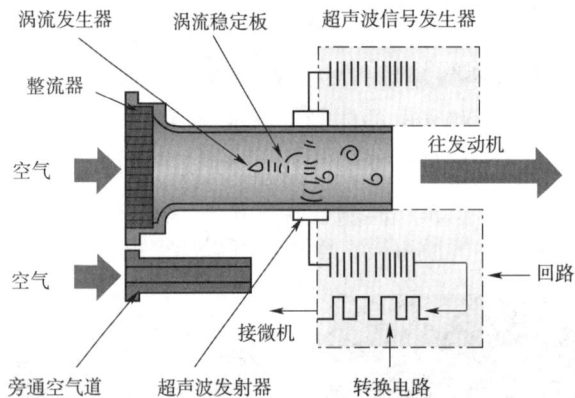

图 6-11 超声波式卡门旋涡空气流量传感器结构与工作原理

b.超声波式卡门旋涡空气流量传感器的工作原理。空气流过卡门旋涡发生器时产生卡门旋涡,卡门旋涡会造成空气密度变化,受其影响,信号发生器发出的超声波到达接收器的时机或变早或变晚,测出其相位差,利用放大器使之形成矩形波,矩形波的脉冲频率即为卡门旋涡的频率。

(3)热线式空气流量传感器。

①热线式空气流量传感器的结构。

热线式空气流量传感器的结构如图 6-12 所示。热线式空气流量传感器前后端都装有防护网,前面的防护网用于_____;后面的防护网用来防止_____时把铂丝烧坏。防护网用卡箍固定在壳体上,铂丝(热线)安装在主气道取样管内的支承环上,被控制电路提供的电流加热到一定温度,因此被称为热线。进气温度传感器也称冷线,安装在铂丝附近,这种铂丝被安装在主气道中的空气流量传感器叫主通式热线式空气流量传感器;铂丝绕在陶瓷芯管上,并置于旁通气道内的空气流量传感器,叫旁通式热线空气流量传感器。

③热线式空气流量传感器的工作原理。

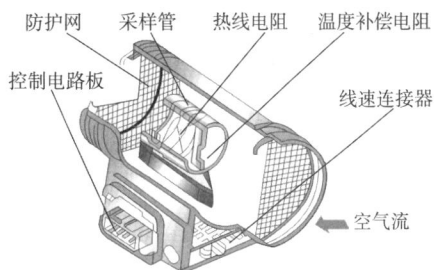

图6-12 热线式空气流量传感器的结构

热线电阻 R_H 以铂丝制成,R_H 和温度补偿电阻 R_K 均置于空气通道中的取气管内,与 R_A、R_B 共同构成桥式电路,如图6-13所示。R_H、R_K 阻值均随温度变化。当空气流经 R_H 时,热线温度发生变化,电阻减小或增大,使电桥失去平衡。若要保持电桥平衡,就必须使流经热线电阻的电流改变,以恢复其温度与阻值,精密电阻 R_A 两端的电压也相应变化,并且该电压信号作为热式空气流量传感器输出的电压信号送往ECU。

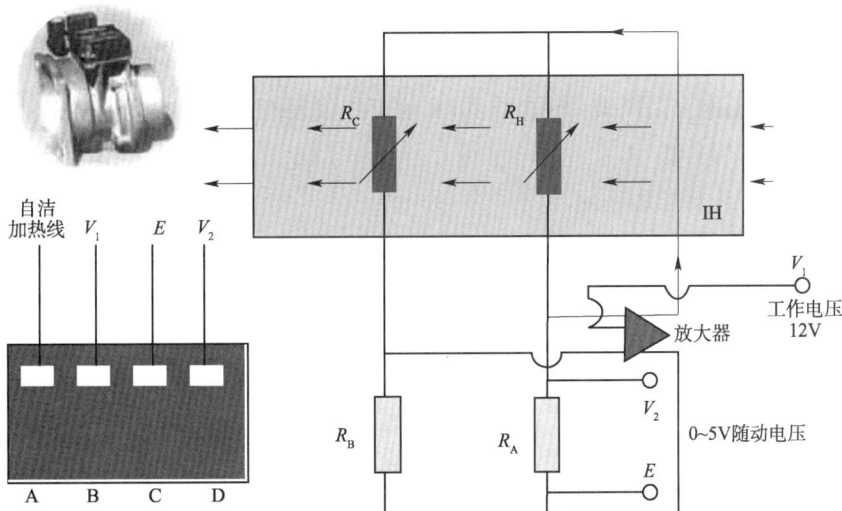

图6-13 热线式空气流量传感器的工作原理

热线式空气流量传感器的控制电路中设计有"自洁电路",可实现自洁功能。每当ECU接收到发动机熄火的信号时,ECU将控制"自洁电路"接通,把铂丝加热到1000℃以上,并持续1s,将黏附在铂丝上的粉尘烧掉。

(4)热膜式空气流量传感器。

①热膜式空气流量传感器的结构。

大众汽车热膜式空气流量传感器的结构,如图6-14所示。该流量传感器安装在空气滤清器壳体与进气软管之间。其核心部件是_____和_____(均为铂膜式电阻),组合在一起构成的热膜电阻。在传感器内部的进气通道上设有一个矩形护套,相当于取样管,热膜电阻设在护套中。为了防止污物沉积到热膜电阻上而影响测量精

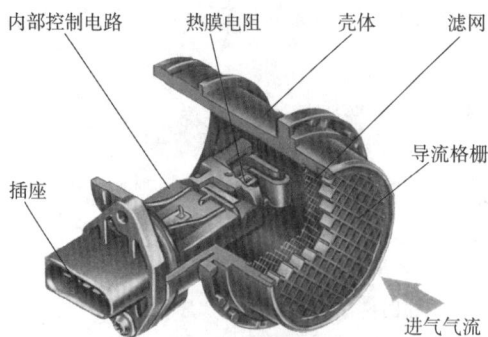

内部控制电路　热膜电阻　壳体　滤网

插座

导流格栅

进气气流

图6-14　热膜式空气流量传感器的结构

度,在护套的空气入口一侧设有空气过滤层,用以过滤空气中的污物。为了防止进气温度变化使测量精度受到影响,在护套内还设有一个铂膜式_____,温补电阻设置在热膜电阻前面靠近空气入口一侧。温度补偿电阻和热膜电阻与传感器内部控制电路连接,控制电路与线束连接器插座连接,线束插座设在传感器壳体中部。

②热膜式空气流量传感器的工作原理。

热膜式空气流量传感器和热线式空气流量传感器测量原理一样,但由于热膜式传感器不使用铂丝作为热电阻,而是将铂电阻、补偿电阻等用厚膜工艺制作在同一陶瓷基片上,使发热体不直接承受空气流动所产生的作用力,从而增加了发热体的强度,不但使空气流量传感器的可靠性进一步提高,也使误差减小,比热线式性能更好。由于这种流量传感器基于热膜表面与空气的热传导,热膜上的任何沉积物都将对输出信号产生有害的影响,因此控制电路中具备_____。每当发动机熄火后4s,控制电路发出控制电流,使热膜温度迅速升至高温,加热1s,将黏附于热膜表面的污染物完全烧净。

2.进气压力传感器

1)进气压力传感器的作用

进气压力传感器也称为进气歧管绝对压力传感器(Manifold Absolute Pressure Sensor,MAP),该传感器用于_____。它在汽油喷射系统中所起的作用与空气流量传感器相似。进气歧管绝对压力传感器根据发动机的负荷状态测量出节气门后方进气管内绝对压力的变化,并转换成电压信号和转速信号一起输送到微机控制装置,作为控制_____和_____的主要参考信号。

2)进气压力传感器的类型

目前运行的汽车中,按信号产生原理,进气歧管压力传感器主要包括半导体压敏电阻式、电容式、膜盒传动的可变电感式和表面弹性波式。目前以_____应用最为广泛。本田汽车的进气压力传感器、别克汽车的进气压力传感器、桑塔纳汽车的AFE型进气压力传感器如图6-15所示。

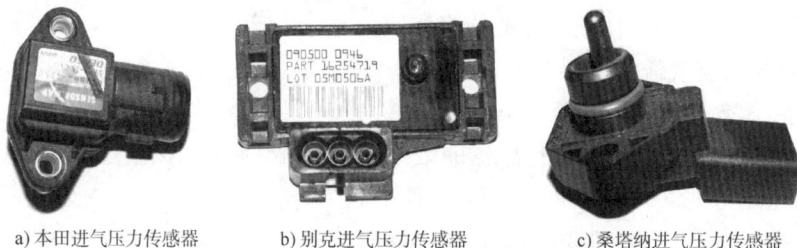

a)本田进气压力传感器　　b)别克进气压力传感器　　c)桑塔纳进气压力传感器

图6-15　各车型的进气压力传感器

3）进气压力传感器的安装位置

进气压力传感器安装在节气门的后方，如图6-16所示。

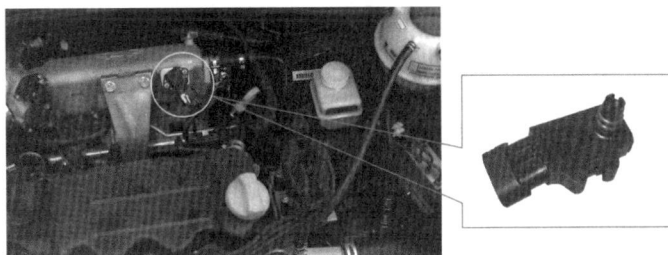

图6-16　进气压力传感器的位置

4）半导体压敏电阻式进气压力传感器

（1）半导体压敏电阻式进气压力传感器的结构。

半导体压敏电阻式进气传感器由压力转换元件（硅膜片）、放大压力转换元件输出信号的集成电路（IC放大器）和真空室构成，如图6-17所示。

（2）半导体压敏电阻式进气压力传感器的工作原理。

压力转换元件是利用半导体的压阻效应制成的硅膜片，硅膜片的一面是真空室，另一面作用的是进气歧管的压力。硅膜片约为3mm的正方形，其中部经光刻腐蚀形成直径约2mm、厚约50mm的薄膜，薄膜周围有四个应变电阻，以惠斯顿电桥方式连接。因为薄膜的一侧是真空室，所以薄膜的另一侧，即进气歧管内绝对压力越高，硅膜片的变形越大，其应变与压力成正比，附着在薄膜上的应变电阻的阻值随应变成正比变化，这样就可以利用惠斯顿电桥将硅膜片的变形转变成＿＿＿＿＿＿。因为输出的电信号很微弱，所以需要用混合集成放大电路放大后输入到ECU的PIM端子，如图6-18所示。

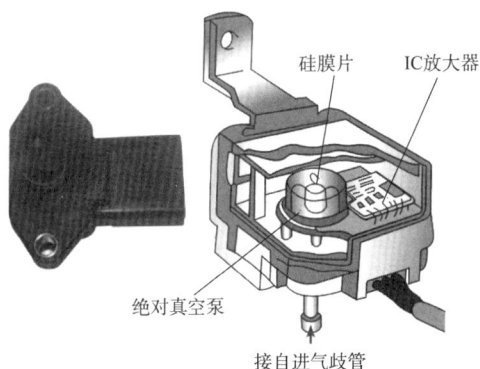

图6-17　半导体压敏电阻式进气压力传感器结构

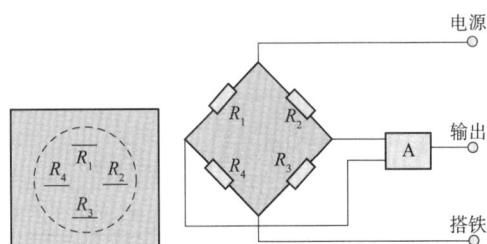

图6-18　压敏电阻式进气压力传感器工作原理

这种半导体压敏电阻式进气压力传感器输出的电压信号具有＿＿＿＿＿＿的特性。

在通常情况下，传感器信号电压范围应该从怠速运转时的大约1.25V，平稳上升到节气门全开时大约5V，如图6-19所示。

5）电容式进气压力传感器

电容式进气压力传感器结构如图 6-20 所示。电容式进气压力传感器利用氧化铝膜片和底板彼此靠近排列形成电容,根据其电容量随膜片上下压力差变化的性质制造而成。当进气歧管内压力发生变化,可获得与_____成比例的电容值信号,如图 6-20所示。再把电容(即压力转换元件)连接到传感器混合集成电路的振荡电路中,传感器产生可变频率的信号,其输出信号的频率与进气歧管的压力成_____,频率在 80～120Hz 范围内变化。输出信号送到电子控制单元,电脑便可感知进气歧管的压力,以此计算发动机的_____。

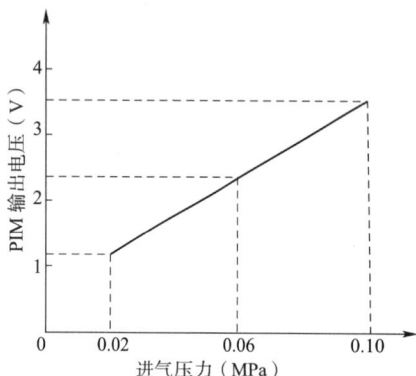

图 6-19　进气压力传感器输出特性　　　图 6-20　电容式压力传感器结构简图

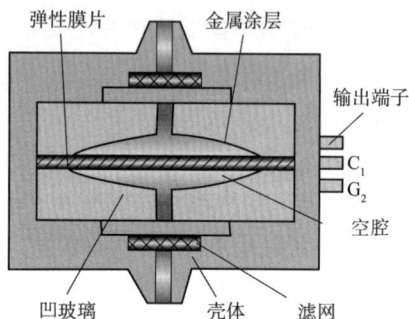

(二)制订工作方案

1. 任务分工(表 6-7)

学生任务分配表　　　　表 6-7

班级		组号		指导老师	
组长		任务分工			
组员 1		任务分工			
组员 2		任务分工			
组员 3		任务分工			
组员 4		任务分工			
组员 5		任务分工			
组员 6		任务分工			

2. 工量具、仪器设备与耗材准备

(1)使用的工量具有:_____。

(2)使用的仪器设备有:_____。

(3)使用的耗材有:_____。

3.具体方案描述

_____

_____

_____

_____

_____

⚙ 三、计划实施

(一)安全注意事项及技能要点

1.安全注意事项

(1)进入车间应穿工鞋、戴工帽;工作服应整洁,无破损;操作时不可佩戴手表等金属饰品,以防划伤车辆表面。

(2)举升车辆时,应严格按照举升机使用方法进行操作,并通知其他人员远离举升设备。

(3)更换油液或配件时,应处理好油液和配件的回收清理工作,以免对工作环境造成污染。

2.技能要点

(1)正确使用工具。

(2)选择合适工具,按照维修手册要求进行拆装。

(3)正确操纵举升机。

(二)空气流量传感器及进气压力传感器的检修

1.空气流量传感器的检修(表6-8)

空气流量传感器检修的操作方法及说明 　　　　　表6-8

步骤	操作方法及说明		质量标准及记录
1.记录待修车辆的基本情况	**项目**	**内容**	□车辆信息是否完整
	车辆型号 VIN		
	发动机型号		
	客户反映情况	故障指示灯亮	
	维修检查建议	需读取故障码进行检查	
2.操作前准备工作	(1)安装车轮挡块,接排气烟道。 (2)放置车用七件套。 (3)连接汽车故障诊断仪(KT600)		□安装车轮挡块,接排气烟道

步骤	操作方法及说明	质量标准及记录
2. 操作前准备工作		□拉起驻车制动杆,降下驾驶人侧车窗玻璃,拉发动机舱盖释放杆 □打开发动机舱盖,安装翼子板布和前格栅布
3. 读取故障码	(1)将解码器连接到诊断插口,将点火开关置于"ON"位置。 (2)开启检测仪,选择菜单项 Powertrain/Engine and ECT/DTC,读取故障码,当传感器或电路有故障时,发动机 ECU 会存储相关故障码,空气流量传感器故障码见下表 故障码表见下 <table><tr><td>故障码</td><td>故障码含义</td><td>故障码部位</td></tr><tr><td>P0100</td><td>质量或体积空气流量电路</td><td>1)空气流量传感器电路断路或短路 2)空气流量传感器 3)ECM</td></tr><tr><td>P0102</td><td>质量或体积空气流量电路低输入</td><td>1)空气流量传感器电路断路或短路 2)空气流量传感器 3)ECM</td></tr><tr><td>P0103</td><td>质量或体积空气流量电路高输入</td><td>1)空气流量传感器电路断路或短路 2)空气流量传感器 3)ECM</td></tr></table>	□正确连接汽车故障诊断仪,并读取故障码,找到对应故障码的含义 □设备完整无损坏
4. 读取数据流	(1)使发动机暖机,通过解码器选择菜单项 Powertrain/Engine and ECT/Data List,读取数据流,空气流量传感器标准值见下表。 <table><tr><td>检测仪显示</td><td>测量项目/范围</td><td>正常状态</td></tr><tr><td>空气流量传感器</td><td>空气流量传感器(MAF)的气流率: 最小:0g/s 最大:655.35g/s</td><td>怠速:0.54~4.33g/s 转速为2500r/min 时无负载运转:3.33~9.17g/s</td></tr></table> (2)如果传感器数据流不在正常范围内,说明传感器或电路有故障。 (3)如果传感器流量值约为 0.0g/s,则说明空气流量传感器电源电路断路或短路。 (4)如果流量值为 271.0g/s 或更大,则说明信号线电路断路或短路	□正确读取数据流 □正确判断故障原因

步骤	操作方法及说明	质量标准及记录
5. 传感器 电路检查	（1）供电电路检查。断开空气流量传感器插接器,打开点火开关,用万用表测量传感器 3 号端子与车身搭铁之间的电压,标准电压应为蓄电池电压,如下图所示。 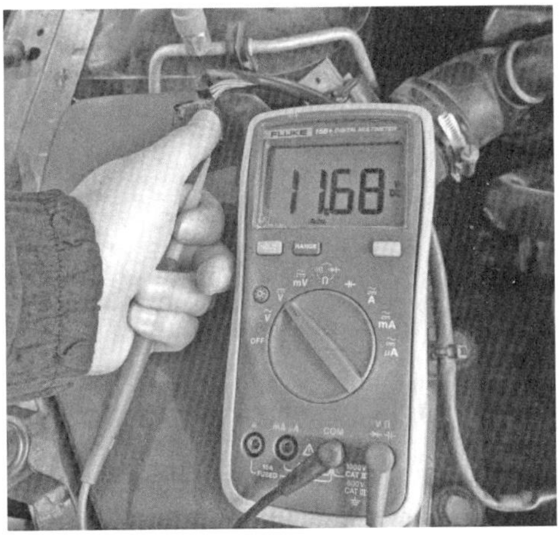 <table><tr><td>测量端子</td><td>标准值</td><td>测量条件</td></tr><tr><td>B2-5（VG）与 B31-118（VG）</td><td>小于 1Ω</td><td>始终</td></tr><tr><td>B2-5（E2G）与 B31-116（E2G）</td><td>小于 1Ω</td><td>始终</td></tr><tr><td>B2-5（VG）与车身搭铁</td><td>大于 10kΩ</td><td>始终</td></tr><tr><td>B31-118（VG）与车身搭铁</td><td>大于 10kΩ</td><td>始终</td></tr></table>（2）连接电路检查,断开空气流量传感器插接器,断开发动机 ECU 插接器,根据电路图,对电路电阻进行测量,如果测量值不在标准范围内,则说明电路有故障,需要对电路进行维修如下图所示。 	□准确测量供电电压及传感器电阻值 □人员安全,无危险行为
6. 输出信号 电压检查	（1）断开空气流量传感器插接器。 （2）向端子 +B 和 E2G 之间施加蓄电池电压。 （3）万用表正极（ + ）探针连接至端子 5（VG）。 （4）负极（ – ）探针连接至端子 4（E2G）之间的电压。 （5）标准电压为 0.2 ~ 4.9V	□准确检查输出信号电压

步骤	操作方法及说明	质量标准及记录
6. 输出信号电压检查	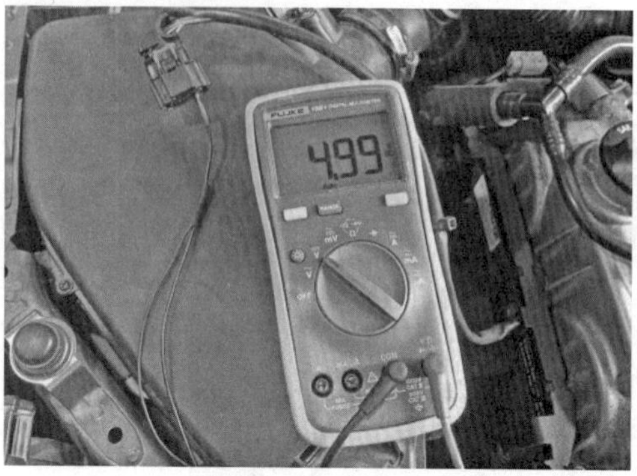	
7. 信号波形测量	在发动机运转时用示波器测量传感器波形,标准波形如图所示,空气流量传感器信号为频率信号,随着进气量的改变,其波形的频率也发生变化,但电压幅值保持 5V 不变 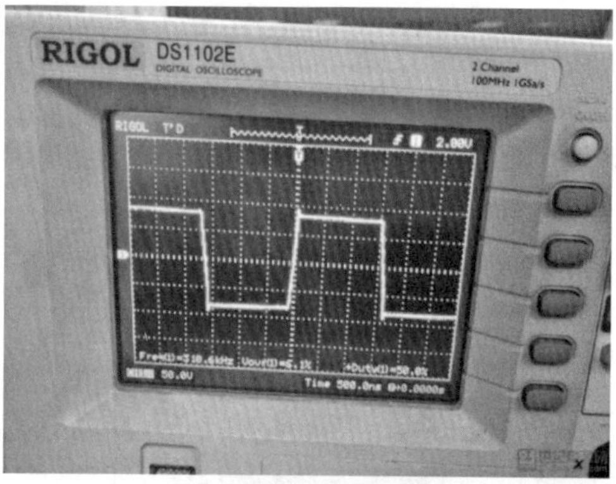 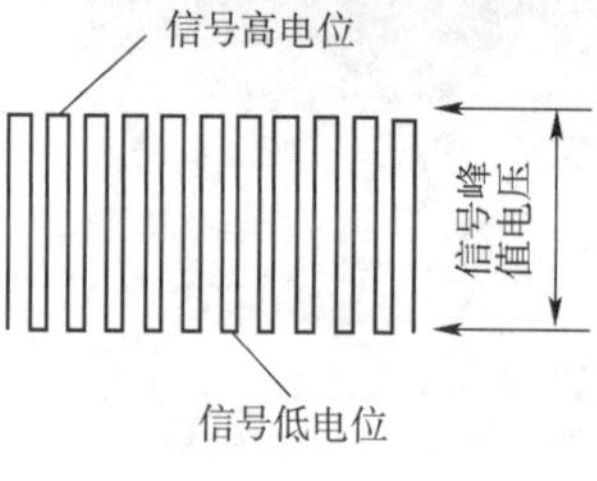 	□ 按照示波器使用流程,准确检测波形
8. 车辆复位	(1) 发动机熄火,取下排气烟道。 (2) 取下车内外防护用品。 (3) 车辆复位、清洁车身。 (4) 清洁并整理工具	□ 按"8S"管理要求整理

2.进气压力传感器的检修(表6-9)

进气压力传感器检修的操作方法及说明

表6-9

步骤	操作方法及说明	质量标准及记录
1.记录待修车辆的基本情况	<table><tr><td>项目</td><td>内容</td></tr><tr><td>车辆型号 VIN</td><td></td></tr><tr><td>发动机型号</td><td></td></tr><tr><td>客户反映情况</td><td>故障指示灯亮</td></tr><tr><td>维修检查建议</td><td>需读取故障码进行检查</td></tr></table>	□车辆信息是否完整
2.操作前准备工作	(1)安装车轮挡块,接排气烟道。 (2)放置车用七件套。 (3)连接汽车故障诊断仪(KT600)	□安装车轮挡块,接排气烟道 □拉起驻车制动杆,降下驾驶人侧车窗玻璃,拉发动机舱盖释放杆 □打开发动机舱盖,安装翼子板布和前格栅布
3.进气压力传感器电路	ECU 进气压力传感器 V_{cc} 5V R PIM IC E_2 E_1 硅膜片 至进气总管 某轿车发动机进气压力传感器电路如图所示,各端子名称及作用如下: (1)PIM:信号输出端子,即进气压力信号电压。 (2)V_{cc}:电源端子。 (3)E_2:传感器通过 ECU 搭铁	□正确分析电路原理

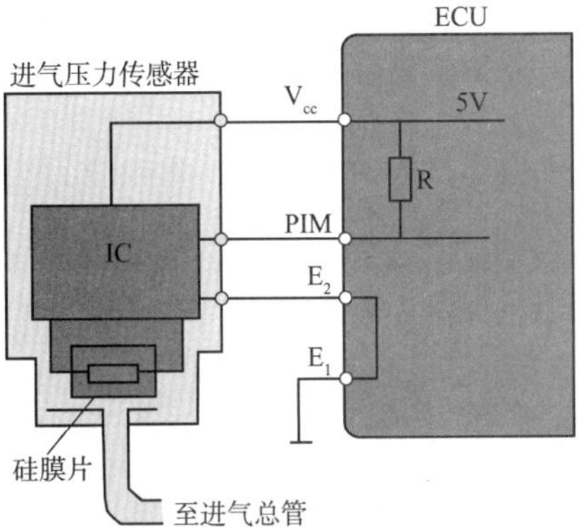

步骤	操作方法及说明	质量标准及记录
4.传感器电源电压的检测	(1)点火开关置于 OFF,拔下进气压力传感器的导线连接器。 (2)将点火开关置于 ON(不起动发动机),用万用表电压挡测量导线连接器中电源端 V_{cc} 和接地端 E_2 之间的电压,其电压值应为 4.5~5.5V。 (3)如果测量的电压值不符合要求,应检查进气压力传感器与 ECU 之间的线路是否导通	□设备完整无损坏 □正确起动车辆 □准确测量传感器电源电压
5.传感器输出电压的检测	(1)将点火开关置于 ON(不起动发动机),拆下连接进气压力传感器与进气歧管的真空软管,使之与大气相通。 	□设备完整无损坏 □正确起动车辆 □准确测量传感器输出电压

续上表

步骤	操作方法及说明	质量标准及记录
5. 传感器输出电压的检测	（2）在 ECU 导线连接器侧用万用表电压挡测量进气压力传感器 PIM 与 E$_2$ 端子在大气压力状态下的输出电压，PIM 与 E$_2$ 之间的电压应为 3.3~3.9V，否则需作进一步检查。 （3）再用真空泵向进气压力传感器内施加真空，从 13.3kPa 起，每次递增 13.3kPa，一直增加到 66.7kPa 为止，然后测量在不同真空度下进气压力传感器（PIM-E$_2$ 端子间）的输出电压，该电压值应该随真空度的增大而不断下降	
6. 车辆复位	（1）发动机熄火，取下排气烟道。 （2）取下车内外防护用品。 （3）车辆复位、清洁车身。 （4）清洁并整理工具	□按"8S"管理要求整理

四、评价反馈（表6-10）

评价表　　　　　　　　　　　　　　　　　　表6-10

评分项目	评分标准	分值（分）	得分（分）
学习目标	能明确本任务的知识、技能、素养目标，理解任务在工作中的重要程度	5	
工作任务分析	能清晰描述完成本次工作任务内容	2	
	能清晰描述完成本次工作任务需必备的技能与知识点	2	
有效信息获取	能按照要求正确使用汽车故障诊断仪	10	
实施方案制订	能清晰地制订并填写本次空气流量传感器及进气压力传感器的检查的准备作业计划	5	
	能组织或协同工作小组成员，明确本次任务所需仪器设备、工具、材料，并准备记录	5	
	能组织或协同工作小组成员交流，优化检查方案并记录	5	

续上表

评分项目	评分标准	分值(分)	得分(分)
任务实施	能打开发动机舱盖,使用汽车故障诊断仪;能正确判断空气流量传感器及进气压力传感器是否正常	10	
	能用连接汽车故障诊断仪读取故障码,正确读取数据流	10	
	能够正确读数,完成后能够进行清洁	20	
	能够安全放置工具,设备使用方法安全可靠;能够正确并完整佩戴防护用品	10	
任务评价	能通过本次任务实施,结合自己在实训过程中的表现,进行自我评价及自我反思并记录	3	
职业素养	按规定时间完成项目作业	2	
	遵守实训室管理规定、劳动纪律	2	
	积极参与课堂活动、回答问题	2	
	能够按时出勤	2	
思政要求	本任务要求分组训练,各小组必须按照规范地操作方式,准确快速地使用汽车故障诊断仪,优化操作流程,对零部件的检测精度做到精益求精,弘扬大国工匠精神;各小组在实训过程中必须团结一致、相互合作,操作过程中注意安全,要求全程实现"8S"管理	5	
总分		100	

改进建议:

教师签字:

日期:

学习活动4 曲轴位置传感器及凸轮轴位置传感器的检修

⚙ 一、明确任务

根据任务描述,2021 款迈腾 B8L2.0TSI 汽车起动困难。通过汽车故障诊断仪读取发动机故障码,再使用万用表分别测量曲轴位置传感器和凸轮轴位置传感器的供电、信号及线路,发现曲轴位置传感器和凸轮轴位置传感器信号电压为0V,说明曲轴位置传感器和凸轮轴位置传感器损坏。需要对曲轴位置传感器和凸轮轴位置传感器进行检查与更换,使其恢复正常使用性能。

⚙ 二、工作准备与计划制订

(一)知识准备

1. 曲轴位置传感器的检修

1)曲轴位置传感器功用

曲轴位置传感器也称为＿＿＿＿＿＿＿＿＿＿,是控制点火时刻、确认曲轴位置不可或缺的信号源。用来检测曲轴转角和发动机转速信号,输送给＿＿＿＿＿＿,以便确定＿＿＿＿＿＿和＿＿＿＿＿＿。曲轴位置传感器是发动机控制系统中最主要的传感器之一,发动机电脑用此信号控制＿＿＿＿＿＿、＿＿＿＿＿＿、＿＿＿＿＿＿、＿＿＿＿＿＿＿＿＿＿、＿＿＿＿＿＿和＿＿＿＿＿＿的运行。曲轴位置传感器一般安装在曲轴的前部、中部或飞轮上。

2)曲轴位置传感器分类

根据结构和工作原理不同,曲轴位置传感器可分为电磁式、霍尔式和光电式三种,如图6-21所示。其中最常用的是电磁式曲轴位置传感器和霍尔式曲轴位置传感器。

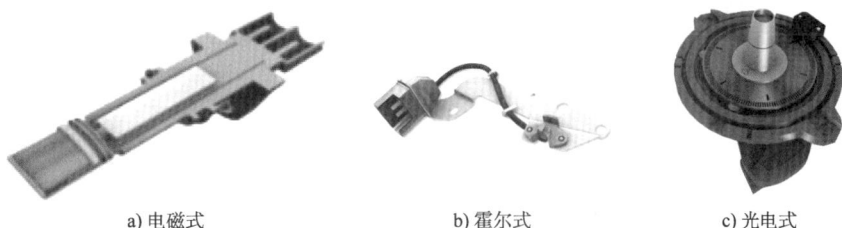

a) 电磁式　　　　　　b) 霍尔式　　　　　　c) 光电式

图6-21　曲轴位置传感器

3)曲轴位置传感器结构组成与工作原理

(1)电磁式曲轴位置传感器。

电磁式曲轴位置传感器主要由铁芯、感应线圈、永久磁铁和壳体组成,如图6-22所示。威驰汽车丰田5A发动机曲轴位置传感器、桑塔纳汽车AJR发动机所应用的曲轴位置传感器采用的都是这种类型的。

电磁式曲轴位置传感器是利用信号转子产生脉冲信号。信号转子凸齿靠近磁极时,磁阻变小,磁通量变大;信号转子凸齿远离磁极时,磁阻

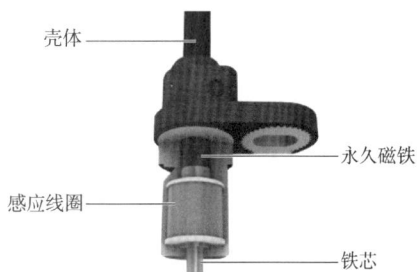

图6-22　电磁式曲轴位置传感器结构组成

变大,磁通量变小。信号转子的凹槽随曲轴旋转到与传感器相对的位置时,使通过传感器内线圈的_____发生瞬时变化,产生_____,从而通过线圈产生感应电动势,向 ECU 提供输出电压信号,如图 6-23 所示。

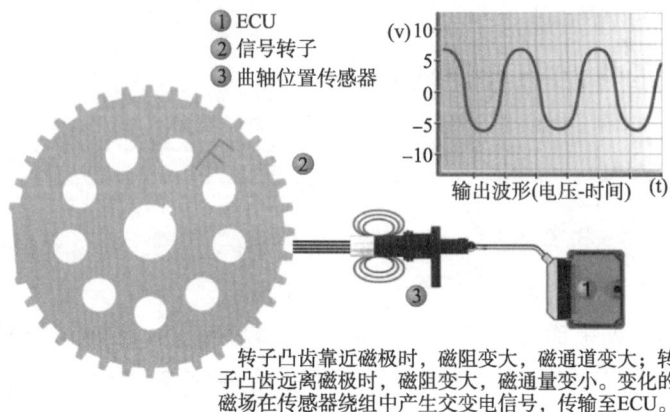

图 6-23　电磁式曲轴位置传感器工作原理

（2）霍尔式曲轴位置传感器。

霍尔式传感器与电磁式传感器不同的是需外加电源。霍尔式传感器的基本结构,主要由连接器、连接支架、导磁软铁、永久磁铁和霍尔元件等组成,如图 6-24 所示。转子安装在转子轴上。霍尔集成电路由霍尔元件、放大电路、稳压电路、温度补偿电路、信号变换电路和输出电路等组成。

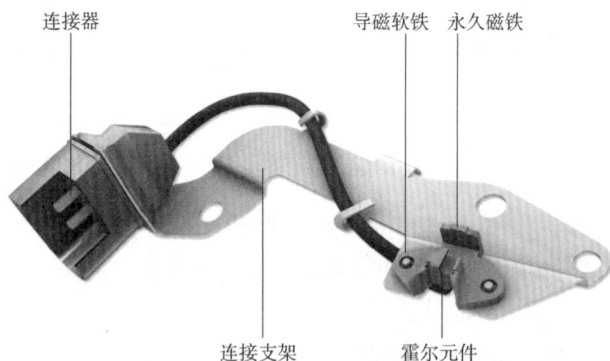

图 6-24　霍尔式曲轴位置传感器结构

霍尔式曲轴位置传感器是利用触发叶片改变通过霍尔元件的_____,从而使霍尔元件产生脉冲的霍尔电压信号,经过放大整形后即为曲轴位置传感器的磁场信号,如图 6-25 所示。

4）曲轴位置传感器的检测一般步骤

大众迈腾 CEA 发动机曲轴位置传感器 G28（电磁式）安装在曲轴后面的飞轮附近,如图 6-26 所示。该传感器有两个端子 T2jp/1、T2jp/2,如图 6-27 所示。

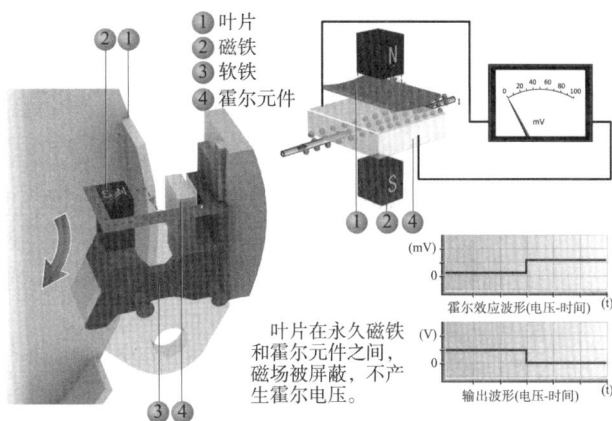

① 叶片
② 磁铁
③ 软铁
④ 霍尔元件

叶片在永久磁铁和霍尔元件之间，磁场被屏蔽，不产生霍尔电压。

图 6-25　霍尔式曲轴位置传感器工作原理

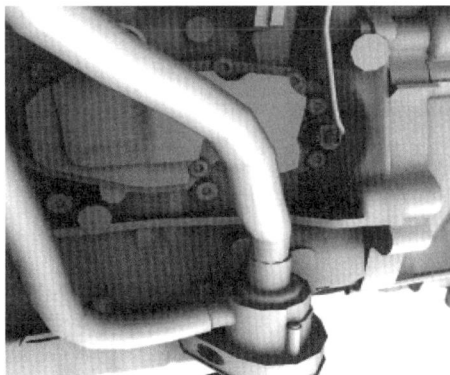

图 6-26　曲轴位置传感器 G28 安装位置

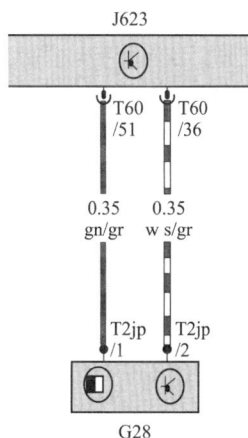

图 6-27　曲轴位置传感器 G28 电路图

（1）读取曲轴位置传感器的数据流。

将故障诊断仪连接到诊断座，打开点火开关并起动发动机，打开诊断仪，读取曲轴位置传感器的数据流。

（2）检测曲轴位置传感器及线路。

①检测曲轴位置传感器输出电压。

将万用表拧至交流电压挡，然后将万用表的两支表笔任意接入（交流电不分正负）电磁式曲轴位置传感器的两根信号线，在线路正常连接、发动机运转时测量 1 号端子与 2 号端子间电压。通常，怠速电压约为 5V，转速越高，电压越高。

②检测曲轴位置传感器电阻。

关闭点火开关，拔下曲轴位置传感器连接器插头，检查传感器上 1 号与 2 号端子间电阻，应为 980～1600Ω。若电阻为无穷大，说明信号线圈存在_____，应更换传感器。

③检测曲轴位置传感器线路电阻。

关闭点火开关，断开曲轴位置传感器连接器，检测传感器插头端与发动机 ECU 对应端子的电阻应小于1Ω。

（3）检测曲轴位置传感器的波形。

用示波器分别读取曲轴位置传感器怠速时和发动机转速为2000r/min时的波形。

（4）检查曲轴位置传感器的安装情况。

检查曲轴位置传感器的安装情况，保证传感器安装正确并且牢固。

（5）检查曲轴信号盘。

检查曲轴位置传感器信号盘齿有无任何裂纹或变形。若曲轴信号盘出现裂纹或变形情况，则需要更换曲轴位置信号盘。

2. 凸轮轴位置传感器的检修

1）凸轮轴位置传感器功用

凸轮轴位置传感器是用来检测凸轮轴位置的一个信号装置，是_____主控制信号，一般安装在凸轮轴罩盖前端对着进排气凸轮轴前端的位置，如图6-28所示。

凸轮轴位置传感器的功用是采集_____信号，并将信号输入ECU。采集到的信号是发动机ECU的_____信号，用来确定哪个汽缸处于压缩状态。凸轮轴位置传感器与曲轴位置传感器配合工作，使发动机ECU能准确判定活塞上止点位置，从而精确地进行喷油控制、点火正时控制及配气正时控制等。

图6-28　凸轮轴位置传感器安装位置

2）凸轮轴位置传感器的结构

与曲轴位置传感器类似，凸轮轴位置传感器也可以分为三种：霍尔式凸轮轴位置传感器、光电式凸轮轴位置传感器和电磁式凸轮轴位置传感器，其中常用的是霍尔式凸轮轴位置传感器，如图6-29所示。

a) 霍尔式凸轮轴位置传感器　　b) 光电式凸轮轴位置传感器　　c) 电磁式凸轮轴位置传感器

图6-29　凸轮轴位置传感器的分类

霍尔式凸轮轴位置传感器主要由霍尔IC、连接器针脚、壳体、密封圈等组成，如图6-30所示。

3）凸轮轴位置传感器的工作原理

大众朗逸1.4TSI CST发动机采用霍尔式凸轮轴位置传感器。霍尔式凸轮轴位置传感器是利用触发叶片改变通过霍尔元件的_____，从而使霍尔元件产生脉冲的霍尔电压信号,经过放大整形后即为凸轮轴位置传感器的磁场信号,如图 6-31 所示。

朗逸 1.4TSI CST 发动机凸轮轴位置传感器 G40 电路图如图所示,其中 T3m/1 为传感器电源正极端子,连接 5V 电源;T3m/2 为传感器信号输出端子,与 J623 T60/21 端子相连;T3m/3 为传感器接地端子,与 J623 T60/6 端子相连,如图 6-32所示。

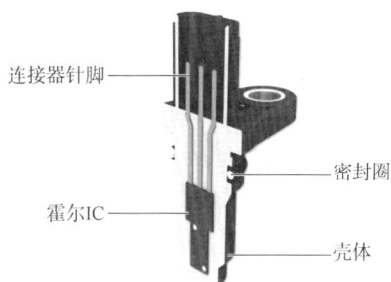

图 6-30 霍尔式凸轮轴位置传感器结构

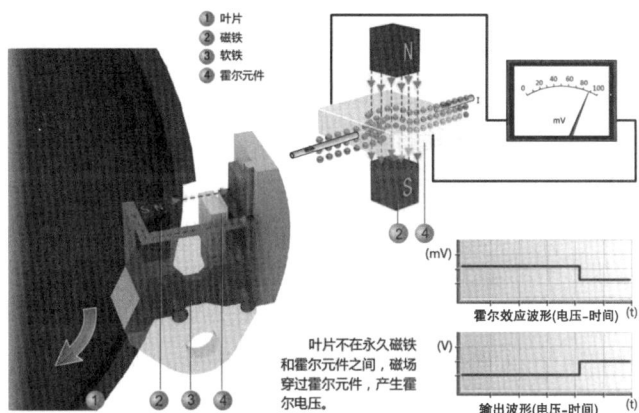

图 6-31 霍尔式凸轮轴位置传感器工作原理

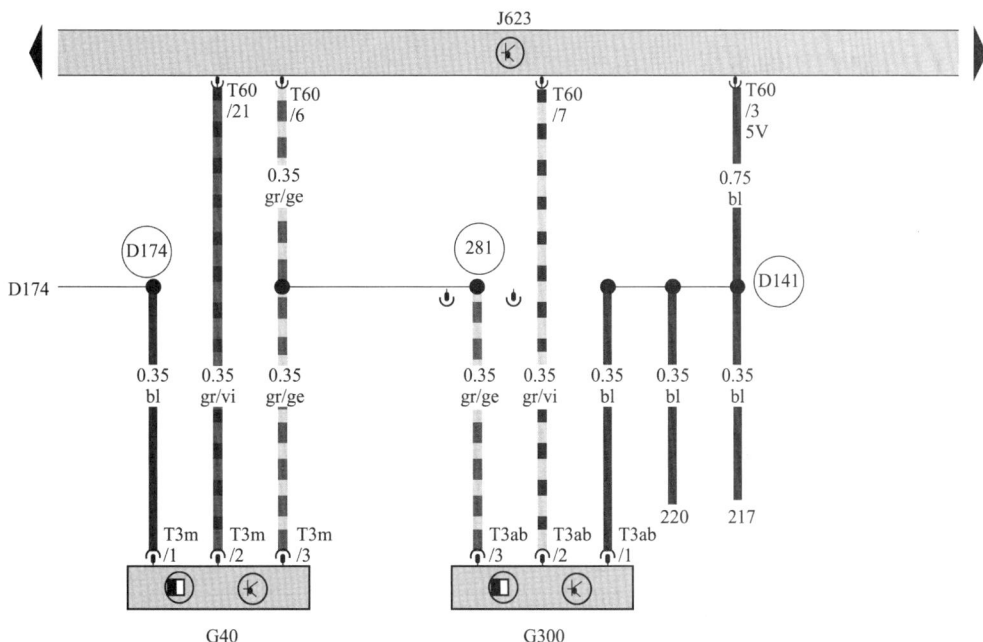

图 6-32 朗逸 1.4TSI 凸轮轴位置传感器 G40 电路图

4)凸轮轴位置传感器的检测一般步骤

(1)读取凸轮轴位置传感器的数据流。

将汽车故障诊断仪连接到诊断座,打开点火开关并起动发动机,打开诊断仪,读取凸轮轴位置传感器的数据流。

(2)检测凸轮轴位置传感器及线路。

①检测凸轮轴位置电源电压。

关闭点火开关,拔下凸轮轴位置传感器插头,将点火开关置于 ON 位置。将万用表旋转开关置于直流电压挡,检测传感器插头 1 号端子与搭铁之间的电压应为 5V 左右。

②检测凸轮轴位置传感器搭铁。

关闭点火开关,拔下凸轮轴位置传感器插头,用万用表检测凸轮轴位置传感器插头 3 号端子与搭铁之间电阻,电阻值应小于 1Ω。

③检测凸轮轴位置传感器信号。

起动发动机,用万用表检测凸轮轴位置传感器 2 号和 3 号两个端子的信号电压,信号值在 0 ~ 5V 之间变化。

④凸轮轴位置传感器线路电阻。

关闭点火开关,断开凸轮轴位置传感器连接器,检测传感器插头 2 号和 3 号两个端子与发动机 ECU 对应端子间线路的电阻应小于 1Ω。

(3)检测凸轮轴位置传感器。

用示波器分别读取凸轮轴位置传感器怠速时和发动机转速为 2000r/min 时的波形。

(二)制订工作方案

1. 任务分工(表6-11)

学生任务分配表　　　　　　　　　　　　表 6-11

班级		组号		指导老师	
组长		任务分工			
组员 1		任务分工			
组员 2		任务分工			
组员 3		任务分工			
组员 4		任务分工			
组员 5		任务分工			
组员 6		任务分工			

2. 工量具、仪器设备与耗材准备

(1)使用的工量具有:_____。

（2）使用的仪器设备有：_____。

（3）使用的耗材有：_____。

3.具体方案描述

_____

_____

_____

_____

_____

_____

三、计划实施

（一）安全注意事项及技能要点

1.安全注意事项

（1）进入车间应穿工鞋、戴工帽；工作服应整洁，无破损；操作时不可佩戴手表等金属饰品，以防划伤车辆表面。

（2）举升车辆时，应严格按照举升机使用方法进行操作，并通知其他人员远离举升设备。

（3）更换油液或配件时，应处理好油液和配件的回收清理工作，以免对工作环境造成污染。

2.技能要点

（1）正确使用汽车故障诊断仪。

（2）选择合适工具，按照维修手册要求进行拆装。

（3）正确操纵举升机。

（二）曲轴位置传感器及凸轮轴位置传感器的检修

1.电磁式曲轴位置传感器的检修（表6-12）

曲轴位置传感器检修的操作方法及说明 表6-12

步骤	操作方法及说明		质量标准及记录
1.记录待修车辆的基本情况	项目	内容	□车辆信息是否完整
	车辆型号 VIN		
	发动机型号		
	客户反映情况	故障指示灯亮	
	维修检查建议	需读取故障码进行检查	

步骤	操作方法及说明	质量标准及记录
2. 操作前准备工作	(1) 安装车轮挡块,接排气烟道。 (2) 放置车用七件套。 (3) 连接汽车故障诊断仪(KT600) 	□ 安装车轮挡块,接排气烟道 □ 拉起驻车制动杆,降下驾驶人侧车窗玻璃,拉发动机舱盖释放杆 □ 打开发动机舱盖,安装翼子板布和前格栅布
3. 读取曲轴位置数据	(1) 运转发动机,观察曲轴位置传感器的工作情况。 (2) 可查看 08 功能读测量数据块 03 显示发动机转速显示。如图所示 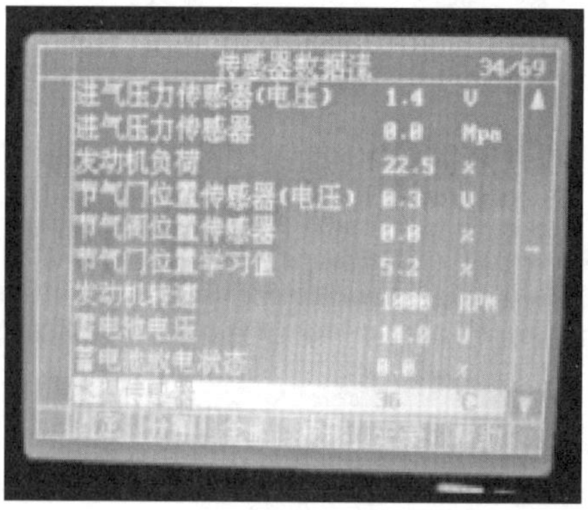	□ 准确读取数据
4. 传感器电阻的检查	(1) 断开点火开关,拔出传感器引线插头,检测传感器插座端子 1 与端子 2 间信号线圈电阻应为 450 ~ 1000Ω。 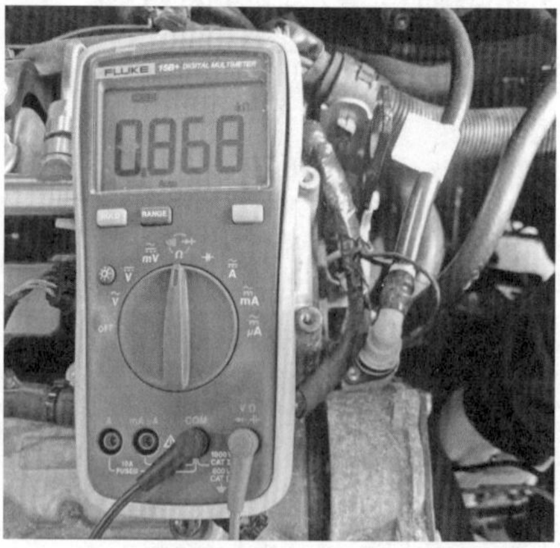	□ 设备完整无损坏 □ 传感器阻值测量方法正确 □ 准确判断传感器是否正常

步骤	操作方法及说明	质量标准及记录
4. 传感器电阻的检查	（2）若阻值为无穷大，说明信号线圈断路，应更换传感器。 （3）发动机不能起动与曲轴位置传感器是否正常工作有很大关系。 （4）拖转发动机，用万用表测量 ECU 的 T60/51 端子与 T60/36 端子（曲轴位置传感器信号的输入端子），若无信号电压（正常情况下应为 0.3～0.5V），说明曲轴位置传感器损坏 	
5. 线束导通性的检查	（1）检测传感器与控制单元之间的线束时，分别检测传感器线束插头端子 1 与控制单元线束插孔 T60/51、传感器线束插头端子 2 与控制单元线束插孔 T60/36，其阻值最大不超过 1.5Ω。 （2）如为无穷大则说明导线断路，需要修理或更换线束	□测量方法正确 □人员安全，无危险行为
6. 信号转子与磁头间间隙的检查	信号转子凸齿与磁头间的间隙应在 0.2～0.4mm 之间，间隙如有变化，必须按规定进行调整	□间隙大小测量准确

续上表

步骤	操作方法及说明	质量标准及记录
7. 示波检查	(1) 测量曲轴位置传感器波形如图所示。 (2) 通常最常见的传感器故障是根本不产生信号,这说明传感器的线圈有断路故障。 (3) 如果示波器显示在零电位时间一条直线,则说明传感器信号系统中有故障。 (4) 下图为两种电磁式曲轴位置传感器的故障波形,图 a) 为齿槽中有异物造成;图 b) 为传感器信号转子安装不当造成的 a) 有异物　　　　b) 安装不当	□ 按照示波器使用流程,准确检测波形
8. 车辆复位	(1) 发动机熄火,取下排气烟道。 (2) 取下车内外防护用品。 (3) 车辆复位、清洁车身。 (4) 清洁并整理工具	□ 按 "8S" 管理要求整理

2. 霍尔式凸轮轴位置传感器的检修 (表 6-13)

霍尔式凸轮轴位置传感器检修的操作方法及说明　　　　表 6-13

步骤	操作方法及说明		质量标准及记录
1. 记录待修车辆的基本情况	项目	内容	□ 车辆信息是否完整
	车辆型号 VIN		
	发动机型号		
	客户反映情况	故障指示灯亮	
	维修检查建议	需读取故障码进行检查	

续上表

步骤	操作方法及说明	质量标准及记录
2. 操作前准备工作	(1)安装车轮挡块,接排气烟道。 (2)放置车用七件套。 (3)连接汽车故障诊断仪(KT600) 	□安装车轮挡块,接排气烟道 □拉起驻车制动杆,降下驾驶人侧车窗玻璃,拉发动机舱盖释放杆 □打开发动机舱盖,安装翼子板布和前格栅布
2. 连接解码器	读取故障码,诊断是否有信号中断故障	□正确使用汽车故障诊断仪
3. 读取数据流(测量数据)	热机时,进入显示组03,显示区04观察数据流	
4. 传感器工作情况检测	(1)用发光二极管试灯从传感器背后连接端子2和端子3。 (2)短时起动发动机,试灯应闪亮。 (3)若试灯不亮,则进行电源电压及线束检测	□正确使用试灯
5. 传感器电源电压检测	(1)断开点火开关,拔下线束插头,用万用表测连接插头1和3的电压应5V左右。 	□测量方法正确 □故障判断准确 □设备完整无损坏 □人员安全,无危险行为

步骤	操作方法及说明	质量标准及记录
5. 传感器电源电压检测	（2）如电压为 0V，说明线束断路、短路或 ECU 有故障，断开点火开关检查导线是否正常。 （3）测量插头端子 2 和端子 3 的电压，标准应接近蓄电池电压。 （4）如果测量值符合标准，更换霍尔传感器；如果测量值不符合标准，应检查霍尔传感器与控制单元的线路是否有开路或短路	
6. 线束检测	（1）打开点火开关，拆下传感器线束插头。 （2）打开点火开关，用万用表测量传感器线束的各端子的电压信号。 （3）关闭点火开关，用万用表测量传感器线束的各端子电阻。 测试参考条件及数据见下表	□测量方法正确 □故障判断准确 □数据记录无误

续上表

<table>
<tr><th>步骤</th><th>操作方法及说明</th><th>质量标准及记录</th></tr>
<tr><td>6. 线束检测</td><td>
<table>
<tr><th>测试条件</th><th>测试部位</th><th>参考数据</th></tr>
<tr><td rowspan="2">点火开关 ON,测量线束端</td><td>1 号端子与蓄电池负极</td><td>电压值为 5V</td></tr>
<tr><td>3 号端子与蓄电池负极</td><td>电压值为 0V</td></tr>
<tr><td rowspan="4">点火开关 OFF,传感器线束端子和电控单元 J623 插头</td><td>1 号端子与 J623 对相应端子电阻</td><td>电阻小于 1.5Ω</td></tr>
<tr><td>2 号端子与 J623 对相应端子电阻</td><td>电阻小于 1.5Ω</td></tr>
<tr><td>3 号端子与 J623 对相应端子电阻</td><td>电阻小于 1.5Ω</td></tr>
<tr><td>传感器各端子之间及与搭铁之间电阻</td><td>电阻为∞</td></tr>
</table>
</td><td></td></tr>
<tr><td>7. 波形分析</td><td>(1)正确连接示波器,起动发动机。
(2)测量发动机在各个转速下的信号端子的波形。
(3)记录测量波形,参照标准波形进行分析。如图所示。
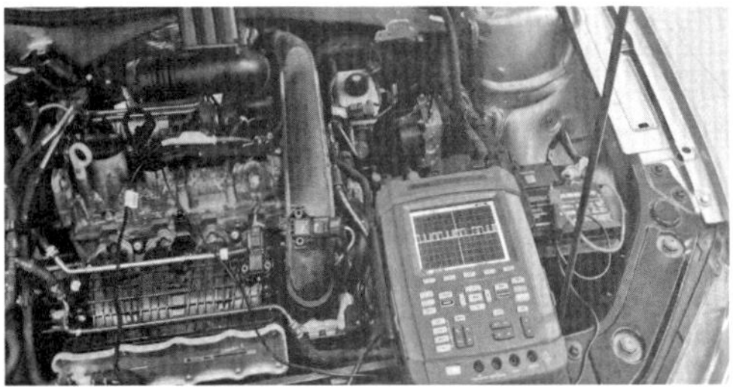
(4)如测量信号波形与标准波形不符,则应检查相关线路、传感器及控制单元。
(5)如果在示波器为一条直线,应检查示波器与传感器的连接、传感器电源电路与 ECU 的电源与接地是否良好。
(6)如果幅值过高,说明电阻太大或接地不良。
(7)如果波形不正常,检查导线、接插件、测试线,可摇动线束来判断。
(8)如测量控制单元端信号为 5V,传感器端为 0V 直线,则说明信号线断路</td><td>□按照示波器使用流程,准确检测波形
□测量方法正确
□故障判断准确</td></tr>
<tr><td>8. 车辆复位</td><td>(1)发动机熄火,取下排气烟道。
(2)取下车内外防护用品。
(3)车辆复位、清洁车身。
(4)清洁并整理工具</td><td>□按“8S”管理要求整理</td></tr>
</table>

四、评价反馈（表6-14）

评价表　　　　　　　　　　　　　　　　　　表6-14

评分项目	评分标准	分值(分)	得分(分)
学习目标	能明确本任务的知识、技能、素养目标,理解任务在工作中的重要程度	5	
工作任务分析	能清晰描述完成本次工作任务内容	2	
	能清晰描述完成本次工作任务需必备的技能与知识点	2	
有效信息获取	能按照要求正确使用汽车故障诊断仪及示波器	10	
实施方案制订	能清晰地制订并填写本次曲轴位置传感器及凸轮轴位置传感器检查的准备作业计划	5	
	能组织或协同工作小组成员,明确本次任务所需仪器设备、工具、材料,并准备记录	5	
	能组织或协同工作小组成员交流,优化检查方案并记录	5	
任务实施	能打开发动机舱盖,使用汽车故障诊断仪;能正确判断曲轴位置传感器及凸轮轴位置传感器是否正常	10	
	能用连接汽车故障诊断仪读取故障码,正确读取数据流	10	
	能够正确读数,完成后能够进行清洁	20	
	能够安全放置工具,设备使用方法安全可靠;能够正确并完整佩戴防护用品	10	
任务评价	能通过本次任务实施,结合自己在实训过程中的表现,进行自我评价及自我反思并记录	3	
职业素养	按规定时间完成项目作业	2	
	遵守实训室管理规定、劳动纪律	2	
	积极参与课堂活动、回答问题	2	
	能够按时出勤	2	
思政要求	本任务要求分组训练,各小组必须按照规范地操作方式,准确快速地使用汽车故障诊断仪,优化操作流程,对零部件的检测精度做到精益求精,弘扬大国工匠精神;各小组在实训过程中必须团结一致、相互合作,操作过程中注意安全,要求全程实现"8S"管理	5	
总分		100	

改进建议:

教师签字:

日期:

学习活动 5　节气门位置传感器、进气温度传感器和冷却液温度传感器的检修

⚙ 一、明确任务

根据任务描述,一辆 15 年生产的 1.4TSI 大众朗逸汽车,行驶里程 3 万 km。客户反映该车发动机起动后散热器风扇常转,发动机故障指示灯常亮,此车正常保养,还没出过故障。预计需要对节气门位置传感器、冷却液温度传感器或冷却液温度传感器进行检查与更换,使其恢复正常使用性能。

⚙ 二、工作准备与计划制订

(一)知识准备

1. 节气门位置传感器

1)节气门位置传感器的作用

节气门位置传感器(Throttle Position Sensor,TPS)主要用于检测节气门的开度及开度变化,将此信号输入 ECU,来控制_____及其他辅助控制。主要体现在以下几个方面:

(1)控制发动机转速。节气门位置传感器可以检测到发动机节气门的开度,从而控制发动机的_____。当驾驶人踩下加速踏板时,节气门开度增大,发动机转速升高;当驾驶人松开加速踏板时,节气门开度减小,发动机转速降低。

(2)控制燃油喷射量。节气门位置传感器还可以控制_____。当发动机转速升高时,节气门开度增大,燃油喷射量也会相应增加,以满足发动机的需要。

(3)控制进气量。节气门位置传感器可以控制_____。当发动机转速升高时,节气门开度增大,进气量也会相应增加,以提高发动机的输出功率。

(4)提高燃油经济性。通过控制发动机转速和燃油喷射量,节气门位置传感器可以帮助提高燃油经济性。当发动机需要较少的动力时,节气门开度减小,燃油喷射量也会相应减少,从而降低油耗。

2)节气门位置传感器的类型

节气门位置传感器常见有开关式、滑动电阻式、综合式。

(1)开关式节气门位置传感器。

开关式节气门位置传感器是一种简单的传感器,用于检测发动机节气门的

_____和_____位置。它通常由一个开关和一个弹簧组成,当节气门完全打开或关闭时,开关会触发一个信号,告诉发动机控制单元当前的节气门位置。

这种传感器的优点是结构简单、成本低、可靠性高,适用于一些简单的发动机控制系统。但是,它的缺点是只能检测到全开和全关两个位置,无法提供更精确的节气门开度信息,因此在一些需要更精确控制的发动机系统中,可能需要使用更先进的传感器,开关式节气门位置传感的结构如图6-33所示。

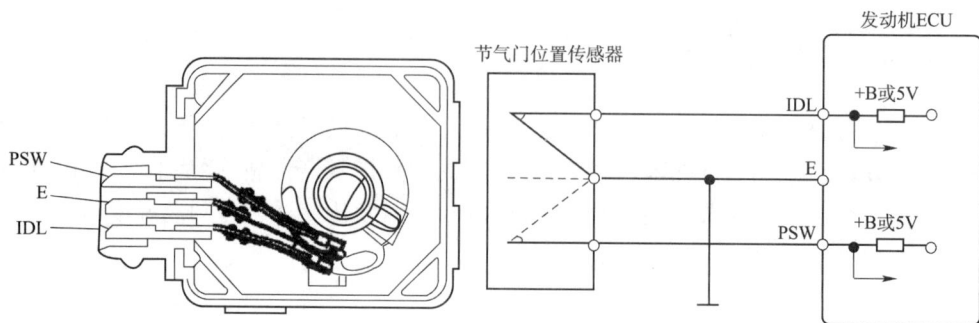

图6-33　开关式节气门位置传感器的结构

(2)滑动电阻式节气门位置传感器。

滑动电阻式节气门位置传感器通常由一个滑动电阻、一个电阻轨道和一个连接器组成,如图6-34所示。滑动电阻安装在电阻轨道上,可以随着节气门开度的变化而_____。当节气门开度变化时,滑动电阻的位置也会随之变化,从而改变_____。传感器的连接器将电阻值转换为_____,并将其发送给发动机控制单元(ECU)。ECU可以使用该信号来确定节气门的开度,并根据需要调整发动机的输出功率。

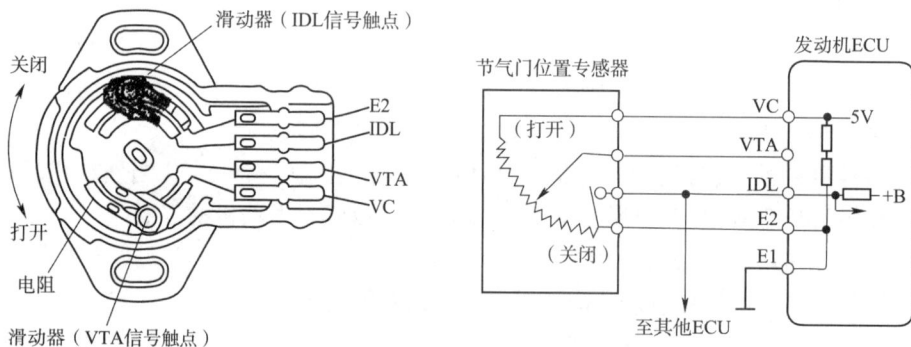

图6-34　滑动电阻式节气门位置传感器的结构

(3)综合式节气门位置传感器。

综合式节气门位置传感器是一种集成了多种传感器技术的节气门位置传感器,它可以提供更精确、全面的节气门开度信息。综合式节气门位置传感器通常包括一个线性霍尔传感器、一个旋转编码器和一个电位器。线性霍尔传感器用于测量节气门开度的线性变化,旋转编码器用于测量节气门开度的旋转角度,电位器用于测量节气门开度的电阻值。传感器的输出信号通常包括一个模拟信号和一个数字信号。模拟信号可以提供节气门开度的线性变化信息,数字信号可以提供节气门开度的旋转角度信息。综合式节气门位置传感器具有更高的精度和分辨率,可以提供更准确的_____信息,从而提高发动机的性能和燃油经济性。此外,它还可以提供更多的信息,例如节气门开度的速度和加速度等,从而帮助发动机控制单元更好地控制发动机的输出功率。

3)节气门位置传感器的结构原理

节气门位置传感器(TPS)是用于检测发动机节气门开度的传感器,其所处位置如图6-35所示。它的主要结构通常包括以下几个部分。

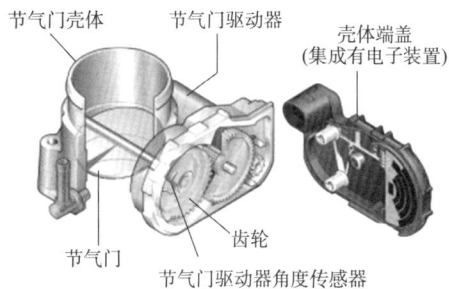

图6-35　节气门位置传感器所处位置

电位器:电位器是一种可变电阻器,由一个固定电阻和一个可移动的接触臂组成。当接触臂移动时,电阻值会发生变化。

霍尔元件:霍尔元件是一种基于霍尔效应的传感器,可以检测磁场的变化。在TPS中,霍尔元件通常用于检测节气门轴的旋转角度。

磁铁:磁铁通常安装在节气门轴上,用于产生磁场。

电路板:电路板是TPS的电子部分,用于处理霍尔元件和电位器的信号,并将其转换为数字信号输出给发动机控制单元(ECU)。

当节气门轴旋转时,磁铁的磁场也会随之旋转。霍尔元件会检测到_____的变化,并将其转换为电信号输出给电路板。电路板会将霍尔元件的信号转换为数字信号,并将其输出给ECU,同时,电位器的接触臂也会随着节气门轴的旋转而移动,从而改变_____。电路板会将电位器的电阻值转换为电信号,并将其输出给ECU。

ECU会接收TPS的信号,并根据其数值来确定发动机的_____和_____。ECU还可以使用TPS的信号来控制发动机的燃油喷射量、点火时间和空气流量等参数,以确保发动机的_____和_____。

2.进气温度传感器

(1)进气温度传感器的作用。

进气温度传感器是一个_____热敏电阻,当温度升高时,电阻阻值减小,当温度降低时,电阻阻值增大,随着电路中电阻的变化,导致电压的变化,从而产生不同的电压信号,完成控制系统的自动操作。在冷车时,进气温度传感器的信号与发动机水温传感器信号基本相同,在热车时,其信号电压大约是水温传感器的2~3倍。

进气温度传感器的作用是将发动机的进气温度以_____信号的形式输送ECU,为ECU修正_____和_____提供参考。如果进气温度传感器出现故障或损坏,ECU将无法准确地获取进气温度信号,可能会导致发动机起动困难、怠速不稳、加速不良、排放超标等问题。因此,如果发现车辆出现上述问题,应及时检查和更换进气温度传感器。

(2)进气温度传感器的类型。

进气温度传感器通常采用热敏电阻式或热电耦式。

热敏电阻式进气温度传感器是利用热敏电阻随_____变化而变化的特性来检测_____的。它通常采用负温度系数热敏电阻(Negative Temperature Coefficient，NTC)，即随着温度的升高，电阻值会降低。这种传感器具有结构简单、成本低、响应速度快等优点，但精度相对较低，热敏电阻式进气温度传感器如图6-36所示。

热电耦式进气温度传感器是利用_____的热电效应来检测进气温度的。它通常采用铂铑合金或镍铬合金作为热电偶材料，将两个不同材质的金属连接在一起，形成一个热电偶。当进气温度发生变化时，热电偶的两端会产生温差，从而产生电压信号。这种传感器具有精度高、稳定性好等优点，但成本相对较高，热电耦式进气温度传感器如图6-37所示。

图6-36　热敏电阻式进气温度传感器　　图6-37　热电耦式进气温度传感器

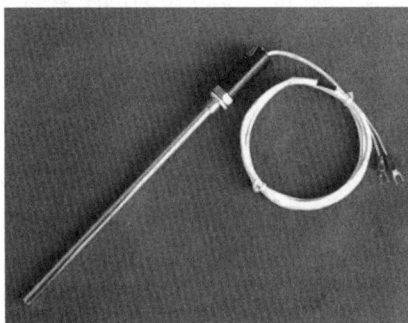

(3)进气温度传感器的工作原理。

基于热敏电阻的进气温度传感器，其电阻值会随着温度的变化而变化。当进气温度升高时，热敏电阻的电阻值会_____；反之，当进气温度降低时，热敏电阻的电阻值会_____。这种变化可以通过电路转换为电信号，并传输给车辆的电控单元(ECU)。

基于热电偶的进气温度传感器则利用热电偶的热电效应来检测进气温度。热电偶由两种不同金属组成，当两种金属的连接点处存在温度差时，会产生一个微小的电压差。这个电压差可以被测量并转换为_____，然后传输给ECU。

3. 冷却液温度传感器

冷却液温度传感器的作用是将发动机冷却液的温度以电信号的形式传输给电控单元(ECU)，以便ECU对发动机的工作状态进行监控和调整。具体来说，冷却液温度传感器通常安装在发动机冷却系统中，它可以感知冷却液的温度，并将其转换为电信号。ECU接收到这个信号后，可以根据冷却液的温度来调整发动机的工作状态，以确保发动机在_____内运转。

(二)制订工作方案

1. 任务分工(表6-15)

学生任务分配表 表6-15

班级		组号		指导老师	
组长		任务分工			
组员1		任务分工			
组员2		任务分工			
组员3		任务分工			
组员4		任务分工			
组员5		任务分工			
组员6		任务分工			

2. 工量具、仪器设备与耗材准备

(1)使用的工量具有：_____。

(2)使用的仪器设备有：_____。

(3)使用的耗材有：_____。

3. 具体方案描述

_____

_____

_____

_____

_____

三、计划实施

(一)安全注意事项及技能要点

1. 安全注意事项

(1)进入车间应穿工鞋、戴工帽;工作服应整洁,无破损;操作时不可佩戴手表等金属饰品,以防划伤车辆表面。

(2)举升车辆时,应严格按照举升机使用方法进行操作,并通知其他人员远离举升设备。

(3)更换油液或配件时,应处理好油液和配件的回收清理工作,以免对工作环境造成污染。

2. 技能要点

(1)正确使用工具。

(2)选择合适工具,按照维修手册要求进行拆装。

(3)正确操纵举升机。

(二)节气门位置传感器、进气温度传感器和冷却液温度传感器的检修

1. 节气门位置传感器的检修(表6-16)

节气门位置传感器的检修操作方法及说明 表6-16

步骤	操作方法及说明	质量标准及记录
1. 记录待修车辆的基本情况	<table><tr><td>项目</td><td>内容</td><td>项目</td><td>内容</td></tr><tr><td>车辆型号(VIN)</td><td></td><td>客户反映情况</td><td></td></tr><tr><td>发动机型号</td><td></td><td>维修检查建议</td><td></td></tr></table>	□车辆信息是否完整
2. 操作前准备工作	(1)安装车轮挡块,接排气烟道。 (2)放置车用七件套。 (3)连接汽车故障诊断仪(KT600) 	□安装车轮挡块,接排气烟道 □拉起驻车制动杆,降下驾驶人侧车窗玻璃,拉发动机舱盖释放杆 □打开发动机舱盖,安装翼子板布和前格栅布
3. 读取故障码	(1)将解码器连接到诊断插口,将点火开关置于"ON"位置。 (2)开启检测仪,选择菜单项 Powertrain/Engine and ECT/DTC,读取故障码,当传感器或电路有故障时,发动机 ECU 会存储相关故障码 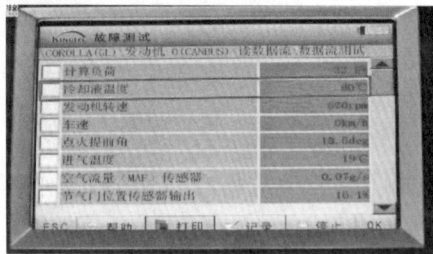	□正确连接汽车故障诊断仪,并读取故障码 □设备完整无损坏
4. 读取数据流	(1)使发动机暖机,通过解码器选择菜单项 Powertrain/Engine and ECT/Data List,读取数据流。 (2)如果传感器数据流不在正常范围内,说明传感器或电路有故障	□正确读取数据流 □正确判断故障原因

续上表

步骤	操作方法及说明	质量标准及记录
5.传感器电路检查	(1)供电电路检查,断开节气门位置传感器插接器,打开点火开关,用万用表测量传感器3号端子与车身搭铁之间的电压。标准电压应为蓄电池电压。 (2)连接电路检查,断开空气流量传感器插接器,断开发动机ECU插接器,对电路电阻进行测量,如果测量值不在标准范围内,则说明电路有故障,需要对电路进行维修	□准确测量供电电压及传感器电阻值 □人员安全,无危险行为
6.输出信号电压检查	(1)断开节气门位置传感器插接器。 (2)向端子+B和E2G之间施加蓄电池电压。 (3)万用表正极(+)探针连接至端子5(VG)。 (4)负极(−)探针连接至端子4(E2G)之间的电压。 (5)标准电压为0.2~4.9V 	□准确检查输出信号电压
7.信号波形测量	在发动机运转时用示波器测量传感器波形,节气门位置传感器信号为频率信号,随着进气量的改变,其波形的频率也发生变化,但电压幅值保持5V不变	□按照示波器使用流程,准确检测波形
8.车辆复位	(1)发动机熄火,取下排气烟道。 (2)取下车内外防护用品。 (3)车辆复位、清洁车身。 (4)清洁并整理工具	□按"8S"管理要求整理

2.进气温度传感器的检修(表6-17)

进气温度传感器检修的操作方法及说明　　　　　　表6-17

步骤	操作方法及说明				质量标准及记录
1.记录待修车辆的基本情况	项目	内容	项目	内容	□车辆信息是否完整
	车辆型号(VIN)		客户反映情况		
	发动机型号		维修检查建议		

步骤	操作方法及说明	质量标准及记录
2. 操作前准备工作	(1)安装车轮挡块,接排气烟道。 (2)放置车用七件套。 (3)连接汽车故障诊断仪(KT600) 	□安装车轮挡块,接排气烟道 □拉起驻车制动杆,降下驾驶人侧车窗玻璃,拉发动机舱盖释放杆 □打开发动机舱盖,安装翼子板布和前格栅布
3. 读取故障码	(1)将解码器连接到诊断插口,将点火开关置于"ON"位置。 (2)开启检测仪,选择菜单项 Powertrain/Engine and ECT/DTC,读取故障码,当传感器或电路有故障时,发动机 ECU 会存储相关故障码 	□正确连接汽车故障诊断仪,并读取故障码 □设备完整无损坏
4. 读取数据流	(1)使发动机暖机,通过解码器选择菜单项 Powertrain/Engine and ECT/Data List,读取数据流。 (2)如果传感器数据流不在正常范围内,说明传感器或电路有故障	□正确读取数据流 □正确判断故障原因
5. 传感器电路检查	(1)供电电路检查,断开进气温度传感器插接器,打开点火开关,用万用表测量传感器"+"与车身搭铁之间的电压。标准电压应为蓄电池电压。 (2)连接电路检查,断开进气温度传感器插接器,断开发动机 ECU 插接器,测量进气温度传感器插接器与 ECU 插接器之间的电阻,如果测量值不在标准范围内,则说明电路有故障,需要对电路进行维修	□准确测量供电电压及传感器电阻值 □人员安全,无危险行为

续上表

步骤	操作方法及说明	质量标准及记录
6.输出信号 电压检查	(1)断开进气温度传感器插接器。 (2)向端子"＋"和ECM之间施加蓄电池电压。 (3)万用表正极(＋)探针连接至端子信号针。 (4)标准电压为0.2~5.1V 	□准确检查输出信号电压
7.信号波 形测量	在发动机运转时用示波器测量传感器波形,进气温度传感器信号为频率信号,随着进气量的改变,其波形的频率也发生变化,但电压幅值保持5V不变	□按照示波器使用流程,准确检测波形
8.车辆复位	(1)发动机熄火,取下排气烟道。 (2)取下车内外防护用品。 (3)车辆复位、清洁车身。 (4)清洁并整理工具	□按"8S"管理要求整理

3.冷却液温度传感器的检修(表6-18)

冷却液温度传感器检修的操作方法及说明　　　　　　　　表6-18

步骤	操作方法及说明				质量标准及记录
1.记录待修 车辆的 基本情况	项目	内容	项目	内容	□车辆信息是否完整
	车辆型号(VIN)		客户反映情况		
	发动机型号		维修检查建议		
2.操作前 准备工作	(1)安装车轮挡块,接排气烟道。 (2)放置车用七件套。 (3)连接汽车故障诊断仪(KT600) 				□安装车轮挡块,接排气烟道 □拉起驻车制动杆,降下驾驶人侧车窗玻璃,拉发动机舱盖释放杆 □打开发动机舱盖,安装翼子板布和前格栅布

步骤	操作方法及说明	质量标准及记录
3. 读取故障码	(1)将解码器连接到诊断插口,将点火开关置于"ON"位置。 (2)开启检测仪,选择菜单项 Powertrain/Engine and ECT/DTC,读取故障码,当传感器或电路有故障时,发动机 ECU 会存储相关故障码 	□正确连接汽车故障诊断仪,并读取故障码 □设备完整无损坏
4. 读取数据流	(1)使发动机暖机,通过解码器选择菜单项 Powertrain/Engine and ECT/Data List,读取数据流。 (2)如果传感器数据流不在正常范围内,说明传感器或电路有故障	□正确读取数据流 □正确判断故障原因
5. 传感器电路检查	(1)供电电路检查,断开冷却液温度传感器插接器,打开点火开关,用万用表测量传感器冷却液温度传感器输入信号端子与车身搭铁之间的电压。标准电压应为蓄电池电压。 (2)连接电路检查,断开空气流量传感器插接器,断开发动机 ECU 插接器,测量冷却液温度传感器插接器与 ECU 插接器之间电阻,如果测量值不在标准范围内,则说明电路有故障,需要对电路进行维修	□准确测量供电电压及传感器电阻值 □人员安全,无危险行为
6. 输出信号电压检查	(1)断开冷却液温度传感器插接器。 (2)向输入信号线和控制单元搭铁之间施加蓄电池电压。 (3)万用表正极(+)探针连接至输出信号线。 (4)负极(-)探针连接至仪表板搭铁线之间的电压。 (5)标准电压为 1~5.1V	□准确检查输出信号电压

步骤	操作方法及说明	质量标准及记录
7. 信号波形测量	在发动机运转时用示波器测量传感器波形，冷却液温度传感器信号为频率信号，随着冷却液温度的改变，其波形的频率也发生变化，但电压幅值保持5V不变	□按照示波器使用流程，准确检测波形
8. 车辆复位	(1)发动机熄火，取下排气烟道。 (2)取下车内外防护用品。 (3)车辆复位、清洁车身。 (4)清洁并整理工具	□按"8S"管理要求整理

四、评价反馈（表6-19）

评价表   表6-19

评分项目	评分标准	分值(分)	得分(分)
学习目标	能明确本任务的知识、技能、素养目标，理解任务在工作中的重要程度	5	
工作任务分析	能清晰描述完成本次工作任务内容	2	
	能清晰描述完成本次工作任务需必备的技能与知识点	2	
有效信息获取	能按照要求正确使用汽车故障诊断仪	10	
实施方案制订	能清晰地制订并填写本次节气门位置传感器、进气温度传感器和冷却液温度传感器检查的准备作业计划	5	
	能组织或协同工作小组成员，明确本次任务所需仪器设备、工具、材料，并准备记录	5	
	能组织或协同工作小组成员交流，优化检查方案并记录	5	
任务实施	能打开发动机舱盖，使用汽车故障诊断仪；能正确判断节气门位置传感器、进气温度传感器和冷却液温度传感器的检修是否正常	10	
	能用连接汽车故障诊断仪读取故障码，正确读取数据流	10	
	能够正确读数，完成后能够进行清洁	20	
	能够安全放置工具，设备使用方法安全可靠；能够正确并完整佩戴防护用品	10	
任务评价	能通过本次任务实施，结合自己在实训过程中的表现，进行自我评价及自我反思并记录	3	

续上表

评分项目	评分标准	分值(分)	得分(分)
职业素养	按规定时间完成项目作业	2	
	遵守实训室管理规定、劳动纪律	2	
	积极参与课堂活动、回答问题	2	
	能够按时出勤	2	
思政要求	本任务要求分组训练,各小组必须按照规范地操作方式,准确快速地使用汽车故障诊断仪,优化操作流程,对零部件的检测精度做到精益求精,弘扬大国工匠精神;各小组在实训过程中必须团结一致、相互合作,操作过程中注意安全,要求全程实现"8S"管理	5	
总分		100	

改进建议:

教师签字:

日期:

学习活动6　氧传感器和爆震传感器的检修

一、明确任务

根据任务描述一辆速腾 1.6L 汽车,装备 CLR 发动机,行驶里程仅 1 万 km,客户反映该车出现行驶加速无力,最高只有 80km/h,转速 3000rpm 不升挡的故障现象。需要对氧传感器以及爆震传感器相关部件进行检查与更换,使其恢复正常使用性能。

二、工作准备与计划制订

(一)知识准备

1.氧传感器

1)氧传感器的作用

氧传感器功用

氧传感器是发动机电控系统中的一个重要传感器,主要作用是检测＿＿＿＿中氧

气的含量,并将检测结果传输给_____。

氧传感器通常安装在发动机的排气歧管或三元催化转换器附近,通过感知排气中氧气的含量,可以监测发动机的_____。当发动机燃烧不充分时,排气中氧气的含量会增加,氧传感器会向 ECU 发送信号,ECU 会根据信号调整发动机的_____和_____,以提高发动机的_____和_____。

同时,氧传感器还可以监测_____的工作状态。当三元催化转换器出现故障时,氧传感器会检测到排气中氧气的含量异常,并向 ECU 发送信号,ECU 会根据信号调整发动机的工作状态,以保护三元催化转换器并降低排放。

2)氧传感器的分类

按照检测原理分类氧传感器可以分为氧化锆式氧传感器和氧化钛式氧传感器两种。

(1)氧化锆式氧传感器。

氧化锆氧传感器的工作原理是基于氧气在氧化锆陶瓷中的扩散速度与氧气浓度之间的关系。当氧化锆陶瓷暴露在排气中时,氧气会通过氧化锆陶瓷的_____向_____扩散。由于氧气浓度的不同,氧气在氧化锆陶瓷中的扩散速度也会不同,从而导致氧化锆陶瓷的电阻值发生变化。传感器通过测量氧化锆陶瓷的电阻值变化,可以计算出排气中氧气的含量,结构如图 6-38 所示。

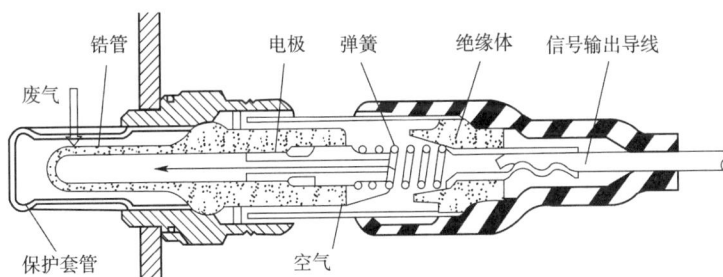

图 6-38　氧化锆式氧传感器

氧化锆氧传感器通常由二氧化锆元件、加热元件、铂电极等组成,如图 6-39 所示。加热元件用于加热氧化锆陶瓷元件,以提高其工作温度,从而提高传感器的_____和_____。温度传感器用于监测氧化锆陶瓷元件的工作温度,并将温度信号传输给电控单元,以保证传感器的正常工作。

(2)氧化钛式氧传感器。

氧化钛式氧传感器是一种利用多孔状导体 TiO_2 的导电性随排气中氧含量的变化而变化的特性制成的传感器,也被称为_____氧传感器。这种传感器的结构简单、体积小、成本低,但在 300～900℃工作时,电阻值随温度变化较大,因此必须使用_____的方法来提高精度,如图 6-40 所示。

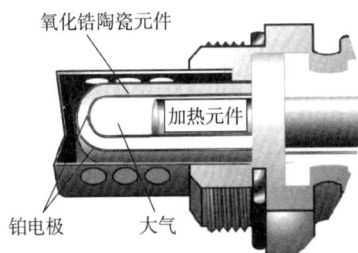

图 6-39　氧传感器工作原理

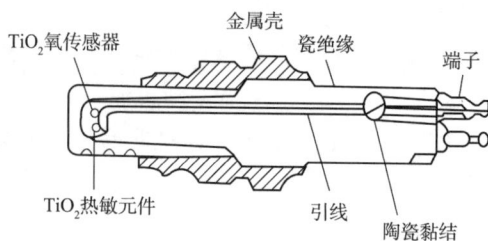

图 6-40　氧化钛式氧传感器

此外,如果氧化钛式氧传感器内部进入油污或尘埃等沉积物,会阻碍外部空气进入氧传感器内部,导致传感器的输出信号改变,不能正确修正空燃比。这可能会引起油耗上升、排放浓度明显增加等问题。另外,如果使用加铅汽油,铅中毒会使氧传感器失效。汽油和润滑油中含有的硅化合物燃烧后生成的二氧化硅、硅橡胶密封垫圈使用不当散发出的有机硅气体等都可能使传感器失效。

如图 6-41 所示,ECU 2 号端子将一个恒定的 1V 电压加在氧化钛式氧传感器的一端上,传感器的另一端与 ECU 4 号端子相接。当排出的废气中氧浓度随发动机混合气浓度变化而变化时,氧传感器的电阻随之改变,ECU 4 号端子上的电压降也随着变化。当 4 号端子上的电压高于参考电压时,ECU 判定混合气过浓;当 4 号端子上的电压低于参考电压时,ECU 判定混合气过稀。通过 ECU 的反馈控制,可保持混合气的浓度在理论空燃比附近。在实际的反馈控制过程中,二氧化钛式氧传感器与 ECU 连接的 4 号端子上的电压也是在 0.1~0.9V 之间不断变化,这一点与氧化锆式氧传感器是相似的。

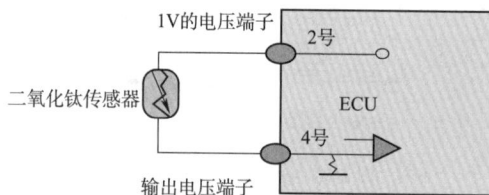

图 6-41　氧化钛式氧传感器工作原理

2. 爆震传感器

1)爆震传感器的作用

点火过早、使用低标号燃油、发动机负荷过大、燃烧室积炭、废气再循环不良等原因引起的发动机爆震会造成发动机损坏,爆震传感器外观如图 6-42 所示。爆震传感器向电脑(有的通过点控制模式)提供_____信号,使得电脑能重新调整点火正时以_____进一步爆震。

2)爆震传感器的类型

按检测方式不同,可分为_____与_____两种。按结构不同,可分为压电式和磁致伸缩式两种。

图 6-42　爆震传感器外观图

3）爆震传感器的安装位置

爆震传感器装在发动机缸体中间受侧力压力小的一面，是用来测定发动机抖动度的，当发动机产生爆震时用来调整点火提前角的。以四缸机为例，安装在 2 缸和 3 缸之间，或者 1、2 缸中间一个，3、4 缸中间一个。其作用是用来测定发动机_____。当发动机产生爆震时，爆震传感器把发动机的机械振动转变为_____送至发动机ECU。ECU 根据其内部事先储存的点火及其他数据，及时计算修正_____，调整点火时间，防止爆震的发生。

4）爆震传感器的结构原理

（1）磁致伸缩式爆震传感器。

磁致伸缩式爆震传感器由永久磁铁、靠永久磁铁激磁的强磁性铁芯，以及铁芯周围的线圈组成。

当发动机的汽缸体出现振动时，该传感器在 7kHz 左右处与发动机产生共振，强磁性材料铁芯的磁导率发生变化，致使永久磁铁穿芯的磁通密度也变化，从而在铁芯周围的绕组中产生感应电动势，并将这一电信号输入 ECU，如图 6-43 所示。

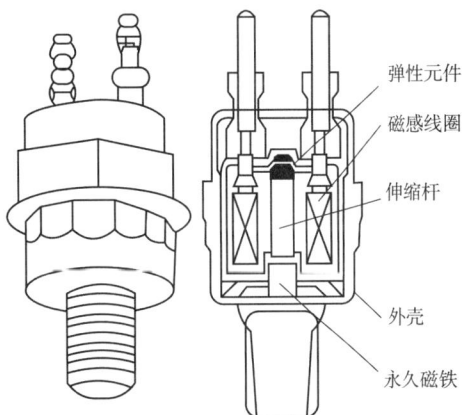

图 6-43 磁致伸缩式爆震传感器

（2）压电式爆震传感器。

①压电式共振型爆震传感器。

压电式爆震传感器主要由压电元件、振子、基座、壳体等组成，压电元件紧贴在振子上，振子则固定在基座上。压电元件检测振子的振动压力，并转换成电信号输送给电子控制单元 ECU，如图 6-44 所示。

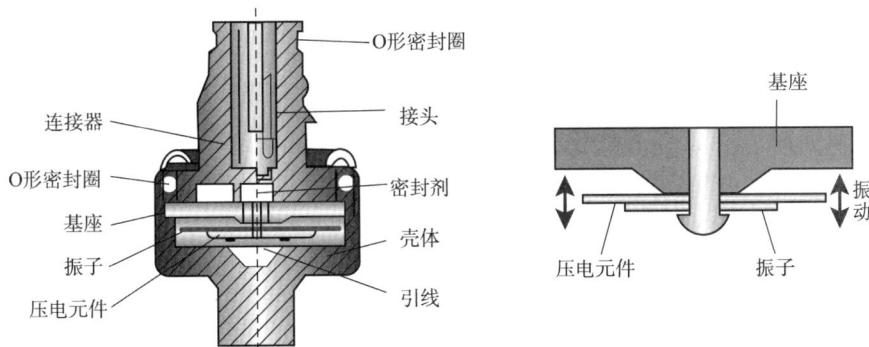

图 6-44 磁致伸缩式爆震传感器

②压电式非共振型爆震传感器。

共振型爆燃传感器相比，非共振型爆燃传感器内部无振子，但设置了一个配重块，配重块以一定预应力压紧在压电元件上。当发动机发生爆燃时，配重块因受振动影响而产生加速度,因此,在压电元件上就会受到加速时惯性力的作用,而产生电压信号,如图6-45所示。

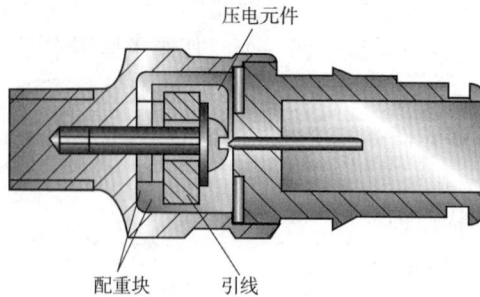

图6-45　压电式非共振型爆震传感器

(二)制订工作方案

1.任务分工(表6-20)

学生任务分配表　　　　　　　　　　　　表6-20

班级		组号		指导老师	
组长		任务分工			
组员1		任务分工			
组员2		任务分工			
组员3		任务分工			
组员4		任务分工			
组员5		任务分工			
组员6		任务分工			

2.工量具、仪器设备与耗材准备

(1)使用的工量具有:＿＿＿＿＿＿＿＿＿＿＿＿＿＿＿＿＿＿＿＿＿＿＿。

(2)使用的仪器设备有:＿＿＿＿＿＿＿＿＿＿＿＿＿＿＿＿＿＿＿＿＿＿。

(3)使用的耗材有:＿＿＿＿＿＿＿＿＿＿＿＿＿＿＿＿＿＿＿＿＿＿＿＿。

3.具体方案描述

＿＿＿＿＿＿＿＿＿＿＿＿＿＿＿＿＿＿＿＿＿＿＿＿＿＿＿＿＿＿＿＿＿＿＿

＿＿＿＿＿＿＿＿＿＿＿＿＿＿＿＿＿＿＿＿＿＿＿＿＿＿＿＿＿＿＿＿＿＿＿

＿＿＿＿＿＿＿＿＿＿＿＿＿＿＿＿＿＿＿＿＿＿＿＿＿＿＿＿＿＿＿＿＿＿＿

＿＿＿＿＿＿＿＿＿＿＿＿＿＿＿＿＿＿＿＿＿＿＿＿＿＿＿＿＿＿＿＿＿＿＿

＿＿＿＿＿＿＿＿＿＿＿＿＿＿＿＿＿＿＿＿＿＿＿＿＿＿＿＿＿＿＿＿＿＿＿

⚙ 三、计划实施

(一)安全注意事项及技能要点

1. 安全注意事项

(1)进入车间应穿工鞋、戴工帽;工作服应整洁,无破损;操作时不可佩戴手表等金属饰品,以防划伤车辆表面。

(2)举升车辆时,应严格按照举升机使用方法进行操作,并通知其他人员远离举升设备。

(3)更换油液或配件时,应处理好油液和配件的回收清理工作,以免对工作环境造成污染。

2. 技能要点

(1)正确使用汽车故障诊断仪。

(2)选择合适工具,按照维修手册要求进行拆装。

(3)正确操纵举升机。

(二)氧传感器和爆震传感器的检修

1. 氧传感器检修(表6-21)

氧传感器检修操作方法及说明　　表6-21

步骤	操作方法及说明				质量标准及记录
1. 记录待修车辆的基本情况	项目	内容	项目	内容	□车辆信息是否完整
	车辆型号(VIN)		客户反映情况		
	发动机型号		维修检查建议		
2. 操作前准备工作	(1)安装车轮挡块,接排气烟道。 (2)放置车用七件套。 (3)连接汽车故障诊断仪(KT600) 				□安装车轮挡块,接排气烟道 □拉起驻车制动杆,降下驾驶人侧车窗玻璃,拉发动机舱盖释放杆 □打开发动机舱盖,安装翼子板布和前格栅布

步骤	操作方法及说明	质量标准及记录
3.读取氧传感器故障码	(1)将解码器连接到诊断插口,将点火开关置于"ON"位置。 (2)开启检测仪,选择菜单项 Powertrain/Engine and ECT/DTC,读取故障码,当传感器或电路有故障时,发动机 ECU 会存储相关故障码 发动机转速 751.00 转每分钟 ECT传感器1 84 摄氏度 ECT传感器2 24 摄氏度 IAT传感器1 36 摄氏度 点火提前 7.50 度 爆震延迟 0.00 度 爆震控制 1.20 爆震控制EGR(废气再循环) 1.09	□准确读取故障码
4.氧传感器加热电阻的检测	(1)点火开关置于"OFF",拔下氧传感器的导线连接器,用万用表 Ω 挡测量氧传感器接线端中加热器端子与自搭铁端子 1 和 2 间的电阻,其电阻值应符合标准值(一般为 4~40Ω 具体数值参见具体车型说明书)。 (2)如不符合标准,应更换氧传感器,测量后,接好氧传感器线束连接器,以便做进一步的检测	□设备完整无损坏 □传感器阻值测量方法正确 □准确判断传感器是否正常
5.氧传感器反馈电压的检测	(1)测量氧传感器反馈电压时,应先拔下氧传感器线束连接器插头,对照被测车型的电路图,从氧传感器反馈电压输出端引出一条细导线,然后插好连接器,在发动机运转时从引出线上测量反馈电压,有些车型也可以从故障诊断插座内测得氧传感器的反馈电压如丰田汽车公司生产的汽车,可从故障诊断插座内的 OX1 或 OX2 插孔内直接测得氧传感器反馈电压(丰田 V 形六缸发动机两侧排气管上各有一个氧传感器,分别和故障检测插座内的 OX1 和 OX2 插孔连接)。	□测量方法正确 □人员安全,无危险行为

续上表

步骤	操作方法及说明	质量标准及记录
5.氧传感器反馈电压的检测	 连接线 （2）在对氧传感器的反馈电压进行检测时，最好使用指针型的电压表，以便直观地反映出反馈电压的变化情况，此外，电压表应是低量程（通常为2V）和高阻抗（阻抗太低会损坏氧传感器）	
6.车辆复位	（1）发动机熄火，取下排气烟道。 （2）取下车内外防护用品。 （3）车辆复位、清洁车身。 （4）清洁并整理工具	□按"8S"管理要求整理

2.爆震传感器的检修（表6-22）

爆震传感器的检修操作方法及说明　　　　　　　　表6-22

步骤	操作方法及说明	质量标准及记录
1.记录待修车辆的基本情况	<table><tr><td>项目</td><td>内容</td><td>项目</td><td>内容</td></tr><tr><td>车辆型号（VIN）</td><td></td><td>客户反映情况</td><td></td></tr><tr><td>发动机型号</td><td></td><td>维修检查建议</td><td></td></tr></table>	□车辆信息是否完整
2.操作前准备工作	（1）安装车轮挡块，接排气烟道。 （2）放置车用七件套。 （3）连接汽车故障诊断仪（KT600） 	□安装车轮挡块，接排气烟道 □拉起驻车制动杆，降下驾驶人侧车窗玻璃，拉发动机舱盖释放杆 □打开发动机舱盖，安装翼子板布和前格栅布

步骤	操作方法及说明	质量标准及记录
3. 连接解码器	读取故障码,诊断是否有信号中断故障	□ 正确使用汽车故障诊断仪
4. 读取数据流	热机时,进入显示组 03,显示区 04 观察数据流 发动机转速　751.00　转每分钟 ECT传感器1　84　摄氏度 ECT传感器2　24　摄氏度 IAT传感器1　36　摄氏度 点火提前　7.50　度 爆震延迟　0.00　度 爆震控制　1.20 爆震控制EGR(废气再循环)　1.09	□ 正确读取数据流
5. 爆震传感器电阻、线路检测	(1)动态测量:拔下连接器,怠速(或敲击缸体),测量插座两接脚电压,应该与规定相符。 (2)静态测量:测量传感器电阻,应该与规定相符(大于1MΩ或1、2、3间不导通)。 (3)线路电阻:测量导线电阻,应该为0Ω	□ 设备完整无损坏 □ 传感器阻值测量方法正确 □ 准确判断传感器是否正常
6. 爆震传感器波形的读取	(1)将示波器通道 A 的测试线与传感器的信号输出端或高电位端相接,示波器的接地线与传感器的输出低电位端或接地端相接。 (2)起动发动机并给发动机一定的负荷,同时观察示波器的波形,波形的峰值电压和频率将随着发动机负荷和转速增加而增加,若发动机由于点火正时提前过大,产生爆燃或轻度爆燃,振和频率将增加。	□ 测量方法正确 □ 故障判断准确 □ 设备完整无损坏 □ 人员安全,无危险行为

步骤	操作方法及说明	质量标准及记录
6.爆震传感器波形的读取	（3）打开点火开关，但不起动发动机，用小榔头把轻击传感器附近的缸体，示波器上将随敲击立即显示振荡的波形，敲击越重，波形中显示的振荡幅值越大。 （4）按 HOLD 键冻结波形，以便仔细检查，实测波形 	
7.波形分析	（1）正确连接示波器，起动发动机。 （2）测量发动机在各个转速下的信号端子的波形。 （3）记录测量波形，参照标准波形进行分析。 （4）如测量信号波形与标准波形不符，则应检查相关线路、传感器及控制单元。 （5）如果在示波器为一条直线，应检查示波器与传感器的连接、传感器电源电路与 ECU 的电源与接地是否良好。 （6）如果幅值过高，说明电阻太大或接地不良。 （7）如果波形不正常，检查导线、接插件、测试线，可摇动线束来判断。 （8）如测量控制单元端信号为 5V，传感器端为 0V 直线，则说明信号线断路	□按照示波器使用流程，准确检测波形 □测量方法正确 □故障判断准确
8.车辆复位	（1）发动机熄火，取下排气烟道。 （2）取下车内外防护用品。 （3）车辆复位、清洁车身。 （4）清洁并整理工具	□按"8S"管理要求整理

四、评价反馈（表6-23）

评价表　　　　　　　　　　　　　　　　　表6-23

评分项目	评分标准	分值（分）	得分（分）
学习目标	能明确本任务的知识、技能、素养目标，理解任务在工作中的重要程度	5	
工作任务分析	能清晰描述完成本次工作任务内容	2	
	能清晰描述完成本次工作任务需必备的技能与知识点	2	
有效信息获取	能按照要求正确使用汽车故障诊断仪及示波器	10	
实施方案制订	能清晰地制订并填写本次氧传感器和爆震传感器检查的准备作业计划	5	
	能组织或协同工作小组成员，明确本次任务所需仪器设备、工具、材料，并准备记录	5	
	能组织或协同工作小组成员交流，优化检查方案并记录	5	
任务实施	能打开发动机舱盖，使用汽车故障诊断仪；能正确判断氧传感器和爆震传感器是否正常	10	
	能用连接汽车故障诊断仪读取故障码，正确读取数据流	10	
	能够正确读数，完成后能够进行清洁	20	
	能够安全放置工具，设备使用方法安全可靠；能够正确并完整佩戴防护用品	10	
任务评价	能通过本次任务实施，结合自己在实训过程中的表现，进行自我评价及自我反思并记录	3	
职业素养	按规定时间完成项目作业	2	
	遵守实训室管理规定、劳动纪律	2	
	积极参与课堂活动、回答问题	2	
	能够按时出勤	2	
思政要求	本任务要求分组训练，各小组必须按照规范地操作方式，准确快速地使用汽车故障诊断仪，优化操作流程，对零部件的检测精度做到精益求精，弘扬大国工匠精神；各小组在实训过程中必须团结一致、相互合作，操作过程中注意安全，要求全程实现"8S"管理	5	
总分		100	

改进建议：

教师签字：

日期：

学习活动 7　喷油器的检修

一、明确任务

根据任务描述,一辆 2015 款 1.4T 大众朗逸汽车,发动机指示灯点亮并闪烁,发动机抖动强烈,对故障车进行检测,需要对发动机喷油器部件进行检查与更换,使其恢复正常使用性能。

二、工作准备与计划制订

(一)知识准备

1.喷油器的作用

喷油器是一种将燃油喷射到_____的装置,其主要作用是将燃油_____为细小的颗粒,以便更好地与空气混合,从而提高发动机的燃烧效率和性能。

具体来说,喷油器通过控制燃油的喷射量、喷射时间和喷射压力等参数,来调节发动机的输出功率、燃油经济性和排放等方面的表现。在发动机运转时,喷油器会根据_____的指令,将适量的燃油喷入汽缸内,与空气混合后形成可燃混合气,然后由火花塞点火燃烧,推动_____运动,从而产生动力。

2.喷油器的分类

1)按喷油器的布置方式分类

(1)单点燃油喷射系统。

单点喷射系统是把喷油器安装在节气门段,它的外形也有点像化油器,通常用一个喷油器将燃油喷入进气流,形成混合气进入_____,再分配到各个汽缸中,如图 6-46 所示。

(2)多点燃油喷射系统。

多点喷射系统是在每缸进气口处装有一只喷油器,由电控单元(ECU)控制,顺序地进行分缸_____或_____,汽油直接喷射到各缸的进气门前方,再与空气一起进入汽缸形成混合气,如图 6-47 所示。

2)按喷油方式分类

(1)进气管喷射。

它是指在_____内喷射或_____前喷射。在该方式中,喷油器被安装于进气

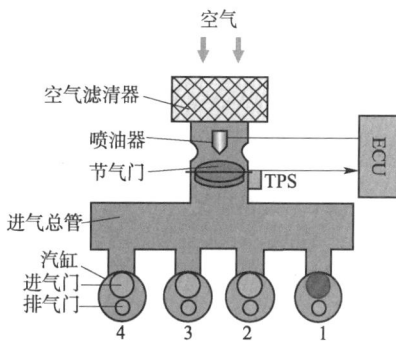

图 6-46　单点燃油喷射系统

歧管内或进气门附近,汽油在进气过程中被喷射后与空气混合形成可燃混合气再进入汽缸内,如图6-48所示。

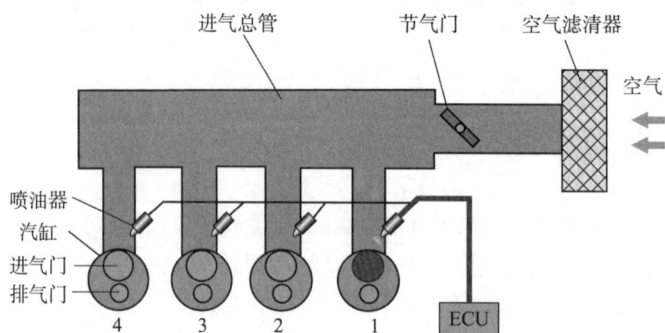

图6-47 多点燃油喷射系统

（2）缸内喷射。

缸内喷射系统是将喷油器安装在汽缸盖上,将汽油直接喷入汽缸内与空气混合,形成可燃混合气。这种喷射系统需要较高的喷油压力 3～5MPa,如图6-49所示。

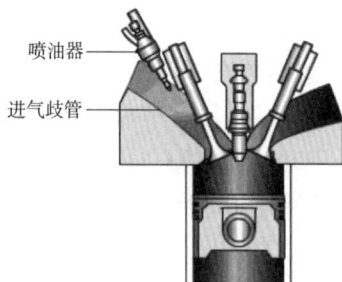

图6-48 进气管喷射

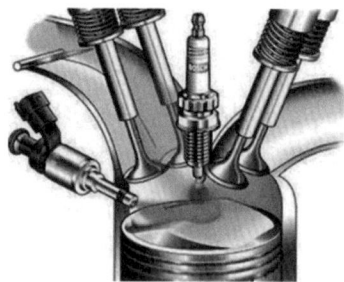

图6-49 缸内喷射

3）按喷射时间分类

（1）同时喷射。

是指发动机在运行期间,所有的喷油器_____连接,电子控制单元根据曲轴位置传感器送入的_____,发出喷油器控制信号,控制功率三极管的导通和截止,从而控制各喷油器电磁线圈电路同时接通和切断,使各缸喷油器同时喷油,如图6-50所示。

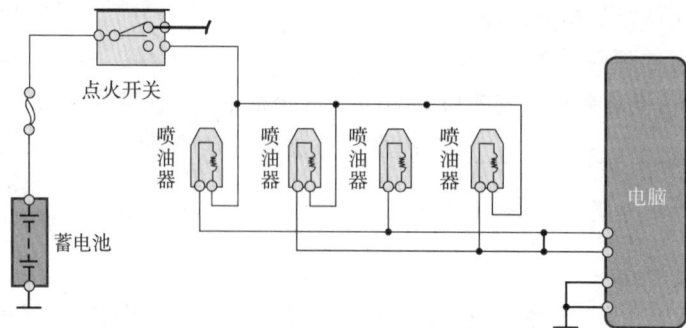

图6-50 同时喷射

（2）分组喷射。

将多缸发动机的喷油器按发动机_____分成若干组交替进行喷射,每组分别通过一条控制电路和电脑连接,由电子控制单元分组控制喷油器,两组喷油器轮流交替喷射。每一工作循环中,各喷油器均喷射一次或两次,如图 6-51 所示。

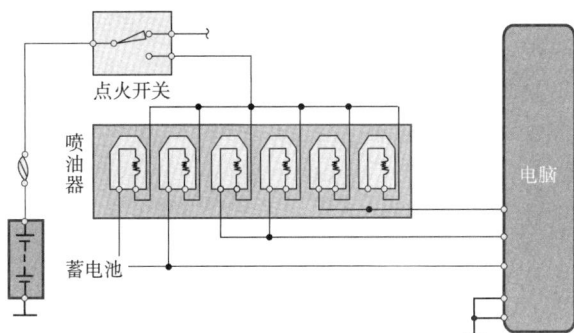

图 6-51　分组喷射

（3）顺序喷射。

喷油器按照发动机各缸工作的顺序依次喷射。各缸喷油器分别由电脑进行控制。驱动回路数与_____相等,如图 6-52 所示。

3.喷油器结构与原理

1）喷油器的结构

喷油器主要由滤网、电接头、电磁线圈、复位弹簧、衔铁和针阀等组成。轴针式喷油器针阀下部还有一段探入喷口的轴针。不喷油时,弹簧将针阀压紧在阀座上,防止滴漏;停喷瞬时,弹簧使针阀迅速回位,断油干脆。_____喷油器可使燃油以环状喷出,有利于雾化,且由于轴针在喷口中的不断运动使喷口不易堵塞,如图 6-53 所示。

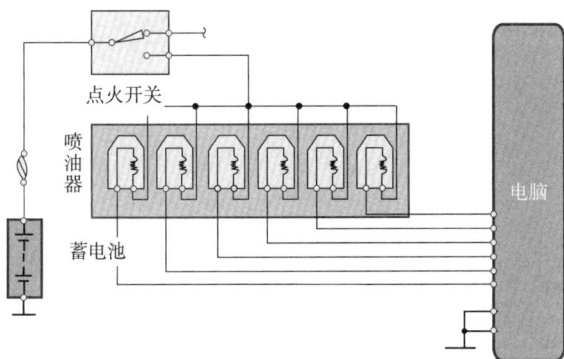

图 6-52　顺序喷射

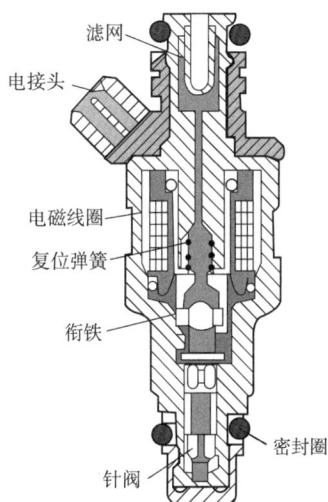

图 6-53　喷油器的结构

2）喷油器的工作原理

当 ECU 发出喷油_____时,喷油器的电磁线圈电路被触发接通,电磁线圈产生电磁吸力,吸动衔铁带动针阀离开阀座,压力油从针阀与阀座之间的精密环形缝隙中喷出。为使燃油能被充分_____,轴针的前端被加工成针状。当喷油信号结束后,喷油器电磁线圈的电流被切断,_____迅速消失,在喷油器复位弹簧的作用下,针阀迅速复位,阀门关闭,喷油器停止喷油。

喷油量的多少取决于针阀的行程、喷口截面积、喷射环境压力与燃油压力的压差及喷油时间。当各因素确定时,喷油量就取决于喷射_____。喷油器针阀开启的时间则取决于电磁线圈通电_____,其脉冲宽度由 ECU 根据各传感器输入的信号通过分析、对比、计算后确定。

（二）制订工作方案

1. 任务分工（表6-24）

学生任务分配表　　　　表6-24

班级		组号		指导老师	
组长		任务分工			
组员 1		任务分工			
组员 2		任务分工			
组员 3		任务分工			
组员 4		任务分工			
组员 5		任务分工			
组员 6		任务分工			

2. 工量具、仪器设备与耗材准备

（1）使用的工量具有：_____。

（2）使用的仪器设备有：_____。

（3）使用的耗材有：_____。

3. 具体方案描述

_____

_____

_____

_____

_____

三、计划实施

(一)安全注意事项及技能要点

1. 安全注意事项

(1)进入车间应穿工鞋、戴工帽;工作服应整洁,无破损;操作时不可佩戴手表等金属饰品,以防划伤车辆表面。

(2)举升车辆时,应严格按照举升机使用方法进行操作,并通知其他人员远离举升设备。

(3)更换油液或配件时,应处理好油液和配件的回收清理工作,以免对工作环境造成污染。

2. 技能要点

(1)正确使用汽车故障诊断仪、万用表。

(2)选择合适工具,按照维修手册要求进行拆装。

(3)正确操纵举升机。

(二)喷油器的检修

喷油器检修操作方法及说明见表6-25。

喷油器检修的操作方法及说明　　　　　　　　表6-25

步骤	操作方法及说明				质量标准及记录
1. 记录待修车辆的基本情况	项目	内容	项目	内容	□车辆信息是否完整
	车辆型号(VIN)		客户反映情况		
	发动机型号		维修检查建议		
2. 操作前准备工作	(1)安装车轮挡块,接排气烟道。 (2)放置车用七件套。 (3)连接汽车故障诊断仪(KT600) 				□安装车轮挡块,接排气烟道 □拉起驻车制动杆,降下驾驶人侧车窗玻璃,拉发动机舱盖释放杆 □打开发动机舱盖,安装翼子板布和前格栅布

步骤	操作方法及说明	质量标准及记录
3. 读取 喷油器故障码	(1)将解码器连接到诊断插口,将点火开关置于"ON"位置。 (2)开启检测仪,选择菜单项 Powertrain/Engine and ECT/DTC,读取故障码,当传感器或电路有故障时,发动机 ECU 会存储相关故障码 	□准确读取故障码
4. 喷油器 电阻的检测	(1)点火开关置于"OFF",拔下喷油器的导线连接器,用万用表欧姆挡测量喷油器接线端中加热器端子与自搭铁端子1和2间的电阻,其电阻值应符合标准值(一般为12~17Ω,具体数值参见具体车型说明书)。 (2)如不符合标准,应更换喷油器,测量后,接好喷油器线束连接器,以便做进一步的检测	□设备完整无损坏 □传感器阻值测量方法正确 □准确判断传感器是否正常
5. 喷油器 控制线路检测	(1)拔下喷油器连接器插头。 (2)接通点火开关,不要起动发动机。 (3)测量喷油器控制线连接插头上电源线的电压,应为12V(个别为5V),若无电压,检查点火开关、熔断器或主继电器及线路。 (4)检查 ECU 的喷油器控制搭铁线及 ECU 搭铁线,搭铁是否良好。 (5)将专用检查试灯串接到喷油器连接器两插头上,起动发动机,试灯应闪烁,不亮或不闪烁则表明控制回路有故障,可检查喷油器至 ECU 的线路和 ECU 是否有故障,也可用示波器检测喷油器脉冲波形,来对控制电路进行检查	□测量方法正确 □人员安全,无危险行为

步骤	操作方法及说明	质量标准及记录
6.车辆复位	(1)发动机熄火,取下排气烟道。 (2)取下车内外防护用品。 (3)车辆复位、清洁车身。 (3)清洁并整理工具	□按"8S"管理要求整理

四、评价反馈(表6-26)

评价表　　　　　　　　　　　　　　　　　　　　表6-26

评分项目	评分标准	分值(分)	得分(分)
学习目标	能明确本任务的知识、技能、素养目标,理解任务在工作中的重要程度	5	
工作任务分析	能清晰描述完成本次工作任务内容	2	
	能清晰描述完成本次工作任务需必备的技能与知识点	2	
有效信息获取	能按照要求正确使用汽车故障诊断仪及示波器	10	
实施方案制订	能清晰地制订并填写本次喷油器检查的准备作业计划	5	
	能组织或协同工作小组成员,明确本次任务所需仪器设备、工具、材料,并准备记录	5	
	能组织或协同工作小组成员交流,优化检查方案并记录	5	
任务实施	能打开发动机舱盖,使用汽车故障诊断仪;能正确判喷油器是否正常	10	
	能用连接汽车故障诊断仪读取故障码,正确读取数据流	10	
	能够正确读数,完成后能够进行清洁	20	
	能够安全放置工具,设备使用方法安全可靠;能够正确并完整佩戴防护用品	10	
任务评价	能通过本次任务实施,结合自己在实训过程中的表现,进行自我评价及自我反思并记录	3	
职业素养	按规定时间完成项目作业	2	
	遵守实训室管理规定、劳动纪律	2	
	积极参与课堂活动、回答问题	2	
	能够按时出勤	2	

评分项目	评分标准	分值(分)	得分(分)
思政要求	本任务要求分组训练,各小组必须按照规范地操作方式,准确快速地使用汽车故障诊断仪,优化操作流程,对零部件的检测精度做到精益求精,弘扬大国工匠精神;各小组在实训过程中必须团结一致、相互合作,操作过程中注意安全,要求全程实现"8S"管理	5	
总分		100	

改进建议:

教师签字:

日期:

学习活动 8 燃油泵的检修

一、明确任务

根据任务描述,一辆车由于电动燃油泵工作不良导致发动机无法起动,需对电动燃油泵部件进行检查与更换,使其恢复正常使用性能。

二、工作准备与计划制订

(一)知识准备

1.低压燃油泵

1)低压燃油泵的作用

低压燃油泵是一种用于将燃油从燃油箱中吸出并输送到高压燃油泵的装置,它是汽车_____系统中的重要组成部分。

低压燃油泵通常安装在燃油箱内部,通过电动马达或机械驱动来产生吸力,将燃油从燃油箱中吸出,并经过燃油滤清器过滤后,输送到_____。低压燃油泵的作用是提供足够的_____和_____,以满足发动机的燃油需求,同时保持燃油系统的正常工作,如图6-54所示。

在汽车发动机运转时,低压燃油泵会不断地将燃油输送到高压燃油泵,然后由高压燃油泵将燃油压力提高到足够的水平,以实现_____。如果低压燃油泵出现故障或失效,会导致燃油供应不足或中断,从而影响发动机的正常运转,甚至导致发动机无法起动。

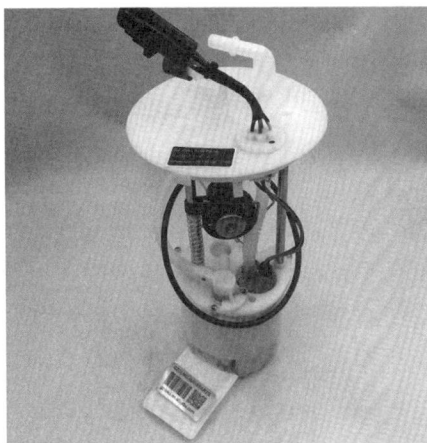

图6-54 低压燃油泵

2)低压燃油泵的分类

低压燃油泵按照不同的分类标准可以分为多种类型,常见的分类方式如下。

(1)电动燃油泵和机械燃油泵:电动燃油泵是通过_____驱动,将燃油从燃油箱中吸出并输送到高压燃油泵;机械燃油泵则是通过发动机_____或_____的驱动,将燃油从燃油箱中吸出并输送到高压燃油泵。

(2)内置式燃油泵和外置式燃油泵:内置式燃油泵安装在燃油箱_____,与燃油箱一体化;外置式燃油泵则安装在燃油箱_____,通过油管与燃油箱相连。

(3)单级燃油泵和多级燃油泵:_____只有一个压力级,将燃油压力提高到一定程度后输送到高压燃油泵;_____则可以将燃油压力分多级提高,以满足不同的发动机工作需求。

2.高压燃油泵

高压燃油泵是一种用于将燃油压力提高到足够高的水平,以实现燃油喷射的装置,它是汽车燃油供给系统中的重要组成部分。

高压燃油泵通常安装在发动机舱内,由发动机驱动或电动机驱动。它的主要作用是将低压燃油泵输送来的燃油压力提高到足够高的水平,以便实现燃油喷射。高压燃油泵通过内部的_____或_____等部件来产生高压燃油,并将其输送到_____,以实现燃油喷射。

高压燃油泵的压力和流量是根据发动机的_____进行调节的,以确保燃油喷射的准确性和效率。在汽车发动机运转时,高压燃油泵会不断地将燃油压力提高到足够的水平,以实现燃油喷射,从而确保发动机的正常运转。

3.电动燃油泵

1)电动燃油泵作用

电动燃油泵其功能向燃油系统供给具有规定压力的燃油。压力值为0.2～

0.45MPa。因此,电动燃油泵技术状况的好坏,将直接影响到燃油喷射系统的正常运转和喷油质量。

2)电动燃油泵特点与类型

电动燃油喷射系统的电动燃油泵是一种由微型直流发动机驱动的小型油泵,为减小体积,电动机多与油泵制成一体,并密封在泵壳内。

大多数汽车将电动燃油泵设置在_____,也有少数车型在燃油箱外面,还有一些车型在燃油箱内外各设置了一个电动燃油泵,一并串联在油路中。

目前,电控燃油喷射系统所使用的电动燃油泵主要有两种类型,即_____电动燃油泵和_____电动燃油泵。

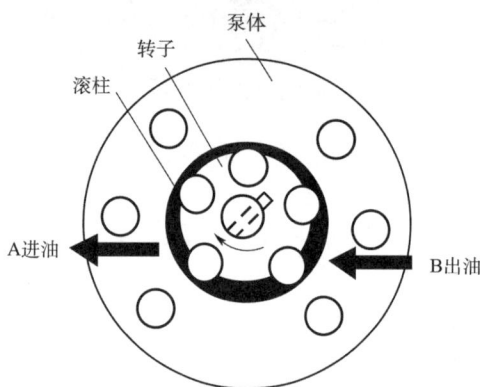

图6-55 滚柱式电动燃油泵

(1)滚柱式电动燃油泵。

①滚柱式电动燃油泵结构。

滚柱式电动燃油泵的外形呈圆柱状,进油口和出油口分别设置在外壳的两端,滚柱式油泵安装在进油口一边,并由设置在中间部位的直流电动机驱动运转,为了方便,将电源插头设置在出油口一边,如图6-55所示。

②滚柱式电动燃油泵工作过程。

工作时,电动机带动油泵转子旋转。在_____的作用下,泵转子槽内的滚柱外移并靠紧在泵体的腔壁上。由于滚柱随转子旋转的过程中,滚柱、转子与腔壁之间的容积不断变化,即向进油口处旋转时容积逐渐_____,离开进油口向出油口处旋转时容积逐渐_____,于是燃油便经进口处的滤网被吸入泵腔,逐步加压后,经过电动机周围的空间由出油口泵出。

此外,在油泵的出口处设有单向阀和缓冲器。单向阀的功能是,当电动机停转、油泵不工作时.阻止燃油_____油箱并保持一定燃油压力,以便再次起动。而缓冲器是用来减小出口处因油压脉动产生的噪声。

滚柱式电动燃油泵的最大泵油压力可达400kPa以上。如由于滤清器堵塞而造成油泵出口端油压过高时,可自动顶开设在出口侧的_____,使一部分燃油回到油口一侧,以保护电动燃油泵不被损坏。

(2)平板叶片式电动燃油泵。

平板叶片式电动燃油泵的结构与滚柱式电动汽油泵大体相似,所不同的只是转子部分。平板叶片式电动燃油泵的转子不是圆柱形,而是一块圆形平板,并在其外缘上开有小槽,以形成均匀分布的叶片,如图6-56所示。

(3)双级式叶轮泵。

第一级(前置级)泵从_____抽取燃油并将燃油送入储油器。这样可保证即使剩的燃油很少,也可以供油。

第二级(主级)泵直接从＿＿＿＿中抽取燃油。带有泵的储油器和浸入式传感器用卡夹固定在油箱底部,通过带凸缘的盖可以够着这些件,如图6-57所示。

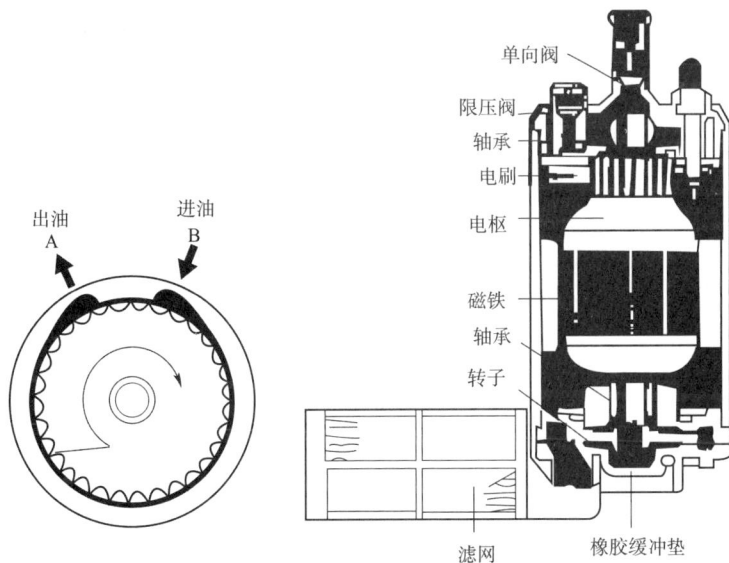

图6-56 平板叶片式电动燃油泵

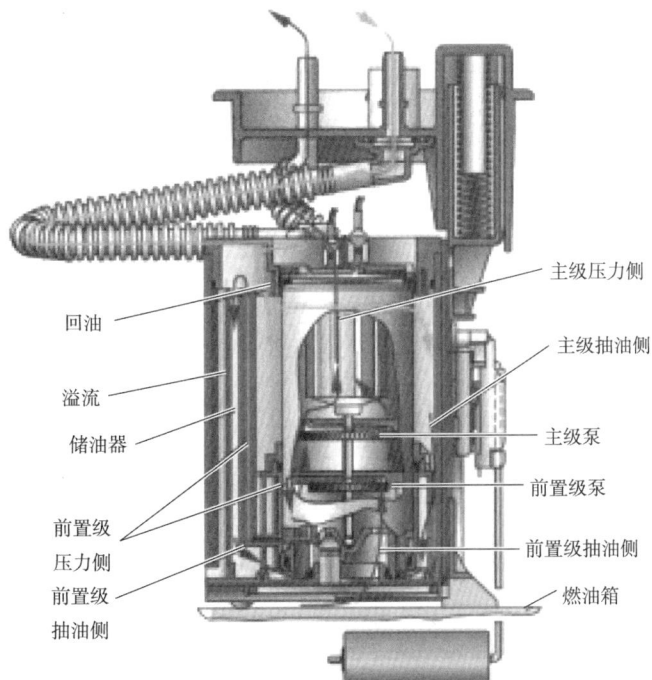

图6-57 双级式叶轮泵

（二）制订工作方案

1. 任务分工（表6-27）

学生任务分配表　　　　　　　　　　　　　　表6-27

班级		组号		指导老师	
组长		任务分工			
组员1		任务分工			
组员2		任务分工			
组员3		任务分工			
组员4		任务分工			
组员5		任务分工			
组员6		任务分工			

2. 工量具、仪器设备与耗材准备

（1）使用的工量具有：_____。

（2）使用的仪器设备有：_____。

（3）使用的耗材有：_____。

3. 具体方案描述

_____

_____

_____

_____

_____

三、计划实施

（一）安全注意事项及技能要点

1. 安全注意事项

（1）进入车间应穿工鞋、戴工帽；工作服应整洁，无破损；操作时不可佩戴手表等金属饰品，以防划伤车辆表面。

（2）举升车辆时，应严格按照举升机使用方法进行操作，并通知其他人员远离举升设备。

（3）更换油液或配件时，应处理好油液和配件的回收清理工作，以免对工作环境造成污染。

2. 技能要点

(1) 正确使用汽车故障诊断仪、万用表。

(2) 选择合适工具,按照维修手册要求进行拆装。

(3) 正确操纵举升机。

(二)燃油泵的检修

1. 燃油泵检修(表6-28)

燃油泵检修的操作方法及说明　　　　　　　　　　　表6-28

步骤	操作方法及说明				质量标准及记录
1. 记录待修车辆的基本情况	项目	内容	项目	内容	□车辆信息是否完整
	车辆型号(VIN)		客户反映情况		
	发动机型号		维修检查建议		
2. 操作前准备工作	(1) 安装车轮挡块,接排气烟道。 (2) 放置车用七件套。 (3) 连接汽车故障诊断仪(KT600) 				□安装车轮挡块,接排气烟道 □拉起驻车制动杆,降下驾驶人侧车窗玻璃,拉发动机舱盖释放杆 □打开发动机舱盖,安装翼子板布和前格栅布
3. 读取燃油泵故障码	(1) 将解码器连接到诊断插口,将点火开关置于"ON"位置。 (2) 开启检测仪,选择菜单项 Powertrain/Engine and ECT/DTC,读取故障码,当传感器或电路有故障时,发动机ECU会存储相关故障码 				□准确读取故障码

步骤	操作方法及说明	质量标准及记录
4.燃油泵电阻的检测	(1)点火开关置于"OFF",拔下喷油器的导线连接器,用万用表欧姆挡测量燃油泵接线端中加热器端子与自搭铁端子1和2间的电阻,其电阻值应符合标准值。 (2)如不符合标准,应更换燃油泵,测量后,接好燃油泵线束连接器,以便做进一步的检测	□设备完整无损坏 □传感器阻值测量方法正确 □准确判断传感器是否正常
5.燃油泵控制线路检测	(1)拔下燃油泵连接器插头。 (2)接通点火开关,不要起动发动机。 (3)测量燃油泵控制线连接插头上电源线的电压,应为12V(个别为5V),若无电压,检查点火开关、主继电器及线路。 (4)检查ECU的喷油器控制搭铁线及ECU搭铁线,搭铁是否良好。 (5)将专用检查试灯串接到燃油泵连接器两插头上,起动发动机,试灯应闪烁,不亮或不闪烁则表明控制回路有故障,可检查燃油泵至ECU的线路和ECU是否有故障,也可用示波器检测燃油泵脉冲波形,来对控制电路进行检查 	□测量方法正确 □人员安全,无危险行为
6.车辆复位	(1)发动机熄火,取下排气烟道。 (2)取下车内外防护用品。 (3)车辆复位、清洁车身。 (4)清洁并整理工具	□按"8S"管理要求整理

四、评价反馈(表6-29)

评价表　　　　　　　　　　　　　　　　　　表6-29

评分项目	评分标准	分值(分)	得分(分)
学习目标	能明确本任务的知识、技能、素养目标,理解任务在工作中的重要程度	5	
工作任务分析	能清晰描述完成本次工作任务内容	2	
	能清晰描述完成本次工作任务需必备的技能与知识点	2	

评分项目	评分标准	分值(分)	得分(分)
有效信息获取	能按照要求正确使用汽车故障诊断仪及示波器	10	
实施方案制订	能清晰地制订并填写本次燃油泵检查的准备作业计划	5	
	能组织或协同工作小组成员,明确本次任务所需仪器设备、工具、材料,并准备记录	5	
	能组织或协同工作小组成员交流,优化检查方案并记录	5	
任务实施	能打开发动机舱盖,使用汽车故障诊断仪;能正确判燃油泵是否正常	10	
	能用连接汽车故障诊断仪读取故障码,正确读取数据流	10	
	能够正确读数,完成后能够进行清洁	20	
	能够安全放置工具,设备使用方法安全可靠;能够正确并完整佩戴防护用品	10	
任务评价	能通过本次任务实施,结合自己在实训过程中的表现,进行自我评价及自我反思并记录	3	
职业素养	按规定时间完成项目作业	2	
	遵守实训室管理规定、劳动纪律	2	
	积极参与课堂活动、回答问题	2	
	能够按时出勤	2	
思政要求	本任务要求分组训练,各小组必须按照规范地操作方式,准确快速地使用汽车故障诊断仪,优化操作流程,对零部件的检测精度做到精益求精,弘扬大国工匠精神;各小组在实训过程中必须团结一致、相互合作,操作过程中注意安全,要求全程实现"8S"管理	5	
总分		100	

改进建议:

教师签字:

日期:

学习活动 9　电控单元的检查

一、明确任务

根据任务描述，一辆 15 年生产的大众 1.4TSI 朗逸汽车，行驶里程 3 万 km。客户反映近期突然出现行驶动力不足、加速性能差等现象，尤其爬坡时故障更加严重。预计是电控单元出现故障，需要对电控单元部件进行检查与更换，使其恢复正常使用性能。

二、工作准备与计划制订

(一)知识准备

1. 发动机电控系统的组成

发动机电控系统由＿＿＿＿、＿＿＿＿、＿＿＿＿三部分组成，如图 6-58 所示。

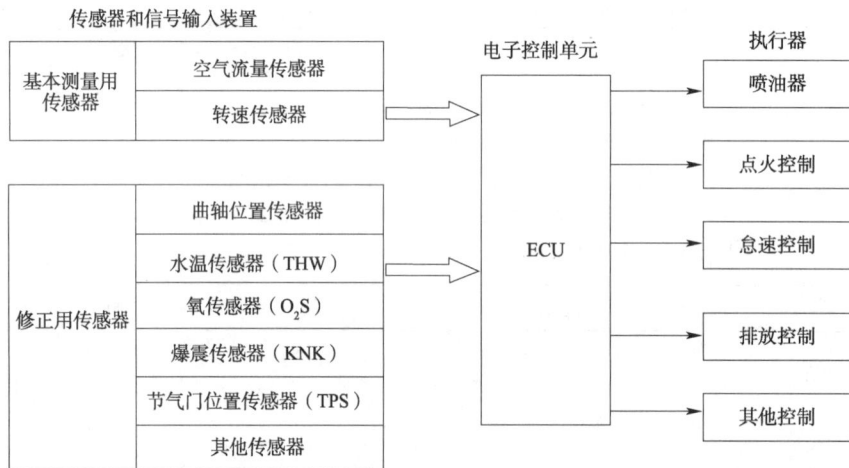

图 6-58　发动机电控系统的组成

(1)传感器。

传感器是装在发动机各部位的信号转换装置，其功能是将控制系统所需要的压力、温度、空气流量、转速等发动机的工作情况和汽车运行状况信号采集下来，并将它们转换成 ECU 可以识别的＿＿＿＿后传送给电控单元，如图 6-59 所示。

(2)电控单元。

发动机电控单元 ECU 实物如图 6-60 所示。它的功用是根据自身存储的程序对发动机各传感器输入的各种信息进行运算、处理、判断,然后输出指令,控制有关执行器动作,达到快速、准确、自动控制发动机工作的目的。其型号有很多种,随着车型的不同,其功能也有所区别。

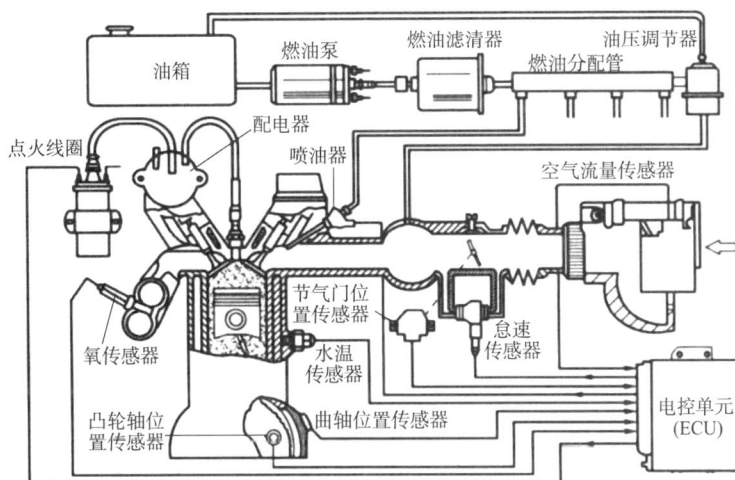

图 6-59　各传感器位置图

图 6-60　ECU 在车上的位置图

(3)执行器。

执行器主要包括喷油器、点火模块(点火控制器、点火器、点火线圈)、活性炭罐电磁阀、凸轮轴位置电磁阀(VVT 电磁阀)、节气门电机、汽油泵等,如图 6-61 所示。

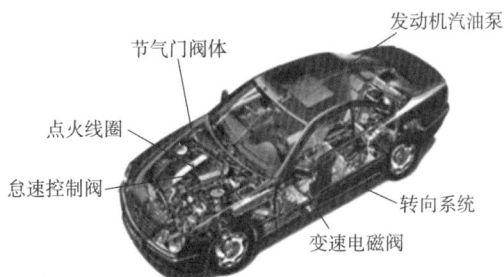

图 6-61　各执行器在车上的位置图

2. 电控单元的作用

如图 6-62 所示，电控单元一般都具备如下基本功能。

（1）ECU 可将电源电压调节成_____V、_____V、_____V 标准电压，供给传感器等外部元件使用。

（2）接收各种传感器和其他装置（如起动开关、制动开关等）输入的信息，并将_____转换成微机所能接收的_____。

（3）储存该车型的特征参数、处理程序、故障信息、运算所需的有关数据信息等。

（4）运算分析，根据信息参数求出执行命令数值，将输出的信息与标准值对比，查出故障。

（5）向执行元件_____，或根据指令输出自身已储存的信息。

（6）自我修正功能（自适应功能）。

发动机 ECU 一般安装在仪表台、杂物箱或控制台中其他零部件、座椅、滤清器的下面或后面。安装时须注意 ECU 的防水、防震、防热、防过电压、防磁等。

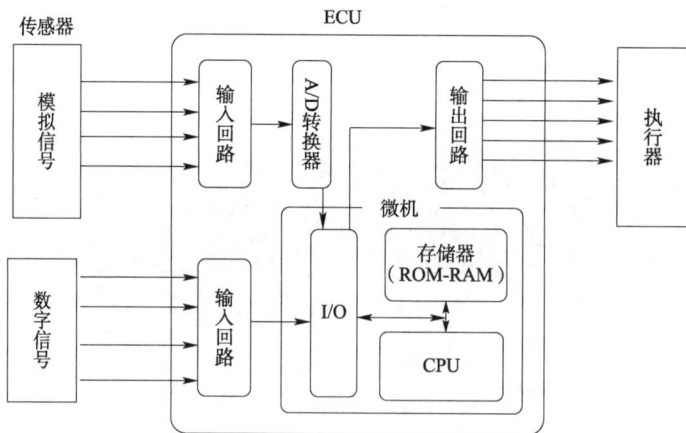

图 6-62　电控单元各模块功能

（二）制订工作方案

1. 任务分工（表 6-30）

学生任务分配表　　　　表 6-30

班级		组号		指导老师	
组长		任务分工			
组员 1		任务分工			
组员 2		任务分工			
组员 3		任务分工			
组员 4		任务分工			

组员5		任务分工	
组员6		任务分工	

2. 工量具、仪器设备与耗材准备

(1)使用的工量具有：_____。

(2)使用的仪器设备有：_____。

(3)使用的耗材有：_____。

3. 具体方案描述

_____

_____

_____

_____

_____

三、计划实施

(一)安全注意事项及技能要点

1. 安全注意事项

(1)进入车间应穿工鞋、戴工帽；工作服应整洁，无破损；操作时不可佩戴手表等金属饰品，以防划伤车辆表面。

(2)举升车辆时，应严格按照举升机使用方法进行操作，并通知其他人员远离举升设备。

(3)更换油液或配件时，应处理好油液和配件的回收清理工作，以免对工作环境造成污染。

2. 技能要点

(1)正确使用汽车故障诊断仪、万用表。

(2)选择合适工具，按照维修手册要求进行拆装。

(3)正确操纵举升机。

(二)电控单元的检修

电控单元检修的操作方法及说明见表6-31。

电控单元检修的操作方法及说明　　　　　　　表 6-31

步骤	操作方法及说明	质量标准及记录
1.记录待修车辆的基本情况	<table><tr><td>项目</td><td>内容</td><td>项目</td><td>内容</td></tr><tr><td>车辆型号(VIN)</td><td></td><td>客户反映情况</td><td></td></tr><tr><td>发动机型号</td><td></td><td>维修检查建议</td><td></td></tr></table>	□车辆信息是否完整
2.操作前准备工作	(1)安装车轮挡块,接排气烟道。 (2)放置车用七件套。 (3)连接汽车故障诊断仪(KT600) 	□安装车轮挡块,接排气烟道 □拉起驻车制动杆,降下驾驶人侧车窗玻璃,拉发动机舱盖释放杆 □打开发动机舱盖,安装翼子板布和前格栅布
3.电控单元外观检查	检查电控单元的外观是否有损坏、腐蚀、烧焦等现象,以及连接线是否松动、脱落等现象	□外观检测
4.读取电控单元故障码	(1)将解码器连接到诊断插口,将点火开关置于"ON"位置。 (2)开启检测仪,选择菜单项 Powertrain/Engine and ECT/DTC,读取故障码,当传感器或电路有故障时,发动机 ECU 会存储相关故障码 	□准确读取故障码
5.电控单元电源的检测	检查电控单元的电源是否正常,包括电池电压、电源线和接地线是否接触良好等	□设备完整无损坏 □测量方法正确 □人员安全,无危险行为

步骤	操作方法及说明	质量标准及记录
6.电控单元线路检测	(1)拔下燃油泵连接器插头。 (2)接通点火开关,不要起动发动机。 (3)测量电控单元控制线连接插头上电源线的电压,应为12V(个别为5V),若无电压,检查点火开关、主继电器及线路 	□测量方法正确 □人员安全,无危险行为
7.车辆复位	(1)发动机熄火,取下排气烟道。 (2)取下车内外防护用品。 (3)车辆复位、清洁车身。 (4)清洁并整理工具	□按"8S"管理要求整理

四、评价反馈(表6-32)

评价表　　　　　　　　　　　　　　　　　　　　表6-32

评分项目	评分标准	分值(分)	得分(分)
学习目标	能明确本任务的知识、技能、素养目标,理解任务在工作中的重要程度	5	
工作任务分析	能清晰描述完成本次工作任务内容	2	
	能清晰描述完成本次工作任务需必备的技能与知识点	2	
有效信息获取	能按照要求正确使用汽车故障诊断仪及示波器	10	
实施方案制订	能清晰地制订并填写本次电控单元检查的准备作业计划	5	
	能组织或协同工作小组成员,明确本次任务所需仪器设备、工具、材料,并准备记录	5	
	能组织或协同工作小组成员交流,优化检查方案并记录	5	
任务实施	能打开发动机舱盖,使用汽车故障诊断仪;能正确判电控单元是否正常	10	
	能用连接汽车故障诊断仪读取故障码,正确读取数据流	10	
	能够正确读数,完成后能够进行清洁	20	
	能够安全放置工具,设备使用方法安全可靠;能够正确并完整佩戴防护用品	10	

评分项目	评分标准	分值(分)	得分(分)
任务评价	能通过本次任务实施,结合自己在实训过程中的表现,进行自我评价及自我反思并记录	3	
职业素养	按规定时间完成项目作业	2	
	遵守实训室管理规定、劳动纪律	2	
	积极参与课堂活动、回答问题	2	
	能够按时出勤	2	
思政要求	本任务要求分组训练,各小组必须按照规范地操作方式,准确快速地使用汽车故障诊断仪,优化操作流程,对零部件的检测精度做到精益求精,弘扬大国工匠精神;各小组在实训过程中必须团结一致、相互合作,操作过程中注意安全,要求全程实现"8S"管理	5	
总分		100	

改进建议:

教师签字:

日期:

任务习题 》》》

一、单选题

1.转速增加,点火提前角应(　　)。

　　A.增加　　　　　　B.减少　　　　　　C.不变　　　　　　D.先增加后减小;

2.关于电控燃油喷射系统中的氧传感器,以下哪种说法正确(　　)。

　　A.氧传感器安装在缸体上

　　B.氧传感器用来检测排气中的氧含量

　　C.氧传感器用来检测进气中的氧含量

　　D.氧传感器安装在进气管上

3.在MPI(多点汽油喷射系统)中,汽油被喷入(　　)。

A. 燃烧室内　　　　B. 节气门后部　　　　C. 进气歧管　　　　D. 进气道

4. 如果三元催化转换器作用良好,后氧传感器信号波动(　　　)。

　　A. 频率高　　　　　B. 增加　　　　　C. 缓慢　　　　　D. 没有

5. ECU 根据(　　　)信号对点火提前角实行反馈控制。

　　A. 水温传感器　　　　　　　　B. 曲轴位置传感器

　　C. 爆燃传感器　　　　　　　　D. 车速传感器

6. 采用三元催化转换器必须安装(　　　)。

　　A. 前氧传感器　　　　　　　　B. 后氧传感器

　　C. 前、后氧传感器　　　　　　D. EGR

7. 下列哪个工况不是采用开环控制(　　　)。

　　A. 怠速运转时　　　　　　　　B. 发动机起动时

　　C. 节气门全开或大负荷时　　　D. 氧传感器起效应时

8. 装有(　　　)系统的发动机上,发生爆震的可能性增大,更需要采用爆震控制。

　　A. 废气再循环　　　　　　　　B. 涡轮增压

　　C. 可变配气相位　　　　　　　D. 排气制动

9. 别克凯越用(　　　)控制怠速转速。

　　A. EGR 阀　　　　B. 怠速控制阀　　　　C. 电子节气门　　　　D. 快怠速阀

10. 热线式空气流量传感器感知空气流量是通过(　　　)。

　　A. 热线　　　　　B. 冷线　　　　　C. 热线与冷线　　　　D. 温度传感器

11. 电控汽油喷射发动机喷油器喷油量由(　　　)决定。

　　A. 喷油时间　　　　　　　　　B. 进气管真空度

　　C. 系统油压　　　　　　　　　D. 驱动电压或电流

12. 负温度系数的热敏电阻其阻值随温度的升高而(　　　)。

　　A. 升高　　　　B. 降低　　　　C. 不受影响　　　　D. 先高后低

13. 在汽油机电控燃油喷射系统中,依靠(　　　)使燃油供给系统建立起燃油压力。

　　A. 电动汽油泵　　　B. 缓冲器　　　C. 油压调节器　　　D. 喷油器

14. 废气涡轮增压技术用来提高发动机(　　　)压力。

　　A. 废气　　　　B. 进气　　　　C. 汽油　　　　D. 机油

15. 双缸同时点火时,(　　　)行程汽缸所需要的点火电压较另一只缸要高得多。

　　A. 进气　　　　B. 压缩　　　　C. 做功　　　　D. 排气

二、判断题

1. ECU 根据传感器的信号对执行器进行控制,并将控制结果进行检测反馈给电控单元(ECU),这种控制称为开环控制。　　　　　　　　　　　　　　(　　　)

2. 喷油器泄漏,会导致汽油机电控燃油喷射系统燃油保持压力过低。　(　　　)

3. 故障自诊断系统必须要有专门的传感器。　　　　　　　　　　　(　　　)

4. 失效保护功能启动时可完全代替传感器的功能来维持发动机运转。　(　　　)

5. 增大点火提前角是消除爆燃的最有效措施。 （　　）

6. 多点喷射系统是在节气门上方安装一个中央喷射装置。 （　　）

7. 汽缸内的温度越高,排出的 NO_x 量越多。 （　　）

8. 历史故障码通常可能是由偶然情况或以前的维修引起的。 （　　）

9. 活性炭罐受 ECU 控制,在各种工况下都工作。 （　　）

10. D 型电控燃油喷射系统利用空气流量传感器检测发动机的进气量。 （　　）

11. 开环电控燃油喷射系统装有氧传感器。 （　　）

12. 燃油压力调节器的功用是调节燃油压力,使喷油压力保持恒定。 （　　）

13. 热线式空气流量传感器是利用热敏电阻测量进气量的。 （　　）

14. 在电控燃油喷射系统中,喷油量控制是通过控制喷油压力来实现的。 （　　）

15. 凸轮轴位置传感器向 ECU 输入凸轮轴转速信号,是点火和燃油喷射的主控
信号。 （　　）

三、实操练习题

1. 请利用相关检测仪器对曲轴位置传感器进行检测。

2. 请利用示波器对氧传感器进行检测。

3. 请利用相关检测仪器对喷油器及其控制电路进行检测。

附录

本教材配套数字资源列表

序号	资源名称	资源类型	所在页码
1	冷却系统功用	视频	2
2	冷却系统类型	视频	2
3	离心式水泵作用	视频	29
4	点火系统类型	视频	44
5	点火系统功用	视频	44
6	火花塞结构	视频	59
7	空气滤清器功用	视频	86
8	喷油器功用	视频	108
9	汽缸盖结构	视频	157
10	汽缸体结构	视频	164
11	活塞环3D结构展示	视频	177
12	曲轴3D结构展示	视频	192
13	氧传感器功用	视频	302
14	爆震传感器功用	视频	304

参 考 文 献

[1] 邹玉清.汽车发动机构造与检修[M].北京:中国铁道出版社,2022.

[2] 张宪辉.汽车发动机故障诊断技术[M].北京:化学工业出版社,2019.

[3] 黄费智.汽车发动机电控系统故障诊断检修一本通[M].北京:机械工业出版社,2020.

[4] 侯红宾,李卓,平云光.汽车发动机电控系统检修[M].北京:机械工业出版社,2021.

[5] 阮为平.汽车发动机构造与维修一体化教材[M].北京:电子工业出版社,2023.

[6] 明光星,李晗.汽车发动机电控系统原理与检修一体化教程[M].北京:机械工业出版社,2021.

[7] 申荣卫.汽车发动机电控系统检修[M].北京:机械工业出版社,2020.

[8] 弋国鹏,魏建平,郑世界.汽车发动机控制系统及检修[M].2版.北京:机械工业出版社,2019.

[9] 曹红平.汽车发动机电控技术与维修[M].2版.北京:机械工业出版社,2023.